U0455459

权威·前沿·原创

皮书系列为
"十二五""十三五"国家重点图书出版规划项目

中国社会科学院创新工程学术出版资助项目

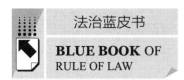

法治蓝皮书

BLUE BOOK OF
RULE OF LAW

中国地方法治发展报告 *No.4*
（2018）

ANNUAL REPORT ON RULE OF LAW IN LOCAL CHINA No.4
(2018)

中国社会科学院法学研究所

主　　编／李　林　田　禾

执行主编／吕艳滨

副 主 编／栗燕杰

社会科学文献出版社
SOCIAL SCIENCES ACADEMIC PRESS（CHINA）

图书在版编目（CIP）数据

中国地方法治发展报告. No. 4，2018／李林，田禾

主编. －－北京：社会科学文献出版社，2018.10

（法治蓝皮书）

ISBN 978 － 7 － 5201 － 3583 － 2

Ⅰ. ①中… Ⅱ. ①李… ②田… Ⅲ. ①地方法规 － 研

究报告 － 中国 － 2018 Ⅳ. ①D927

中国版本图书馆 CIP 数据核字（2018）第 227396 号

法治蓝皮书

中国地方法治发展报告 No. 4（2018）

主　　编／李　林　田　禾

执行主编／吕艳滨

副 主 编／栗燕杰

出 版 人／谢寿光

项目统筹／曹长香

责任编辑／曹长香

出　　版／社会科学文献出版社·社会政法分社（010）59367156
　　　　　地址：北京市北三环中路甲 29 号院华龙大厦　邮编：100029
　　　　　网址：www. ssap. com. cn

发　　行／市场营销中心（010）59367081　59367018

印　　装／三河市龙林印务有限公司

规　　格／开　本：787mm × 1092mm　1/16
　　　　　印　张：23.75　字　数：359 千字

版　　次／2018 年 10 月第 1 版　2018 年 10 月第 1 次印刷

书　　号／ISBN 978 － 7 － 5201 － 3583 － 2

定　　价／108.00 元

皮书序列号／PSN B － 2015 － 442 － 2/4

本书如有印装质量问题，请与读者服务中心（010 － 59367028）联系

中国地方法治发展报告编委会

吴维维	吴筱萍	何金平	余文玲	邹　瑾
沙国强	沈　如	沈燕虹	宋　青	张　生
张　珍	张　艳	张卫勇	张飞宇	张明江
张秉俊	张海峰	张嘉军	陆　川	陈　菁
陈　绮	陈海仪	林　坤	昌　辉	罗国荣
周　英	周　婧	周　媛	周冠宇	郑玲玲
郎长华	房长缨	赵千羚	赵淑雯	胡昌明
段思明	洪　梅	秦　璇	袁　泉	都龙元
栗燕杰	柴丽飞	徐　彦	高振娟	郭　宇
陶炳忠	职统光	黄颖琦	龚　江	斯金锦
程德辉	谢亚楠	撒世虎	潘　莉	潘灵胜
戴　丽				

官方微博：@法治蓝皮书（新浪）

官方微信：法治蓝皮书（lawbluebook）　　法治指数（lawindex）

主要编撰者简介

主 编 李林

中国社会科学院学部委员、法学研究所研究员。

主要研究领域：宪法学、法理学、立法学。

主 编 田禾

中国社会科学院国家法治指数研究中心主任，法学研究所研究员。

主要研究领域：刑法学、司法制度、实证法学。

执行主编 吕艳滨

中国社会科学院国家法治指数研究中心副主任，法学研究所研究员、法治国情调研室主任。

主要研究领域：行政法、信息法、实证法学。

副主编 栗燕杰

中国社会科学院法学研究所副研究员。

主要研究领域：行政法、社会法、法治评估。

摘　要

《中国地方法治发展报告 No.4（2018）》立足新时代全面依法治国的新形势、新任务，从地方立法、法治政府、司法改革、法治社会等方面，总结了 2017 年以来中国各地法治建设的做法与成效。

本卷蓝皮书总报告较为全面地对各地的法治实践进展进行了阶段性的系统梳理，聚焦全面依法治国的关键和重点领域，总结了法治中国建设地方实践的成就与问题，并对新时代地方法治发展的前景予以展望。

本卷蓝皮书重磅推出立法透明度指数报告、宁波法院执行规范化、唐山法院执行体制改革等多个法治评估报告，并就地方协同立法、规范性文件备案审查、行政审批制度改革、基本解决执行难、多元矛盾纠纷化解，以及法治信息化与智能化等地方法治推进中的难点问题、重点问题和前沿问题，进行了深层次的剖析研讨。

政务公开、法治扶贫、未成年人保护与家事纠纷化解等议题既关乎万千民众的满意度、幸福感与获得感，也是衡量地方治理与法治建设的关键指标。本卷蓝皮书立足地方实践，对典型地区、典型实践予以提炼总结。

目　录

Ⅲ 法治政府

Ⅳ 司法改革

Ⅴ 基本解决执行难

Ⅵ 法治社会

皮书数据库阅读**使用指南**

总 报 告

General Report

B.1

中国地方法治发展：成效与展望（2018）

中国社会科学院法学研究所法治指数创新工程项目组 *

摘　要： 在党的十九大强调坚持全面依法治国的背景下，中国地方法
治取得显著成效。当前，中国社会主要矛盾已经转化为人民
日益增长的美好生活需要和不平衡不充分的发展之间的矛盾，
人民对法治、公平、正义、安全、环境等的需求日益增长，
在此背景下，各地区从地方立法、法治政府建设、司法改革、
法治社会等领域，一方面全面贯彻中央部署要求，一方面从
地方实际情况出发积极探索，法治建设亮点纷呈，地方立法
不断精细化，法治政府从形式走向实质化，司法体制配套改

---

* 项目组负责人：田禾，中国社会科学院国家法治指数研究中心主任，法学研究所研究员；吕
艳滨，中国社会科学院法学研究所研究员、法治国情调研室主任。项目组成员：王小梅、栗
燕杰、胡昌明、刘雁鹏、王祎茗、田纯才、冯迎迎等。执笔人：栗燕杰，中国社会科学院法
学研究所副研究员；刘雁鹏，中国社会科学院法学研究所助理研究员；田禾；吕艳滨。

革有序推进，法治社会共建共治共享格局逐渐形成，法治化营商环境和人才吸引制度跨越式发展。但也应意识到，地方法治面临形势空前复杂、承载任务依然繁重，需要不忘初心继续深化推进。

关键词： 地方法治　法治政府　司法改革　法治社会

党的十九大以来，随着一系列新理念新战略新举措的推出，地方法治迎来了前所未有的机遇。各地在地方立法、法治政府、司法改革、法治社会等方面积极探索创新，不仅提供了样板示范，也为国家顶层设计贡献了模式方案。

一　地方立法

立法是国家重要的政治活动，是将党的意志和主张转化为国家意志的过程。地方立法既是全面依法治国的重要组成部分，也是地方全面深化改革的必要抓手。近年来，地方立法不断走向精细化，在引领改革和巩固改革成果方面成效显著。

2015 年《立法法》的修改和 2017 年《规章制定程序条例》的修改，带来地方性法规、地方政府规章制定规则的变化。河北省石家庄市、河北省秦皇岛市、江苏省淮安市等地的人民代表大会常务委员会出台了关于制定地方性法规的地方性规定；辽宁省大连市、广西壮族自治区梧州市、贵州省安顺市等地方政府出台了关于起草地方性法规草案和规章程序规定的地方政府规章。

以立法引领和保障重点领域的改革，前瞻性立法逐步增加。2018 年修改后的《上海市人民政府规章制定程序规定》将"国家授权本市先行改革试点需要制定规章的事项"明确列为上海市政府规章的制定范围。

地方特色得到越来越多体现。各地从围绕上位法的落实进行实施性立法为主，走向从地方特殊矛盾问题出发，以创制性立法推动地方改革发展。为改善营商环境，陕西省人大常委会出台《陕西省优化营商环境条例》，保护市场主体合法权益，明确规定非公有制市场主体与国有市场主体享受同等待遇，并据此设定了政府、有关部门及其工作人员的职责义务。值得一提的是，该条例还明确要求建立完善营商环境评价制度，确立评价指标体系，定期进行测评并公布结果。

立法公众参与有序有效。为提升公众参与的有效性，《陕西省优化营商环境条例》在制定过程中实地调研了多家各类型企业，重点听取各类市场主体的切身体会和意见建议。广西壮族自治区南宁市启动"南宁市政府法制网·公开征求意见平台"，公众可通过南宁政务信息网、南宁政府法制网登录公开征求意见平台，参与讨论，提出意见建议。2018 年修改后的《上海市人民政府规章制定程序规定》关于公众参与、专家论证的规范更加细致，包括对相关部门和社会公众的意见征询程序，涉及专业性、技术性问题的专家论证程序，涉及社会公众普遍关注的热点难点问题和经济社会发展遇到的突出矛盾等重大利益调整的论证咨询程序，以及涉及重大利益调整等情形的听证程序等。

浙江省在 1996 年就出台了《浙江省人民政府制定地方性法规草案和规章办法》，修订后的《浙江省人民政府地方性法规案和规章制定办法》于2018 年 5 月 1 日起施行。在公众参与方面，该办法明确规定编制立法计划要向社会公开征集立法项目建议；针对许多地方征求意见不规范、时间过短、效果不佳等问题，要求每年第三季度向社会公开征集，在立法项目进入起草、审核阶段，还应当充分听取有关单位、组织和公民的意见，在审核、修改立法项目时，还注重听取有关基层单位、人大代表、政协委员等的意见；在形式上，可以酌情采取书面征求意见、座谈会、论证会、听证会及网上公开征求意见等，对于与公民、法人或其他组织利益密切相关的，要求采取听证会的形式征求意见。

2018 年 5 月，《上海市人民政府规章制定程序规定》修订通过，在理念上加强了党对立法工作的领导；在内容上进行制度创新，强化了规章立项工作，规定市政府法制机构编制年度规章制度计划，明确分为正式项目、预备项目和调研项目；在流程上，强调了规章起草单位的功能和责任，引入规章清理机制；为提升立法科学性，明确上海市建立政府立法信息平台，实现规章制定全过程记录制度，从地方立法层面确认了基层立法联系点制度。

立法后评估走向制度化。《上海市人民政府规章制定程序规定》明确规定了规章后评估。2017年底，《上海市规章立法后评估办法》出台，明确规章的实施部门是规章立法后评估的责任单位。评估的启动情形包括：出台规章拟上升为地方性法规的；拟进行重大修改的；拟废止但有较大争议的；与经济社会发展或者公众利益密切相关，且实施满5年以上的；人大代表、政协委员或者社会各界意见、建议较为集中等。关于评估的标准，主要是制度规范性、实施有效性两大方面。关于评估的方法，可根据特定规章自身情形，综合应用网上征询意见、第三方问卷调查、抽样调查、实地调研、个别访谈、召开座谈会、组织专家论证等方式，还可根据需要全部或部分委托具备评估能力的高等院校、科研机构、专业调查机构等第三方组织实施。在流程上，要求成立评估小组，制订评估方案，开展调查研究，形成评估报告，报送评估报告等。在应用上，除涉及国家秘密等例外情形，评估报告在报送后5个工作日内应向社会公开，作为开展规章立法、完善配套制度、促进规章实施，以及评价本部门法治政府建设成效的参考资料，也是衡量规章修改条件成熟与否的重要依据。与之相似，2016年以来，广东省、江苏省南京市、安徽省淮北市、山西省太原市等地也出台或修订了规章立法后评估的专门文件。

二 法治政府

法治政府一直是法治建设的重中之重。中共中央、国务院印发的《法治政府建设实施纲要（2015～2020年）》明确了法治政府建设的总体目标，把到2020年基本建成法治政府作为全面建成小康社会的重要目标之一。2018年以来，法治政府建设受到各地越来越多的重视，不断从形式走向实质，从粗放走向精细，既全面推进又突出重点，既贯彻中央上级部署安排又凸显本土特色需求，大有百花齐放之势。

（一）放权改革释放基层活力

在全国各经济发达地区，不同程度地存在"小马拉大车"的行政管理体制不适应问题。习近平同志在任浙江省委书记到义乌调研时提出，"给成长快的孩子换上一件大衣服"，对于发达中心镇应松绑放权。2014年浙江省出台《浙江省强镇扩权改革的指导意见》，经过多年实施，一些"特大镇"变成小城市。比如，浙江省诸暨市店口镇探索"无差别综合受理窗口"，将镇级的7个职能窗口归并为无差别的综合受理窗口，90项行政审批、证明、确认等事项一窗受理。同时，行政审批服务延伸至村，23个行政村（社区）实现了48项市级下放事项的全覆盖。早在2010年，江苏省江阴市徐霞客镇和江苏省宜兴市丁蜀镇就入围首批"强镇扩权"试点。苏州市吴江区盛泽镇被纳入全国首批"开展经济发达镇行政管理体制"试点，经过多年改革，已分4批承接下放行政审批等权限207项。自2014年，盛泽镇启动一站式政务服务综合标准化试点。发展至今，已形成涵盖社会管理和公共服务的400多项标准。以不动产登记为例，以往交易、缴税、登记在三个地方、排三次队、交三遍材料，现在仅需跑一次、取一个号、交一套材料即可完成，所需时间也从以往至少15个工作日缩短为5个工作日之内，且大部分能够当场办结。由此，政府职能转变新模式浮出水面，镇域经济活力得到释放。

（二）政务公开透明再上层楼

政务公开作为满足人民群众知情权、提升政府监管效能、改进治理水平的重要举措，近年来受到从中央到地方各级政府的普遍关注。推进政务公开的标准化规范化、加强政务大数据平台建设等内容，被纳入许多地方的2018年政务公开年度工作要点。2018年1月，山东省德州市出台《德州市政府有关会议信息公开制度》《德州市政府常务会议政务公开制度》《德州市政府利益相关方代表列席有关会议制度》《德州市政府政务公开动态扩展

和定期审查制度》《德州市政府文件属性源头认定制度》等 5 项制度，政务公开的制度化、常态化水平再上新台阶。

政务公开内容动态扩展机制得到推广。比如，《四川省 2018 年政务公开工作要点》明确要求，实施政务公开清单化管理，推进已完成主动公开基本目录编制的省直部门对目录进行动态更新调整。《安徽省政务公开办公室关于印发 2018 年政务公开、政务服务重点工作任务分工和"群众办事百项堵点疏解行动"推广活动方案的通知》要求，全面推行主动公开基本目录制度并部署主动公开基本目录修订工作，充分体现"五公开"、政策解读、舆情回应、公众参与等要求。可以预期，政务公开的清单化管理将逐步全覆盖，从"基本目录"走向"全面目录"，从正面清单为主走向负面清单化。

2018 年，地方基层政务公开标准化规范化试点开展总结验收。各地在政务公开的标准化规范化方面进行了广泛探索创新，其实践值得关注总结。浙江省临海市创立政务公开 3 个标准体系，构建信息源头管理、发布协调机制、监督检查制度等运行监管体系，形成 1 套基础通用政务公开规范和 8 套试点领域政务公开规范。贵州省六枝特区被纳入试点后，分为政务公开服务提供、政务公开服务保障、政务公开平台建设和标准实施与评价四个部分，构建政务公开标准体系。内蒙古自治区呼和浩特市新城区则秉持全面梳理细化的理念，逐项确定每个具体公开事项的名称、依据，应公开的内容、主体、时限和方式等要素，汇总编制政务公开事项标准目录并实行动态调整。

（三）标准化集约化值得瞩目

标准化已成为中国现代法治政府建设的重要面向。"基本公共服务标准化"已被明确写入《法治政府建设实施纲要（2015～2020 年)》，行政审批的标准化、政务公开的标准化更已成为从上到下的共识。在"互联网＋"的风潮下，各地政务网站平台、微博微信客户端、公众号的建设争先恐后，在给民众带来便利的同时也出现一些问题。对此，通过集约化实现"一网"

"一号"引领"最多跑一次"的服务型政府建设，成为新时期改革的重点。

标准化建设令人瞩目。河北省质量技术监督局推行行政审批的标准化建设，构建"互联网＋政务服务＋标准化"模式，组织制定的《省局行政业务服务大厅"规范作业·优质服务"标准化操作手册》（第1版）和《省局行政业务服务大厅"规范作业·优质服务"管理制度汇编》（第2版）已于2018年6月付诸实施，并将容缺受理升级为容缺审批，将首问首办负责、限时办结、默认超时等纳入标准范围。江苏省在国地税分立时期，在责令限期改正、文书说理、不予处罚、从轻或减轻处罚等方面，均有一定差异。2018年6月15日，国家税务总局江苏省税务局成立当天即出台《江苏省税务行政处罚裁量权实施办法》和《江苏省税务行政处罚裁量基准》。由此，江苏省纳税人在行政处罚的适用上，全省范围内实施更加统一公平的执法。

集约化建设效果显著。针对以往各级政府、各个部门分别建网站、建平台导致重复建设、民众办事无门等问题，许多地方开展网站的整合集约化改造。安徽全省设置统一的政务服务门户安徽政务服务网（www.ahzwfw.gov.cn/），人民群众通过统一入口登录全省"一张网"即可办理各类政务事项。针对政务类热线号码较多、接通率不高等问题，许多地方展开了各类政务热线电话的整合集约。海南省海口市以"12345"政府服务热线受理平台为基础，整合政府各部门和具有公共服务职能的企事业单位服务热线及相关热线平台，现已将海口市交通港航服务热线、数字城管热线呼叫平台等纳入，形成以"12345"为统一对外号码，集电话、短信、微博、微信、QQ等受理服务功能于一体的政府公共服务平台。"一号对外"逐步成为主流趋势。在对外门户方面，2015年之前，各级政府网站一度达到8万余家，职责不清、胡乱堆砌问题严重；到2017年12月，中国政府网站运行数量下降到24800余家；到2018年6月1日，全国正在运行的政府网站为22206家①。

---

① 数据参见《全国政府网站数量三年精简七成》，《人民日报》2018年8月7日，第11版。

（四）数据互通共享制度化

2017 年以来,《贵阳市政府数据共享开放条例》等地方性法规,《福建省数字档案共享管理办法》《重庆市政务信息资源共享开放管理办法》等地方政府规章,以及大量有关的政府规范性文件、方案规划先后出台,政务信息作为重要资源,其互通共享正从口号走向现实,并逐步有法可依而日益制度化和常态化。以贵州为例,其"云上贵州"App 上线后,作为省级政务民生服务综合平台,集成了省内各层级、各部门的政务信息,在横向上已连接了 65 个省直部门,纵向则部署 9 个市州和贵安新区共享交换平台。依托"云上贵州",公众可获得在线公开、政务和民生服务,超过 50 万项政务服务事项集中办公。

考虑到一些行政审批、证明、确认事项的办理环节多,材料烦琐,且许多材料在各个环节重复要求,不仅给办事群众、审查机关增加工作量,而且导致严重浪费,江苏省南京市探索建设共享数据交换平台,将原先分散于各个部门、系统的企业、个人信息,诸如身份证、驾照、护照、营业执照等资料均一并纳入,有关部门直接调取即可,无须再复印大堆材料,以往反映突出的办事时间长、盖章多、收费多、材料多、中介多的问题得到明显克服。

（五）新型综合执法有序推进

在行政执法机关条块分割的背景下,多头执法、多层次执法、重复执法、执法不作为和乱作为以及执法力量分散、边界不清、抵达率不高等问题饱受诟病。对此,许多地方探索通过新型综合执法予以破解。江苏省南京市在全市普遍推广了栖霞区行政检查权与行政处罚权相对分离试点的经验。其具体做法是,将行政检查职能相对集中委托给街道履行,而行政处罚职能继续由区政府各相关部门履行,街道与部门的分工配合得到一定程度改善。

为提升执法队伍素质,广东省深圳市龙岗区坂田街道执法队采取"减员、增效、提薪"举措,让队伍规模降下来、工作潜能发掘出来、福利待遇提高上来；为提高执法效能，打破传统上班时间执法为主导致违法行为与执法者间猫鼠游戏的现象，探索"24小时全覆盖"模式，由中队长、区队长根据各片区实际情况予以灵活错时安排，并成立督查机动队专门负责督查工作。由此，市容环境秩序焕然一新。

浙江省宁波市打造"综合治超"的创新样本，通过健全治理组织体系、联合执法体系、电子检测体系、源头综合监管体系和执法保障体系，有效遏制车辆超限超载行为。具体而言，一是作为政府的重要工作来抓，成立治理公路车辆超限超载工作领导小组，明确区县长作为第一责任人。二是建立联合执法大队，由公路路政、道路运政、公安交警、公安特警、城管、农业管理等多部门组成，整合有关执法力量统一调度，实行一支队伍统一管理、联合执法、分别处置。三是应用现代技术打造电子监控体系，提升查处能力。启动杭州湾跨海大桥主线的不停车治超站，从传统人工执法走向电子检测执法，守法状况大为改善，超限率从2014年的7%下降到2017年的0.49%。通过路口预埋的治超电子检测系统，超限车辆经过时自动记录车牌、车型、载重等数据，现已实现了抓取照片、视频、检测数据全证据链自动取证。非现场执法效能的提升，既有效震慑了违法行为人、提升了其违法成本，也为"人少案多"困境提供了可行的出路。四是加强源头管控，减少违法行为发生。要管好路上的车，根源在于管住车辆所属企业和货物装载源头。宁波市对750家重点货源单位实施源头监管，强化货源场站装载的监管力度。探索货物装载源头派驻监管，要求运输企业、货源单位"把住自己的门、管好自己的车"，落实源头管控措施，依法实施"一超四罚"。对疏于监管导致超载超限车辆上路的，依法严厉追究运输企业和货源单位的责任；对未按照国家规定实施改装的企业和擅自从事改装业务的企业，依法予以纠正、处罚或取缔；对违法超载超限达到一定数量的单位、个人，推送到公共信用信息平台"红黑名单"，予以信用惩戒。

为克服民政、社会保险等领域专门执法力量薄弱的问题，浙江省在民政综合执法方面有所推进，持续推进具备条件的市县民政部门成立民政行政执法机构，并已有8个设区市和20个区县民政部门成立民政综合执法

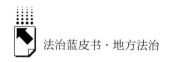
队伍①。与此同时，共享经济引导规制有所推进。2018 年 4 月，上海交通执法部门在虹桥机场等 14 个执法点开展网约车非法客运专项整治行动。自 2018 年 4 月 5 日至 20 日，上海全市累计查处非法"网约车"1028 辆，其中"滴滴"706 辆、"美团"212 辆、其他平台 110 辆②。

数据资源整合开放。江苏省南通市注重行政机关之间数据和通用业务标准的统一，促进跨区域、跨部门、跨层级的数据互认共享。推进一批广受社会关注的数据资源向社会开放，以 API 接口方式开放实时、动态的数据资源。

（六）监督规范体系日益完善

安徽省在 2016 年即出台了关于重大行政执法决定法制审核规定的专门文件，为增强操作性又出台实施办法。在适用范围上，要求各级执法机关出台适用法制审核的目录清单，明确本单位需要进行法制审核的事项；在流程上，要求在作出决定前由法制机构进行审核并出具书面审核意见，执法机构对审核意见有异议的，可以书面提请复审直至提请行政机关集体讨论决定；在标准上，对重大执法决定的实体合法性、程序合法性进行审查，以避免走过场、流于形式；在资源方面，完善培训机制，通过执法机关自训、政府法制机构轮训相结合，提高审核能力。

浙江省台州市黄岩区注重探索行政执法监督的协作联动机制，通过与区人大常委会、区监察委、区法院、区检察院等建立协作机制，有效强化了行政执法的监督力度。

针对法治政府建设考核走过场的问题，一些地方不仅开展了法治政府建设情况的考核评议，而且将评议结果和相关建议公开上网，供民众知情监

---

① 《浙江省民政厅 2017 年法治政府建设情况》，浙江省民政厅官方网站，http：//www. zjmz. gov. cn/il. htm？ a ＝ si&key ＝ main/10/xxgkml/tjbg&id ＝ 8aaf801562756e3b016 2845913900023，最后访问日期：2018 年 6 月 8 日。

② 数据参见《本市开展"网约车"非法客运专项整治初见成效》，上海市交通委员会执法总队网站，http：//www. shjtzf. com/node176/node177/201804/con112026. htm，最后访问日期：2018 年 5 月 19 日。

督。比如，浙江省宁波市公开了考核内容、数据来源和考核结果应用，据此提出今后需要注意的问题，值得其他地方学习借鉴①。

三　司法改革

在司法体制改革主体框架搭建基本完成的背景下，在一些地方，一方面配套改革日益凸显，另一方面对已有改革做法与成效的评估提上议事日程。进入 2018 年后，对本轮司法改革的总结、梳理较多。比如，河北省高级人民法院于 2018 年 1 月发布《河北法院司法改革白皮书（2013 ～ 2017）》，系统总结五年来河北三级法院以司法责任制为核心的司法体制改革、以审判为中心的诉讼制度改革等 12 个方面的改革工作和 30 多项改革举措。上海市浦东新区人民检察院发布《2017 年度涉自贸、科创检察工作白皮书》②。

司法体制配套改革有序推进。上海市高级人民法院着力推进制度创新，强化改革系统集成，打造人工智能司法应用高地。浙江省的司法体制综合配套改革则重点关注权力运行规范、法官检察官正规化专业化职业化建设、政法信息化建设和法治环境优化等领域，将杭州互联网法院、在线矛盾纠纷多元化解平台、一体化办案系统等作为重点突破口。

（一）员额制改革纵深迈进

员额制改革是司法人员分类管理的核心所在。在已有改革基础上，一些地方着力消解和减轻改革带来的阵痛。比如，为减轻改革所带来的波动和后遗症，北京市房山区人民法院在员额制改革后综合采取转岗、交流、晋升等

---

① 《宁波市 2017 年法治政府建设考评工作情况及相关建议》，浙江省人民政府法制办公室网站，http://www.zjfzb.gov.cn/n134/n143/c148557/content.html，最后访问日期：2018 年 6 月 8 日。
② 需要说明的是，该白皮书封面注明"内部资料　注意保管"，这可能妨碍其传播性和影响力的发挥。本报告认为，白皮书不仅属于公开范畴，而且应多管齐下公示宣传，增强其影响力。

方式，稳妥安置未入额人员。对于年龄偏大、不适宜从事一线审判工作的老法官，转入审判管理、诉讼服务、综合行政部门等岗位，并先后为16位50岁以上的未入额法官解决级别待遇问题；对于年轻法官，则建立梯队化培养机制，设置初级、中级和高级法官助理岗位，根据业绩考核和能力测评结果逐级晋升，并建立从高级法官助理岗位中遴选入额法官机制。广东省广州市两级法院以审批为中心调配员额法官岗位，入额法官全部配置在一线办案部门，非业务部门无员额法官，两级法院政工部门负责人、纪检组组长均未入额，入额法官办案率达到100%。

员额实现"有进有出"才能保持活力。广州等地法院建立退额制度，明确自然退额和应当退额两种情形。对于年度审判绩效等考核确定不称职或连续两年被评定为基本称职，违法违纪不宜再担任，具有任职回避情形，因身体原因无法胜任法官岗位，或其他不宜担任员额法官情形的，均纳入应当退额的情形。

法官权益保障对于稳定司法队伍具有重要意义。2016年江苏省高级人民法院成立全国首个法官权益保障自治组织——江苏省法官协会法官权益保障委员会，并将2月26日确定为"法官权益保障日"。2017年12月，广州市中级人民法院依托市法官协会成立广州市法官权益保障委员会，依法惩处各类侵犯法官权益的违法行为。

（二）体制流程优化提升效能

以往，法院主要在审判庭室内部进行繁简分流，由法官组建速裁组来集中审理简易案件。但随着案件数量剧增和审理难度上升，传统的庭内速裁组织模式局限性凸显。对此，管理扁平化、资源集约化的新型办案团队、专门速裁法庭成为重要发展方向。北京市海淀区人民法院将原民事审判第六庭转型为民商事速裁审判庭，横向上与刑事速裁、行政速裁相呼应，纵向上与多元调解相衔接。民商事速裁审判庭成立伊始，即制定出台《速裁工作运行机制》《速裁案件奖惩考核办法》等一系列制度规范，速裁机制走向精细化制度化。除设立专门速裁审判庭之外，2018年，海淀区人民法院在六个派出人民法庭和民事审判第五庭均设立速裁法官，组建"入额法官＋法官助理＋司法辅助人员＋人民调解员"的新型审判团队。

司法审判模块化改革。北京市西城区人民法院探索模块化审判工作标准，促进司法活动规范化、标准化。化整为零，将全部司法审判执行工作划分为具有相对独立性的工作单元。每个单元模块由工作任务、工作方法、评价标准三部分组成。其工作方法对审判中经常出现的实务问题给出操作性强、标准明确的规范，其内容一方面来自法律规定，一方面来自资深法官的经验做法。其模块横向覆盖司法审判的各个环节流程，纵向按照案由分类梳理，形成模块化审判工作标准。在此基础上，西城区人民法院的司法审判与信息化深度融合，将模块标准嵌入案件信息化管理系统。

（三）司法服务优化高效便民

诉讼服务更加便民。在实体大厅建设方面，天津市第一中级人民法院于2017年9月启用新的诉讼服务大厅。在功能上，除传统的登记立案、受理申请、材料收转、联系法官、案件查询功能外，还设有司法救助、判后答疑、文书送达、投诉建议、法律咨询等专门窗口。在流程上，采用柜台式、窗口式开放办公。在互联网诉讼服务方面，上海市高级人民法院于2018年5月发布了12368微信公众号，植入人工智能技术，为诉讼当事人提供全方位、全天候、零距离、无障碍的智能诉讼服务，微信公众号提供智能检索服务；升级后的2.0版分为诉讼服务、智能法宝和沪法纵览三个板块，既有效分流纠纷减轻了司法压力，也提高了律师和法院的工作效率。广东省高级人民法院开发道路交通赔偿计算小程序，成为交通事故赔偿的理财顾问、调解利器和办案助手。

破解送达难。法院送达作为司法审判的重要环节，关乎案件审理、公正实现和权利救济。近年来，送达难日益成为制约办案质效、拉长办案周期的重要因素。对此，提升送达效率和成功率成为法院司法改革的重要着力方向。云南省高级人民法院鼓励当地法院依托诉讼服务中心实施网格化管理，推行法律文书网格化送达模式，楚雄彝族自治州大姚县人民法院等试点网格

化送达员实施送达,效率显著提升。广州市中级人民法院实施"送必达"改革,一方面依靠党委领导、动员外部力量,建立健全协调联动长效机制,形成治理送达难的合力;另一方面则探索与腾讯、阿里巴巴等企业合作建立网上新型送达机制。

(四)司法责任制改革不断深化

司法责任制改革是深化司法体制改革的基础,对其他各项改革措施具有巩固作用。海南省海口市中级人民法院出台《院庭(局)长办理重大疑难复杂案件工作规程(试行)》,明确院庭长在办案类型上的"3+X"基本原则,明确再审案件全部办、重审案件部分办、一审案件重点办、上级监督的案件指定办。为避免挂名办案的问题,海口要求院庭长办案做到"三个亲自",即亲自阅卷、亲自主持庭审、亲自撰写裁判文书,杜绝了听汇报、书面审查、签发文书代替办案的情况。

为体现"让审理者裁判、由裁判者负责"的理念,广州市两级法院的审判团队不设置固定审判长,原则上由承办法官担任审判长,既激发了法官的荣誉感,有利于加快其成长,也增强了法官的责任感。广州知识产权法院还探索在民事判决书中公开合议庭的不同意见,将合议的"少数意见"写入判决之中。

(五)基本解决执行难攻坚决胜

理顺执行体制,提升执行能力,按照预期目标实现"基本解决执行难",是司法体制改革的重要内容。各地法院积极创新,其做法值得关注,也将为今后执行强制执行法提供宝贵的地方实践探索。

敢啃硬骨头,向重点群体组织开刀。宁夏回族自治区中卫市成立化解涉党政机关未结案件执行工作领导小组。银川市贺兰县人民法院探索应用大数据信息获取执行线索。一方面,通过与互联网公司建立远程协作机制,查询获取被执行人的网购信息,进而协助查找被执行人,控制被执行人财产;另一方面,借助当地"政法云"信息综合管理信息平台,与社区网格员联网,由网格员协助查询被执行人的下落。天津市第一中级人民法院通过包案执行、集约执行、清单执行、捆绑执行、破产执行、审计执行、阳光执行、惩戒执行等多种手段，执行效能显著提升。

执行悬赏保险机制创新。为最大限度地提升执行能力，2016 年最高人民法院《关于落实"用两到三年时间基本解决执行难问题"的工作纲要》中提到，探索推行委托审计调查、委托律师调查、悬赏举报等制度，并在司法解释中得到明确，此后诸如《广东省高级人民法院关于在执行工作中实行悬赏执行的意见（试行）》等地方文件先后出台。浙江省宁波市海曙区人民法院自 2017 年 7 月起和财产保险公司合作，推出"执行无忧"悬赏保险，申请人缴纳保费后，举报人提供查人找物线索的，赏金由保险公司承担。执行悬赏有利于调动社会资源，形成对法院执行能力的有力补充。

重庆市江津区人民法院与当地通讯公司建立失信被执行人联合惩戒机制，对失信被执行人手机号码定制专属彩铃和挂机短信，且不能自行取消或被其他业务人员取消，不能将所属号码进行呼叫转移、过户。如拨打失信被执行人的手机号码，将以彩铃方式进行提示："您拨打的机主已被重庆市江津区法院纳入失信被执行人名单，请督促其尽快履行生效法律文书确定的义务。"对失信被执行人一方，将以挂机后发送短信方式作出提示："你已被重庆市江津区人民法院纳入失信被执行人名单，请尽快履行生效法律文书确定的义务。"被执行人在履行法定义务，法院出具相关法律文书后才可取消限制、恢复正常。

四　法治社会

法治社会是法治建设的基石，对于确保全民守法、形成良好的法治氛围、提升治理效果至关重要。

（一）社会治理共建共治共享

党的十九大报告提出："加强社区治理体系建设，推动社会治理重心向基层下移，发挥社会组织作用，实现政府治理和社会调节、居民自治良性互动。"浙江省泰顺县因地制宜加大基层网格建设力度，每个网格均配备调解、重点关爱、平安服务 3 支专业化服务队，从功能上将乡村治理、便民代办、隐患排查、违法打击相融合。浙江省金华市出台实施全国首个农村生活垃圾分类的地方性法规《金华市农村生活垃圾分类管理条例》，并于 2018 年 6 月起加强执法，开具针对农村垃圾分类违法行为的处罚决定，既将垃圾分类从城市推向农村实现全覆盖，也有利于提升全社会的生态文明素养。四川省成都市双流区探索建立街道法治建设委员会，破解基层治理难题。在街道以往的依法治街办和相关职能机构、内设机构、派出机构的基础上，创新设立街道法治建设委员会，由街道党工委书记和街道办主任分别兼任法建委主任、副主任，自 2017 年 8 月挂牌运行。双流区各街道整合法建委办公室、综治、执法、武装、司法行政、信访等多个机构 53 名专职人员，律师、志愿者、人民调解员等社会力量集中办公，对外设置"一窗式"服务窗口，实现了群众只进一扇门、只找一个人、办成一件事；内部设置依法决策工作组、学法用法工作组、社会法治工作组和矛盾化解工作组，四个工作组既有分工又有联动，法建委效能进一步提升。

在规则制定环节，为提升公众参与实效，浙江省政府法制办公室组建了一支立法工作志愿者队伍，其成员包括基层行政机关、企业事业单位的工作人员和律师、教师、学生等；立法计划和立法项目草案均事先发给立法工作志愿者，以便提前调研，有针对性地收集意见建议，公众参与渠道进一步拓宽。

浙江着力加强环境执法的部门联动，探索在全省层面建立环境公安联动机制，成立省人民检察院驻省环境保护厅检察官办公室，省高级人民法院与省环境保护厅建立执法与司法协调联动办公室，实现了省级层面环保与公检法联络机构的全覆盖，打造环保执法与司法的紧密无缝联动机制，今后还将着力实现省市县三级环保与公检法联络机构的全覆盖。

随着城镇化的快速推进，城市走向"社区化"，在社区治理中居委会、业委会和物业公司因分工不同、定位差别，时常出现扯皮纠纷。对此，浙江省杭州市拱墅区探索党建引领下的"三方办"治理模式。社区党总支委员以网格长身份担任"三方指导员"，其优势显著。一是党建引领。在区级层面成立联合党委，每月召开全区三方协同治理工作联席会议。视情况通过单建、联建、派驻党建联络员等方式，推动业委会、物业公司党的组织覆盖。由此，对于较为复杂、尖锐的问题，可先由业委会或物业公司党组织申请提交"三方办"党组织研究决定。在杭州市拱墅区"三方办"的指引下，区三方办、街道三方办和社区三方办组成的三级三方治理网络党组织体系已然形成。二是集中有关力量推行实体化运作。拱墅区"三方办"的工作人员分别来自街道、民政、公安、综治、司法行政等部门，方便及时解决社区内各类实际问题。以三方办为枢纽，搭建起街道、社区、居委会、业委会、物业公司的理性交流平台。

江苏省工会参与劳动法律执行监督，取得显著成效。一是成立工会劳动法律监督组织。推动企业开展劳动用工自我监督、自我评估、自我改进。二是发出工会劳动法律监督意见书、建议书，仅 2017 年度江苏各级工会即发出"两书"2400 多份，督促补签劳动合同 1.5 万多份，补发职工工资 1.2亿多元①。三是规范工作流程。比如，扬州市总工会形成劳动法律监督"五步工作法"，包括为企业赠送《企业劳动用工风险评估防控手册》，提供向导式的用工评价规范流程，开展订单式的劳动法律法规宣讲，指导进行用工风险自查自纠，组织进行法律专家评审等。由此，大量用工违法违规和劳动关系矛盾纠纷被化解在萌芽状态，企业劳动用工规范化程度显著提升。

（二）法治助力脱贫攻坚

以法治化促进扶贫精准化。针对以往一些地方在确定扶贫对象、项目安排和资金使用等方面的随意性、不规范甚至套取国家扶贫资金的现象，一些地方的弱势群体成为矛盾纠纷的重灾区和受害者，增强各方法治理念、引入程序正当机制、强化责任监督机制成为不约而同的选择。山东省潍坊市着力

---

① 参见江苏省总工会《全省工会劳动法律监督工作情况白皮书（2017 年）》。

推进贫困人口较为集中的县、镇法律服务体系建设，实现贫困村法律顾问的全覆盖，为困难群众开辟法律援助绿色通道——法治扶贫零距离；出台刑满释放人员救助管理的专门文件，对符合条件的安置对象落实基本养老保险或最低生活保障待遇，对生活困难但不符合最低生活保障条件的则给予临时救助等。江苏省对经济薄弱村的扶贫开发项目实施"法律体检"，对低收入人群开展合法权益体检，增强脱贫的效能和规范化。在泗洪县曹庙乡朱家岗村，帮扶工作队编制低收入人口基本权益项目清单，形成14大项24子项的合法权益清单，并逐户对照排查，梳理出15户贫困家庭法律需求19项，按照"一案一策一档"全部通过专案办结。由此，法律帮助从过去的依申请办理走向主动上门服务；对于扶贫开发项目，通过购买服务的方式委托律师事务所实施全方位、全流程的法律体检，分10类59个基础项目逐条提出改进意见，通过整改解决了扶贫项目的风险隐患，筑牢村社区的公共法律服务站点，打通惠及群众的最后一公里。发展至今，湖南省公共法律服务中心和湖南省公共法律服务网络平台（如法网，www.rufa.gov.cn）有机结合，形成集法律服务、法治宣传和司法行政管理于一体的综合性服务平台。其省级实体中心设有行政许可、法律咨询、法律援助、志愿者服务、投诉处理5个接待窗口和司法鉴定、涉台验证、律师工作3个独立接待室，以及公共法律服务信息指挥中心、法治宣传中心、12348法律服务热线调度室；其网络平台如法网分别面向普通群众、律师和公职人员，提供"查、问、办、学、用"等多项功能；为适应移动互联时代，除网站版之外，还提供手机App、公共法律服务热线、微信、支付宝等多渠道机制。

广东省东莞市的公共法律服务实体平台，集约法律事务咨询、矛盾纠纷化解、困难群众维权、法律服务指引和提供等多项功能，整合原来分散在各处的法律服务资源。在渠道方面，按照"平台＋热线＋互联网"理念，形成实体平台、语音平台、网络平台、移动客户端、微信公众号五位一体的服务机制，公共法律服务更加普惠、优质和高效。在以往探索的基础上，一些地方还启动公共法律服务立法。山东省司法厅启动了《山东省公共法律服务条例》的立法工作，为人民群众提供优质的法律服务即将有法可依。

（三）生态环境保护有序有力

近年来，党中央高度重视生态文明建设和生态环境保护，生态文明建设被纳入中国特色社会主义"五位一体"总体布局。对此，各地通过完善立法、加强监管、完善司法保障等多种举措予以落实。在立法方面，河北省人大常委会于 2018 年 6 月修订《河北省水污染防治条例》，首次将环保督查写入地方性法规，将河长制、湖长制明确写入，强化地方党政同责，便于通过约谈、限批等管理手段，倒逼地方政府加大水污染防治的推进力度。在监管方面，河北省雄安新区积极参与编制《白洋淀生态环境保护规划》，在生态保护与水源涵养区，全面禁止、限制有损生态系统功能的产业落地；在白洋淀东西两侧平原区，严禁新增水污染物排放总量项目建设；在大清河流域山区，分区限制矿产、水资源开发，严控拦河筑坝等阻断自然径流的项目。与此同时，雄安新区严格执行污染物排放总量替代，严禁高耗水、高耗能、高污染、低附加值以及破坏生态环境的产业和企业落地，倒逼新区及周边地区产业升级和能源结构优化。云南省探索环境污染第三方治理，省政府办公厅下发专门文件，推动环境保护 PPP（政府与社会资本合作），构建绿色信贷平台并促进环保资本市场发展，推进第三方环保企业与地方政府签订整体外包全面综合治理协议合同，开启了EPC（工程总承包）整体承建湖泊综合治理项目模式。在司法保障方面，甘肃省的有关做法值得关注。接受祁连山系列环境污染案的深刻教训，2017 年 9 月，甘肃省矿区人民法院正式改制为专门负责环境资源案件审判的中级法院，成为全国第一个环境资源专门法院，全省 14 家中级法院均设立环境资源审判合议庭；祁连山林区法院正式揭牌，对甘肃省祁连山自然保护区等 5 个自然保护区实行集中管辖。2018 年，在"6·5"世界环境日，甘肃省高级人民法院发布《甘肃环境资源审判（2017～2018）》白皮书。2017 年 1 月至 2018 年 4 月，甘肃全省法院共受理涉环境资源类案件 10191 件，其中刑事案件 390 件，民事案件 8905 件，行政案件 807件，公益诉讼案件 89 件。由此，充分发挥环境资源审判作用，生态环境

司法保护力度空前，全社会的生态环境意识也大为提升。与之相似，云南省高级人民法院、湖北省高级人民法院、上海市崇明区人民法院、四川省雅安市雨城区人民法院等法院，也发布了环境资源审判的白皮书。

（四）多元纠纷化解形成合力

习近平总书记强调"强化法律在化解矛盾中的权威地位"。一些地方探索人民调解与治安调解衔接联动。比如，浙江省绍兴市上虞区推出乡警回归机制，让机关民警回到原籍地担任农村警务工作指导员，发挥其人熟、地熟、情况熟的优势，坚持"每月至少回一次村、联系一次村干部、沟通一次驻村民警"，此类基层警务单元模式覆盖全区各乡镇街道，指导社会组织、驻村民警做好工作，尽可能把矛盾化解在源头。四川省乐山市司法局则协调市公安局，完成18个城区派出所的"公调对接"工作。

北京市海淀区人民法院诉调对接中心于2016年2月成立，开展以"人民调解进立案"为代表的诉调对接工作，负责立案、调解、审判的衔接。在立案环节，通过调解劝导引导群众进行时间、成本等方面的利弊分析，理性判断之后，选择更加合适的方式解决纠纷。在民商事速裁审判庭成立后，海淀区人民法院还建立速裁法官值班制度，使得多元调解与速裁进一步衔接。为提高调解效能，一方面法院注重选择有丰富阅历、相关专业性的人员，容易得到争议当事人的认可；另一方面诉调对接中心对调解员开展定期培训，提升纠纷化解能力。发展至今，海淀区人民法院已与海淀区妇联婚姻家庭纠纷调解中心、海淀区司法局"区诉前调解中心"、中国互联网协会调解中心、北京市知识产权局12330调解中心、北京多元调解与发展促进会等多家调解组织建立固定合作关系，积极协调人民调解和专业性行业调解组织，将多方调解力量引入法院；开设4家诉前调解室，调解队伍不断壮大。

（五）信息技术应用渐入佳境

信息技术对法治社会建设具有无可替代的重要作用。2015年9月，国家发展改革委、科技部、公安部等九部委联合印发了《关于加强公共安全视频监控建设联网应用工作的若干意见》。2017 年，上海市已安装近万套电子警察，专门监拍占用车道、实线变道等瞬时违法动作，并鼓励市民手机拍摄交通违法视频上传举报，执法效能显著提升。四川省在 2017 年 12 月底，已完成 14087 个村的"雪亮工程"建设，既扭转了乡村治安形势，提升了民众安全感，也有利于减少焚烧秸秆、乱倒垃圾等不当行为，改善了人居环境。福建省福州市依托智慧城市总体布局，立足向科技要生产力，创新实施"大数据＋雪亮工程"，推动公共安全视频监控建设联网应用。随处可见的监控探头在治安防控、城市管理和维稳安保方面发挥了越来越大的作用。

在便利民众方面，浙江省杭州市公安局在拱墅区、淳安县开展试点，通过"人脸识别系统"和"旅客身份证核查系统"进行身份查验，身份证丢失或忘记携带的人员，无须再去公安局派出所开证明，通过刷脸即可办理酒店入住。在纠纷化解方面，浙江省高级人民法院的"浙江智慧法院"、杭州市西湖区人民法院的"电子督促程序"等，以及深圳国际仲裁院打造基于移动互联网的办案平台，都值得关注。

针对大量网络交易纠纷类型繁杂、标的额不大、涉及问题琐碎等特征，分处天南海北的网购双方实地到场面对面调解成本过高，也难以实施，浙江省杭州市余杭区司法局联合阿里巴巴设立网络纠纷人民调解委员会和纠纷调解中心，开通在线调解平台。本着"以网调网"的理念，通过在线多方视频、多方电话会议、多方在线会话，促进调解的智能化。在线矛盾纠纷多元化解平台（ODR），作为矛盾纠纷化解的网络一体化平台，依托互联网技术、人工智能和大数据架构，集约咨询服务、评估服务、调解服务、仲裁服务、诉讼服务等功能，不仅将传统的线下纠纷解决搬到线上，而且从法律咨询、评估向在线调解、在线诉讼层层递进，使得矛盾纠纷被不断筛选分流，进入诉讼程序的纠纷大幅减少。

五　经济法治

进入新时代以来，经济发展与法律制度、法律实施之间的不协调、不均

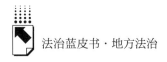

衡现象仍不同程度存在。因此，促进营商环境改良、加强知识产权保护、完善制度、积极吸引人才等举措，成为地方法治的重要内容。

（一）着力打造法治化营商环境

改善投资和市场环境，营造稳定公平透明、可预期、法治化、国际化、便利化的营商环境，是许多地方法治推进的重要目标。2017 年 11 月，辽宁省沈阳市出台地方政府规章《沈阳市优化营商环境办法》。2017 年，辽宁省本溪市为优化营商环境，对当地地方性法规、地方政府规章和规范性文件进行专项清理审查。其专项清理拟对 3 件地方性法规予以废止，2 件地方性法规中涉及行政收费和创造宽松发展环境的部分条款予以修改，由市人大常务委员会启动立法程序统一审议；对 16 件政府规章和 7 件规范性文件决定予以废止，对 5 件政府规章的部分条款予以修改等，通过《关于公布政府规章和规范性文件清理结果的决定》并发布实施。

进入 2018 年以后，改进优化营商环境，更是成为许多地方法治建设的重要内容。继《安徽省人民政府关于创优"四最"营商环境的意见》出台后，安徽省合肥市、芜湖市等地均出台冠以创优"四最"营商环境的实施意见，以建设"全国审批事项最少、办事效率最高、投资环境最优、市场主体和人民群众获得感最强的营商环境"。贵州省委办公厅、省政府办公厅出台《贵州省优化营商环境集中整治行动方案》，贵州各市州出台了配套性的部署安排，以打造"门槛低于周边，服务高于周边"的营商环境新高地。

规章与规范性文件清理走向常态化。按照《国务院办公厅关于开展涉及产权保护的规章、规范性文件清理工作的通知》的要求，各地启动专项清理工作。在清理中，甘肃省还扩展范围到地方性法规，省政府各部门清理中发现地方性法规存在不利于产权保护有关规定的，应当提出具体意见和修改方案，说明理由并公开征求意见。2018 年的《浙江省人民政府地方性法规案和规章制定办法》规定了规章的全面清理和专项清理，省级政府每五年组织一次全面清理，根据国家要求和地方经济社会发展情况需要适时组织专项清理，清理结果应向社会主动公开。

清理各类证明事项成效斐然。2018 年以来，清理各类证明事项，是给企业群众减负、转变政府职能、提升政务服务水平的重要举措。河北省、重庆市、河南省、海南省、贵州省贵阳市、广东省广州市、甘肃省兰州市等地均出台专门文件或要求做好证明事项清理工作，或公布清理结果，或印发保留证明事项的清单。浙江省杭州市推行"四个一律取消"，尽可能减少政务事项，即凡没有法律法规依据的一律取消，能通过个人现有证照来证明的一律取消，能采取申请人书面承诺方式解决的一律取消，能通过网络核验的一律取消。在各地积极探索基础上，国务院办公厅出台《关于做好证明事项清理工作的通知》，将证明事项清理推向新高潮。有理由预期，没有法律法规依据的证明事项大幅精简乃至彻底消亡，将在近期实现。

流程优化减少企业办事负担。"最多跑一次"和"不见面行政审批"、全城通办等机制，已从个别地方创新探索成为大部分地区的普遍动作。比如，浙江省自 2016 年底提出"最多跑一次"改革，发展至今，"最多跑一次"实现率达到 87.9%。浙江省住房和城乡建设厅经过多轮梳理改革，全系统群众和企业到政府办事事项（主项）确定为 119 项，可实现"最多跑一次"的 115 项，占 96.64%；厅本级办事事项（主项）25 项，已实现"最多跑一次"的 22 项，占 88%。再如，在网上办事方面，商事登记一网通优化升级。在各地逐步推广的多证合一、证照联办基础上，浙江省杭州市着力破解商事登记相关的变更、注销、迁移、章程备案等难题，努力实现所有商事登记事项一网通全覆盖。在江苏省南京市，已有 9263 项审批服务列入"不见面审批（服务）"事项清单[1]。又如，针对国内普遍存在的不动产登记材料多、手续繁杂的问题，浙江省杭州市将"六十分钟领证"作为目标。其举措包括群众、中介可通过电脑、手机在网上预约办理时间和办证材料预审核，拓展网上支付、网上查询等功能；涉及农村集体土地不动产登记的，将登记网络向镇街便民服务中心延伸。

---

[1]　参见《南京市人民政府 2017 年度法治政府建设工作报告》。

（二）知识产权保护体系升级

创新是引领发展的重要动力，加强知识产权保护是完善产权保护制度最重要的内容。各地的知识产权保护在制度建设、完善执法、司法保障等方面用力甚巨。比如，深圳市积极推动知识产权保护条例立法，建立创作、运用、保护、管理和服务全链条的知识产权保护体系，构建与创新驱动发展要求相匹配的知识产权综合管理体系，在调整知识产权损害赔偿标准、实施惩罚性赔偿制度、建立诉讼调解对接机制、设立举证妨碍规则等方面先行先试，知识产权保护水平与国际发达国家接轨。自 2017 年 2 月武汉知识产权审判庭挂牌运行以来，浙江杭州、浙江宁波、福建福州、山东济南、山东青岛等地获批试点设立知识产权法庭，司法保障力度不断加强。

（三）自贸区与湾区法治大步推进

纵观全国，各个自贸区注重法治创新，建立实施与国际通行规则相衔接的投资贸易制度体系，加快政府职能转变，在打造法治化、国际化和便利化的营商环境方面着力甚巨效果突出。

自贸区相关的地方立法、修法更加频繁。国务院印发的《中国（浙江）自由贸易试验区总体方案》明确要求，"浙江省要通过地方立法，建立与试点要求相适应的自贸试验区管理制度"。为贯彻中央要求，浙江省人大常委会通过了《中国（浙江）自由贸易试验区条例》，并于 2018 年 1 月 1 日起实施。2014 年通过的《中国（上海）自由贸易试验区条例》已正式启动修订工作，继续为自贸区制度创新提供法治支撑。2018 年 4 月，海南全岛建设自由贸易试验区，分步骤、分阶段建立自由贸易港政策和制度体系，随后海南省人大常委会作出《关于推进中国（海南）自由贸易试验区和中国特色自由贸易港建设的决议》，要求积极推进立法，加快建立健全与国家法律体系相配套、与国际惯例相接轨、与中国特色自由贸易港建设相适应的法规架构。另外，上海市浦东新区拟出台自贸区投资者异议审查制度，对浦东新区相关规范性文件可能违反现行法律法规的，可提出异议审查申请。

2015 年 5 月，在以往上海市第一中级人民法院、浦东新区人民法院各自连续 4 年召开自贸区司法保障新闻发布会基础上，两家法院联合发布《自贸区司法保障白皮书》，并发布了两家法院近一年审理的涉自贸区典型案例，或填补法律空白，或明晰审判思路，为今后同类案件的审理提供宝贵经验。

（四）地方人才政策纷纷升级

人才强国战略、创新驱动发展战略的实施，都离不开人才。如何吸引人才、留住人才、用好人才，建构开放、可操作的人才法律制度体系，成为许多地方近年来制度改革的重点内容。自 2017 年以来，相关地方性法规、政府规章、规范性文件纷纷出台，近来进入"井喷期"，超过 20 座城市出台吸引人才的地方文件政策。在地方性法规层面，《南通市人才发展促进条例》《深圳经济特区人才工作条例》先后出台。在地方政府规章和规范性文件层面，更是层出不穷。比如，北京市人力资源和社会保障局印发了《北京市引进人才管理办法（试行）》，福建省福州市政府印发《关于鼓励引进高层次人才的八条措施的通知》，中共海南省委办公厅、海南省人民政府办公厅出台《关于引进人才住房保障的指导意见》等。

一些地方成立人才引进的专门机构。2017 年 3 月，湖北省武汉市成立招才引智工作领导小组；同年 4 月，成立招才局，作为武汉市招才引智工作领导小组的日常办事机构，与市委人才工作领导小组办公室合署办公，按照"虚拟机构、实体运行"模式运作。其职能包括协调推进全市人才工作，组织实施重大人才计划，开展重大招才引智活动、创新创业大赛，协调推进招才引智与招商引资。山东省莱芜市招才局也采取类似模式，挂靠市委组织部，与市人才办合署办公，将原先分散在各部门的人才职能予以汇总整合。

2018 年 5 月，海南省正式发布《百万人才进海南行动计划（2018～2025 年）》，提出到 2020 年吸引各类人才 20 万人左右；到 2025 年，实现"百万人才进海南"目标。湖北省武汉市于 2017 年实现大学毕业生留下创业就业 30.1 万人，新落户 14.2 万人，创历史新高。2018 年第一季度数据显示，陕西省西安市新落户 24.49 万人，大专以上学历的落户人员占 54%；对比 2017 年第一季度，西安市外迁入仅 2.61 万人，同比增长近 10 倍。

安居方能乐业。在各地房价高企的背景下，许多地方为吸引人才，为人才提供形式多样、力度空前的居住保障。比如，广东省珠海市出台《关于实施"珠海英才计划"加快集聚新时代创新创业人才的若干措施（试行）》，提供货币补贴、共有产权房、人才公寓、公积金贷款优惠等。在河南省郑州市，青年人才首次购买住房，博士每人补贴 10 万元、硕士每人补贴 5 万元、本科毕业生每人补贴 2 万元。

各地"抢人大战"日趋激烈和吸引眼球的背后，是户籍制度特别是人才落户制度的改革。比如，海南省将开放人才落户政策，凡是具有全日制大专以上学历、中级以上专业技术职称、技师以上职业资格或执业资格的人才，可在海南省工作地或实际居住地落户。河北省石家庄市着力简化人才落户手续，符合条件的优秀青年人才及高校毕业生凭身份证、毕业证即可办理落户手续，公安部门即报即批、当日办结。陕西省西安市则不断推进户籍制度改革迈向深入，2017 年 3 月被称为"史上最宽松"的户籍准入新政策开始实施，"三放四降"受到瞩目①；3 个月之后，西安市进一步放宽户籍准入条件，将本科以上学历落户年龄放宽至 45 岁，硕士研究生及以上学历人员取消年龄限制；2018 年 2 月，在程序上个人落户一站式全办结，通过学历、人才和投资纳税落户的，落在集体户上的也可同步完成举家迁入；1 个月后的 3 月 5 日，线上"掌上户籍"绿色通道正式运行，凭学历通过该平台在线提交材料即可；2018 年 3 月 23 日，全国在校大学生凭学生证和身份证即可在线落户。

在面向国际方面，海南省允许外籍和港澳台地区技术技能人员按规定在琼就业、永久居留。珠海规定来珠海就业创业的港澳籍人士在购房、子女教育、就医等方面享受珠海市民待遇，对于企业新引进港澳本科以上学历人才，

---

① "三放"即放开普通大中专院校毕业生的落户限制、放宽设立单位集体户口条件、放宽对"用人单位"的概念界定，"四降"即降低技能人才落户条件、降低投资纳税落户条件、降低买房落户条件、降低长期在西安市区就业并具有合法固定住所人员的社保缴费年限。

同样可享受珠海新引进青年人才租房和生活补贴政策；在横琴自贸区工作的港澳籍人士免办就业证，并享受"港人港税、澳人澳税"个人所得税优惠。

抢人大战和随之而来的户籍改革，让一大批优秀人才选择户籍门槛相对较低、生活更加宜居、工作创业更有前景的城市，有利于改变千军万马挤入超级大城市的传统模式，有利于经济发展的地域平衡，也使得北京、上海等一线城市感受压力，反思饱受诟病的户籍门槛，进而推动全国层面的户籍制度改革。

六　未来展望

在肯定地方法治取得巨大成效的同时，也应清醒意识到仍存在的问题和不足，法治建设依然任重而道远，与社会需求仍有一定差距。上学难、就医难等问题，在短期内难以根本扭转。部分地区学区房政策的反复调整，既反映了为调控房价的民生考虑，也折射出以政策而非法治为主体的治理模式所具有的不稳定性和不可预期性。从人民对美好生活的向往与全面依法治国的实现出发，地方法治应以永不懈怠的精神状态和一往无前的奋斗姿态，继续奋勇前行。

（一）更新观念适应新时代

在新发展理念背景下，法治的推进也需要与时俱进更新观念。近年来，公众对法治实施中各类"梗阻"的容忍度下降，企业对法治化营商环境的要求日益高企，对此，各级政府机关及其部门不能仅仅遵守现行法律即满足；甚至一些政府办事人员观念陈旧，对于改革举措存在抵触心理，已经被取消的审批事项仍以事前备案等形式死灰复燃，对本应已经下放的权力事项仍恋恋不舍。一些地方虽然出台权责清单并高调宣布建立动态调整更新机制，但其内容诸如《民法总则》《慈善法》等重要法律并未及时纳入，对外公布即过时之日。对此，地方法治建设必须一方面要按照党中央和上级党委的最新部署安排，不折不扣地贯彻落实；另一方面要从本地区、本领域实际

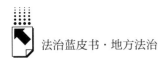

需求出发,积极探索创新,将自上而下落实与自下而上探索有机结合,提升地方法治的满意度和获得感。

(二)乡村振兴法治保驾护航

2018 年"中央一号"文件《中共中央　国务院关于实施乡村振兴战略的意见》明确提出"建设法治乡村"。法治乡村作为全面依法治国的基石和必要组成部分,将为乡村振兴提供法治保障和法治引领。综观各地,农村法治建设先天不足、后天失调的问题不同程度存在。其一,农村、农民方面的法律制度供给总量不足且存在偏差,既有大量的立法领域空白也有制度规则与习惯风俗背离的问题。其二,广大农村传统观念根深蒂固而法治意识相对薄弱,面对传统社会与现代化的割裂无所适从,一些基层干部仍迷信摆平就是水平,侵害农民权益的现象时有发生,依法维权的成本较高。其三,行政执法在广大乡村的效能不高。对此,如何建设完善乡村法治,让乡村的自治、法治与德治协调整合形成合力,成为各地法治推进过程中面临的严峻任务。

对此,一是应充分利用修改后的《立法法》及配套法规,各地因地制宜积极探索地方立法,解决当下涉及乡村法律制度滞后的问题;二是创新形式提升普法效能,以生动活泼和喜闻乐见的常见案例,形成浓厚的法治氛围;三是执法力量下沉打击违法乱象。针对一些农村违法现象凸显、执法空白等问题,应以新型综合执法改革为契机,进一步下沉执法力量。

(三)便民利企增强获得感

在服务型政府打造取得巨大成效的当下,仍应意识到"梗阻"的存在,严重损害了改革成效和民众获得感。一些地方的"政务服务大厅"或"不动产登记中心",虽然形式上实现了"一个窗口对外",在实践中却出现一些职能仍游离或部分游离于大厅。比如:无须税收优惠的不动产交易可在大厅办理,而需要税收优惠的仍需要到税务机关办理;有些地方推行全城通办,但部分流程、环节受制于个别部门,最终无法落地;有些地方高呼"不见面行政审批""最多跑一次"的办事改革，但仍有不少部门要求当事人必须亲自到场且以各种理由要求反复提交材料跑上多次。加之改革宣传的高调，给民众带来更强的失落感。对此，必须清醒认识到，政府的办事水平与民众需求、社会预期仍存在巨大落差，改进政务服务水平任重而道远。

（四）强化充实基层法治力量

基层政府是依法行政的前沿阵地，与人民群众联系最密切、最频繁。随着全面依法治国的推进，基层法治建设仍是薄弱环节，基层法治力量不适应不匹配的问题日渐凸显。对此，在乡镇街道层面，应以机构改革为契机，考虑整合司法所等力量，普遍设立法治科室；在力量方面，考虑编制配备与政府购买服务相结合，既积极争取编制面向社会公开招录法治工作人员，也通过购买服务方式聘请外脑满足需求。增强素质，一方面要完善培训机制，提升能力；另一方面还要引导推荐优秀法治人才到基层挂职、任职或驻地服务，引进人才与培养人才相结合。

（五）多管齐下有效治理违法乱象

十八大以来，"全民守法"成为中国法治追求的重要目标。实践中，随着地方执法体制改革、执法力量配置逐步合理化，许多领域管理秩序焕然一新，守法状况大幅改善。但也应意识到，在部分领域和地区，违法乱象的治理依然形势严峻，执法力量不匹配。比如，即便在发达地区，有无交通警察在场、有无摄像头，仍是许多车主是否遵守交通法规的主要考虑因素。再如，在统计执法方面，有近50%的省份尚未设立独立的统计执法监督机构，市县执法力量不足的问题更加突出。特别是随着互联网经济的崛起，新业态、新经营模式层出不穷，乱象频出给现代执法带来巨大挑战。2018年以来，已有北京、上海、江苏、浙江等地的交通运输管理部门就网约车企业存在的非法营运、扰乱市场秩序、运营安全、信息安全等突出问题约谈了有关企业，但效果并不尽如人意，甚至个别网约车公司被多次约谈后仍置若罔闻。对此，全面严格依法有效整治违法行为、维护社会秩序，构成地方法治推进的重要任务。

（六）信息化智能化纵深推进

需要正视的是，一些地方的信息化与法治实施存在脱节现象。其中，既有信息化存在超前、不适应的问题，也有法律制度发生更新但信息系统的节点管理未能及时跟进，导致系统无法用或者不衔接、不准确等问题。2018年，某省由于住建系统建设工程质量监督手续改为网上审批，本来有利于高效便民，但之前该权限已委托镇街实施，而镇街却无权限登录网上端口，导致多个施工许可办理"卡顿"，建设项目陷入停滞。对此，应多管齐下综合施治，以智能化提升地方法治的效能。

确保基础数据的准确完整及时更新，为依法科学治理夯实基础。在各地法治实施深度依赖信息化、"大数据治理"成为趋势的背景下，数据成为关键词，而基础数据的准确、完整性则非常关键。但全国人大常委会的执法检查表明，2017年以来，国家统计局根据举报线索核查数据异常的2051家企业和2942个固定资产投资项目，有1195家企业、2775个投资项目的统计数据存在编造、虚报现象，一些企业、项目统计数据的编造、虚报倍数相当高。比如，天津市滨海新区临港经济区、内蒙古自治区开鲁县、辽宁省西丰县违法企业平均虚报率分别高达56倍、10倍和6.7倍[①]。基础数据的偏差、编造和虚报，给依托数据的治理带来巨大风险。

从在线办事向移动办事升级。依托互联网和大数据，各类政务服务事项的网上办、就近办，增加网上办事在事项和流程方面的覆盖率已成为各地改革的共同取向。在此基础上，依托手机、平板等终端，走向"移动办事"将成为新的趋势。浙江杭州推进的"移动办事之城"，其做法如下。一是启动综合自助办事服务机，现已实现即办事项54项、公共支付6项。该自助

---

① 参见《全国人民代表大会常务委员会执法检查组关于检查〈中华人民共和国统计法〉实施情况的报告——2018年6月20日在第十三届全国人民代表大会常务委员会第三次会议上》。

机不仅不受上下班时间限制而 24 小时全天候对外开放，而且所打印文件自动盖上公章。在地域上，综合自助机将覆盖杭州所有乡镇、街道，村、社区以及人流密集的公共场所，其目标是打造"15 分钟办事圈"①。由此，办理政务服务事项将如同到银行 ATM 机或智能机办业务一样便捷。二是开通"杭州办事"手机 App，在手机上即可办理许多政务事项。在手机作为获取资讯、生活工作的移动终端重要性不断强化、黏性不断加强的背景下，用好手机 App、微信小程序等，将成为政务便民的新增长点。

中国地方法治发展已然进入新时代，站在全新的起点上，今后应兼顾好中国特色社会主义法治的统一与地方创新，兼顾法律秩序维护与公民权利保障，兼顾治理体系现代化与人民满足感、获得感，促进中国法治不断攀登新高峰。

---

① 参见杭州市人民政府办公厅关于印发《2018 年深化"最多跑一次"改革 打造移动办事之城工作要点的通知》（杭政办函〔2018〕21 号）。

地 方 立 法

Local Legislation

B.2

中国立法透明度指数报告（2018）

——以人大常委会网站立法公开为视角

中国社会科学院法学研究所法治指数创新工程项目组*

摘　要： 为跟踪把握立法透明度状况，不断推进立法公开、提升立法质量、实现良法之治，项目组继续对全国人大常委会以及31家省、自治区、直辖市人大常委会门户网站进行测评，评估立法工作信息、立法活动信息、立法过程信息和立法优化信息的公开情况，并形成评估报告。评估发现，近一年来人大的立法公开取得明显进展，立法工作信息公开程度不断提高，立法程序和立法计划公开情况较好，立法草案公开程度略有提高等。与

---

* 项目组负责人：田禾，中国社会科学院国家法治指数研究中心主任，法学研究所研究员；吕艳滨，中国社会科学院法学研究所研究员、法治国情调研室主任。项目组成员：周婧、王小梅、栗燕杰、刘雁鹏、高振娟、秦璇。执笔人：周婧，中共中央党校（国家行政学院）法学教研部副教授。

此同时，立法公开也暴露出发展不均衡、公众意见建议和人大常委会反馈意见的公开程度有待提升等方面问题，对此，项目组提出加强立法计划相关信息公开、推进立法评估信息公开和备案审查信息公开等具有针对性、操作性的对策建议。

关键词： 人大　立法　公开　人大常委会网站

"立善法于天下，则天下治；立善法于一国，则一国治。"十九大报告明确提出，推进科学立法、民主立法、依法立法，以良法促进发展、保障善治。良法之治的实现有赖于立法的公开透明。立法公开能够让公众了解立法的规划和计划、草案的立法目标和重点难点，有助于公众有序参与立法、有效表达意见建议，有助于立法机构知民心、顺民意、连民心、聚民力，不断提高立法质量，更好地坚持法治为了人民、依靠人民、造福人民、保护人民的目标。各级人民代表大会（以下简称"人大"）及其常委会是主要的立法机关，其所立之法是中国特色社会主义法律体系的重要组成部分。基于此，项目组在优化测评指标体系的基础上，继续对全国人大常委会以及31个省、自治区、直辖市人大常委会门户网站进行测评，分析近一年来上述人大常委会在立法公开方面取得的成绩与面临的挑战。

一　测评指标与方法

就测评方法而言，项目组继续依托各级人大门户网站进行测评。这是因为随着网络的不断发展，门户网站已成为公众了解和参与立法的重要平台。对人大常委会门户网站进行测评能够有效展示立法公开的情况。测评对象仍为全国人大常委会和31家省级人大常委会。测评对象与上年一致，有助于对比公开情况，把握立法公开的变化。

测评指标体系仍然围绕法律制定和法律优化两个方面，一级指标和权重保持不变，即立法工作信息（权重20%）、立法活动信息（权重30%）、立法过程信息（权重30%）、立法优化信息（权重20%）。在保持指标体系基本不变的前提下，项目组对一些具体指标进行了调整。在第一板块中，二级指标"本级人大代表信息"增加了一个三级指标即"本级人大代表简历公开情况"，对人大常委会网站是否公开本级人大代表信息进行测评；二级指标"法规数据库"增加了一个三级指标即"数据库中法规的分类情况"，对法规数据库中法规有无分类进行评估。第二板块只增加一个三级指标，测评立法计划制定过程的公开情况。在第三板块中，二级指标"立法听证"下属的三个指标合并为一个指标，也就是将"公开个人参与听证的情况""公开人大代表参与听证的情况""公开人大代表参与听证的情况"等三个指标合并为"公开听证会参与者的情况"。第四板块的指标没有调整。具体指标设置见表1。测评时间为2018年5月15日至7月20日。

表1 立法公开指标体系

立法工作信息（20%）	常委会领导信息（10%）
	常委会机构职能信息（20%）
	立法工作总结信息（30%）
	本级人大代表信息（20%）
	法规数据库（20%）
立法活动信息（30%）	立法程序（35%）
	立法计划（45%）
	立法前评估（20%）
立法过程信息（30%）	立法草案（40%）
	立法征求公众意见平台（40%）
	立法听证（20%）
立法优化信息（20%）	规范性文件审查程序（25%）
	立法后评估（20%）
	执法检查（30%）
	备案审查（25%）

二 测评结果

（一）总体情况

根据 4 个板块的测评结果和权重分配，项目组核算并形成了 32 家人大常委会的总体测评结果（见表 2）。

表 2 人大立法公开总得分情况

人大常委会名称	总分（满分 100 分）	人大常委会名称	总分（满分 100 分）
全国人大常委会	75.7	吉林省人大常委会	57.7
重庆市人大常委会	73.2	河北省人大常委会	57.4
湖北省人大常委会	71.6	青海省人大常委会	57.3
上海市人大常委会	70.1	山东省人大常委会	56.8
浙江省人大常委会	69.2	四川省人大常委会	56.6
广西壮族自治区人大常委会	69.0	安徽省人大常委会	56.4
北京市人大常委会	68.8	海南省人大常委会	55.5
广东省人大常委会	68.7	甘肃省人大常委会	53.8
江苏省人大常委会	67.5	天津市人大常委会	52.5
宁夏回族自治区人大常委会	66.3	山西省人大常委会	52.1
贵州省人大常委会	65.9	陕西省人大常委会	50.1
云南省人大常委会	63.4	湖南省人大常委会	47.5
江西省人大常委会	59.6	内蒙古自治区人大常委会	46.1
辽宁省人大常委会	59.3	新疆维吾尔自治区人大常委会	40.1
福建省人大常委会	58.9	河南省人大常委会	39.6
黑龙江省人大常委会	58.7	西藏自治区人大常委会	36.7

测评结果显示，本年度总分超过 60 分的人大常委会有 12 家，即全国人大常委会、重庆市人大常委会、湖北省人大常委会、上海市人大常委会、浙江省人大常委会、广西壮族自治区人大常委会、北京市人大常委会、广东省人大常委会、江苏省人大常委会、宁夏回族自治区人大常委会、贵州省人大常委会、云南省人大常委会。总分超过 60 分的人大常委会数量比上年多 5

家。全国人大常委会连续两年高居榜首，2018 年的总分为 75.7 分，比上年高 3 分。

（二）立法公开的亮点

评估发现，人大常委会在立法公开工作中取得了一些成绩，近一年来在立法工作信息公开、立法程序和立法计划公开、立法草案公开等方面取得了一些进展。

第一，人大立法工作信息公开程度不断提高。与 2017 年相比，全国人大常委会和 31 家省级人大常委会在门户网站上公开人大常委会领导简历、人大常委会机构信息、本级人大代表名单的程度有所提高。而且，一些人大常委会公开的立法工作信息较为详细，如公开了本级人大代表的简历以及法律法规分类信息。

第二，人大立法程序和立法计划公开情况较好。全国人大常委会和大部分省级人大常委会的门户网站都公布了自行制定的立法程序。这有助于公众了解本级人大常委会制定法律法规的流程，有序参与立法过程，表达自己的意愿，进而通过立法更好地保护自身的权益。被测评的人大常委会大多公布了本年度的立法计划，有的人大常委会还公开年度立法计划的制定过程，向公众征集意见。

第三，立法草案公开程度略有提高。全国人大常委会和绝大部分省级人大常委会的门户网站都设立了立法草案公开栏目集中发布立法草案信息。而且，与 2017 年相比，公布草案征求意见有关事项的说明、草案说明、意见反馈情况、审议结果的人大常委会数量都有所增加。

（三）立法公开存在的问题

第一，各类立法信息的公开情况仍不够均衡。测评结果显示，尽管与 2017 年相比，四个板块的平均分和总分超过 60 分的人大常委会数量都有所增加，但四个板块的公开情况仍不均衡，不同板块的平均分和总分超过 60 分的人大常委会数量仍有较大差距。在"立法工作信息"板

块，平均分为 70.9 分，得分超过 60 分的省级人大常委会共计 28 家。在
"立法活动信息"板块，平均分为 61.0 分，得分超过 60 分的省级人大
常委会共计 17 家。在"立法过程信息"板块，平均分为 50.8 分，得分
超过 60 分的省级人大常委会共计 11 家。在"立法优化信息"板块，平
均分为 55.4 分，得分超过 60 分的省级人大常委会共计 14 家。由此可
见，四个板块的得分仍然差距较大，人大常委会公开立法工作信息和立
法活动信息的情况较好，而立法过程信息以及立法优化信息公开的情况
仍不够理想。

第二，各地区的立法公开工作发展仍不够均衡。测评结果显示，4 个
板块最高分和最低分的差距仍然较大，不同人大常委会间的差距依旧明
显。在"立法工作信息"板块，浙江省人大常委会得分最高，为 93.5
分；西藏自治区人大常委会得分最低，为 36 分。最高分与最低分相差
57.5 分，与上年持平。在"立法活动信息"板块，广东省人大常委会得
分最高，为 100 分；湖南省人大常委会得分最低，为 18 分。最高分与最
低分相差 82 分，比上年多了 4.5 分。在"立法过程信息"板块，湖北省
人大常委会得分最高，为 84 分；内蒙古自治区人大常委会得分最低，为
20 分。最高分与最低分相差 64 分，比上年多了 4 分。在"立法优化信
息"板块，全国人大常委会得分最高，为 94 分；海南省人大常委会、河
南省人大常委会得分最低，均为 22.5 分。最高分与最低分相差 71.5 分，
比上年少 4.75 分。

第三，公众意见建议和人大常委会反馈意见的公开程度有待提升。在被
测评的 32 家人大常委会中，只有少数人大常委会在门户网站上公开公众针
对立法草案提出的意见建议以及人大常委会的反馈意见。与 2017 年相比，
公开程度并无显著提升。

三 立法工作信息公开情况

第一板块"立法工作信息"主要评估 32 家人大常委会在门户网站上公

开立法工作相关信息的情况。测评的重点与 2017 年一样，包括"常委会领导信息""常委会机构职能信息""立法工作总结信息""本级人大代表信息"和"法规数据库"五个方面的公开情况。调研发现，与上年相比，2018 年的公开程度明显提高。2018 年平均分比上年高 12.25 分，总分超过 60 分的人大常委会数量增加了 10 家。浙江省人大常委会得分最高，为 93.5 分，比 2017 年的最高分多 12 分（见表 3）。

表 3　第一板块得分情况

人大常委会名称	得分（满分 100 分）	人大常委会名称	得分（满分 100 分）
浙江省人大常委会	93.5	天津市人大常委会	74.0
上海市人大常委会	85.5	内蒙古自治区人大常委会	73.5
云南省人大常委会	84.0	福建省人大常委会	72.0
全国人大常委会	83.5	河北省人大常委会	68.5
辽宁省人大常委会	81.5	宁夏回族自治区人大常委会	68.5
重庆市人大常委会	81.5	河南省人大常委会	67.5
青海省人大常委会	80.5	湖南省人大常委会	65.5
陕西省人大常委会	80.5	海南省人大常委会	64.5
四川省人大常委会	79.5	湖北省人大常委会	64.5
甘肃省人大常委会	78.0	黑龙江省人大常委会	63.5
江苏省人大常委会	77.5	广西壮族自治区人大常委会	62.5
北京市人大常委会	77.0	江西省人大常委会	61.5
广东省人大常委会	75.5	吉林省人大常委会	59.5
贵州省人大常委会	75.5	山东省人大常委会	42.0
山西省人大常委会	75.5	新疆维吾尔自治区人大常委会	42.0
安徽省人大常委会	75.5	西藏自治区人大常委会	36.0

（一）常委会领导成员信息的公开程度有所提高

被测评的 32 家人大常委会都在门户网站上提供了常委会领导名单，其中 26 家提供了常委会所有领导成员简历，占比 81.25%；2 家提供了部分领导成员简历，占比 6.25%；4 家完全没有提供，占比 12.5%。2017 年公开常委会所有领导成员简历的人大常委会有 21 家，2018 年增加了 5 家，公开程度有所提升。而且，有的常委会如全国人大常委会和上海市人大常委会提供的常委会领导成员简历较为详细，公布了每个领导成员的具体工作履历。

（二）人大常委会联系方式、常委会机构处室名单的公开程度有所提高，但常委会机构职能信息公开程度降低

被测评的 32 家人大常委会中，有 20 家人大常委会在门户网站上公开了常委会联系方式，占比 62.5%，其中有 10 家公开了完整信息，包括地址和邮箱。2017 年只有 11 家人大常委会网站提供了常委会联系方式，2018 年增加了 9 家。32 家人大常委会都在门户网站上提供了机构名单，其中 29 家提供了常委会机构的处室名单，占比 90.6%，比 2018 年多了 2 家；22 家公布了机构负责人信息，占比 68.8%，与 2017 年持平；只有 2 家公布了常委会机构联系方式，占比仅为 6.3%，也与 2017 年持平。

有 23 家人大常委会提供了常委会机构职能，占比 71.9%；没有提供常委会机构职能的人大常委会有 9 家，占比达到 28.1%。2017 年提供常委会机构职能的人大常委会数量有 26 家，2018 年减少了 3 家。

（三）上一年度立法总结的公开程度略有提高

被测评的 32 家人大常委会中，有 29 家的门户网站提供了上一年度的立法总结，比例达到 90.6%。其中，25 家的立法总结是作为人大常委会工作报告的一部分予以公开，云南省和天津市等 4 家人大常委会公布了专门的立法总结。2017 年有 24 家人大常委会公布了上一年度立法总结，2 家公布了专门的立法总结。与 2017 年相比，无论是将立法总结作为其工作报告的一部分公布的人大常委会数量，还是公布专门立法总结的人大常委会数量都增加了，2018 年的公开程度有所提高。

29 家人大常委会的立法总结都提供了立法数据和立法重点领域，比 2017 年多了 5 家。例如，江苏省人大常委会在常委会工作报告中指出，常委会 2017 年共制定、修改法规 17 件，审查、批准设区市法规 38 件，为推动"强富美高"新江苏建设提供法治保障。浙江省人大常委会在工

作报告中提到，出台全国首个河长制规定，明确河长的职责定位、五级河长体系设置等内容，进一步厘清河长职责与职能部门法定职责的关系；制定学前教育条例，明确每个乡镇应当至少设置一所公办幼儿园等内容；制定中国（浙江）自由贸易试验区条例，明确自贸区管理体制，对油品全产业链、大宗商品贸易自由化等进行制度设计，突出自贸区的浙江创造；制定房屋使用安全管理条例，明确房屋使用安全责任人、主管部门和相关单位的责任；制定城市景观风貌条例，加强城市景观风貌的建设和引导，提升城市文化品位。制定公共信用信息管理条例，完善公共信用评价制度，引领社会诚信建设；修订社会治安综合治理条例，坚持和发展"枫桥经验"，把G20安保工作等好经验好做法上升为地方性法规；修订促进科技成果转化条例，对科技成果使用处置、收益分配和所有权制度等方面作出进一步明确，强化对科技人员的奖励和激励。还制定了无线电管理、工伤保险、公共文化服务保障、公益林和森林公园、气象灾害防御等条例，修订了台湾同胞投资保障条例和消费者权益保护法实施办法，修改了钱塘江管理条例等30件地方性法规，废止了核电厂辐射环境保护等3件地方性法规。

28家人大常委会的立法总结提供了立法过程信息，占比87.5%，比2017年增加7家。比如，广西壮族自治区人大常委会指出，2017年6月，自治区党委书记、自治区人大常委会主要领导带队深入部分市县开展扶贫立法调研，专门听取基层干部群众的意见建议，使扶贫开发条例的修改针对性更强。发挥立法"智库"作用，委托立法服务基地和专家顾问论证咨询常态化。建立基层立法联系点，作为听取基层干部群众立法意见建议的"直通车"。重视发挥人大代表作用，书面征求各级人大代表对法规草案的意见13500多人次，邀请各级人大代表参加立法调研论证等活动3160多人次。开展立法协商，通过多种形式广泛征求社会各界意见建议，特别是政协委员、民主党派、人民团体等的意见建议。

除了公开上一年度的立法信息，有的人大常委会还公布了近五年的立法工作总结。比如，甘肃省人大常委会工作报告指出，从 2013 年初至 2017 年底省十二届人大及其常委会先后制定、修订法规 59 件，批准设区市地方性法规和民族自治地方自治条例、单行条例 45 件。在国家层面和兄弟省份都没有关于公众参与立法的法律和地方性法规的情况下，省人大常委会法工委采取委托起草的方式，研究制定了《甘肃省公众参与制定地方性法规办法》，并于 2013 年 5 月提交常委会会议进行审议，作为国内首部引导、鼓励和规范公众参与立法活动的专门性地方性法规，通过公众参与立法制度和机制的构建，克服立法中存在的地方保护主义和部门利益法制化倾向，保证法规的科学性、合理性、公正性和完整性，有利于进一步提高立法质量。宁夏区人大常委会指出，过去五年加强重点领域立法。在经济建设方面，制定、修订自治区枸杞产业促进条例、旅游条例、农村公路条例等 29 件法规，促进经济发展方式转变，深入推进供给侧结构性改革。在政治建设方面，制定、修订实施选举法细则、自治区乡镇人民代表大会工作条例等 9 件法规，保障人民群众的民主权利。对涉及国家取消、下放部分行政审批事项的自治区价格条例、审计监督条例等法规进行集中修改，依法推进行政审批制度改革和政府职能转变。在社会建设方面，制定、修订自治区公共卫生服务促进条例、清真食品管理条例、人口与计划生育条例等 15 件法规，推动社会事业发展和社会管理创新。在文化建设方面，修正自治区文化市场管理条例、岩画保护条例等 4 件法规，推动新时代文化事业健康发展。在生态文明建设方面，制定、修订自治区水资源管理条例、污染物排放管理条例、泾河水源保护区条例等 8 件法规，加大对环境、资源的保护力度，促进"两型"社会建设。

（四）本级人大代表名单普遍公开，但代表简历及联系方式公开欠佳

被测评的 32 家省级人大常委会都在门户网站上公开了本级人大代表名单，比 2017 年多了 6 家。其中，有 14 家提供了人大代表的简历，

占比43.8%；只有2家提供了人大代表的联系方式，占被测评人大常委会的6.3%，还有30家没有公布人大代表的联系方式，占比高达93.8%。2017年，公布人大代表简历和联系方式的人大常委会数量分别为18家和4家。由此可见，2018年人大代表简历和联系方式的公开程度有所降低。公布人大代表简历和联系方式有助于增进公众对人大代表的了解，便于公众及时联系人大代表，有助于人大代表更好地反映公众的心声、维护公众的利益。因此，人大代表简历和联系方式的公开还需要进一步加强。

（五）人大常委会网站的法律法规数据库不断完善

通过法律法规数据库，公众能够迅速查找相关法律法规，了解人大常委会的立法情况。在被测评的32家人大常委会中，已有26家网站设有法律法规数据库，占比81.3%。其中，25家人大常委会的法律法规数据库还具备检索功能，比2017年多了4家。17家的法律法规数据库还区分有效和失效的法律法规，比2017年多了9家。24家法律法规数据库按照法律法规的颁布时间、制定机关或者调整领域对法规进行了分类，这有助于公众了解法律法规的具体信息，便于公众查找所需法律法规。

三　立法活动信息公开

"立法活动信息"板块主要考察32家人大常委会制定地方性法规的整体公开情况，包括立法程序、立法计划和立法前评估信息的公开情况。立法活动信息的公开程度较2017年有所提升。本板块的平均分为61.0分，比2017年高了5.2分；总分超过60分的人大常委会为17家，比2017年多了9家。广东省人大常委会连续两年名列第一，得分均为100分（见表4）。

表4　第二板块得分情况

人大常委会名称	得分(满分100分)	人大常委会名称	得分(满分100分)
广东省人大常委会	100	四川省人大常委会	62
广西壮族自治区人大常委会	80	山东省人大常委会	57
湖北省人大常委会	80	安徽省人大常委会	53
吉林省人大常委会	80	福建省人大常委会	53
宁夏回族自治区人大常委会	80	河北省人大常委会	53
上海市人大常委会	80	黑龙江省人大常委会	53
贵州省人大常委会	75	辽宁省人大常委会	53
海南省人大常委会	75	内蒙古自治区人大常委会	53
全国人大常委会	75	青海省人大常委会	53
重庆市人大常委会	75	新疆维吾尔自治区人大常委会	53
北京市人大常委会	71	山西省人大常委会	39
甘肃省人大常委会	71	河南省人大常委会	36
江苏省人大常委会	71	陕西省人大常委会	35
云南省人大常委会	71	天津市人大常委会	35
浙江省人大常委会	66	西藏自治区人大常委会	35
江西省人大常委会	62	湖南省人大常委会	18

（一）立法程序基本公开

被测评的32家人大常委会中，有30家在门户网站公布了立法程序，占比93.8%；只有2家没有公布立法程序，占被测评人大常委会的6.3%。2017年有28家在门户网站公布立法程序，2018年比2017年多了2家，公开程度更高。

（二）立法计划进一步公开

立法计划明确人大常委会年度立法工作的目标、任务和进度，是人大常委会立法的重要遵循，也是公众了解人大常委会立法的重要窗口。被测评的32家人大常委会中，有25家提供了立法计划，占比78.1%，比2017年多了7家。其中，18家在制定立法计划过程中发布立法计划征求公众意见，占被测评人大常委会的56.3%，比2017年多了4家；9家还公布了立法计

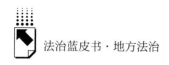

划的制定过程。人大常委会公布立法计划制定过程，引导公民积极参与，拓宽了公民参与立法的渠道。

（三）立法前评估信息仍需进一步公开

一些人大常委会已经开始立法前评估，有的人大常委会还制定了立法前评估的具体办法。但是，在被测评的32家人大常委会中，只有8家在门户网站上公布了立法前评估信息，比例仅为25%；还有24家没有提供任何立法前评估信息，占比高达75%。而且，信息发布形式较为简单，主要是新闻报道，只有1家提供有关草案可行性、出台时机、实施效果以及可能出现问题的评估信息。尽管与上年相比2018年公布立法前评估信息的人大常委会增加了5家，但比例仍然较低。

四 立法过程信息公开

"立法过程信息公开"板块主要从立法草案、立法征求公众意见平台和立法听证三个方面，对立法过程的公开情况进行了测评。本板块的平均分是50.8分，比2017年高8.9分；总分超过60分的人大常委会有11家，比2017年多4家。湖北省人大常委会得分最高，为84分，比2017年最高分多14分（见表5）。尽管与2017年相比公开程度有所提高，但在四个板块中，本板块的平均分是最低的，总分超过60分的人大常委会数量也是最少的，立法过程公开工作还须不断推进。

表5 第三板块得分情况

人大常委会名称	得分（满分100分）	人大常委会名称	得分（满分100分）
湖北省人大常委会	84	黑龙江省人大常委会	52
北京市人大常委会	70	宁夏回族自治区人大常委会	52
河北省人大常委会	66	山东省人大常委会	52
湖北省人大常委会	84	黑龙江省人大常委会	52

人大常委会名称	得分（满分100分）	人大常委会名称	得分（满分100分）
北京市人大常委会	70	宁夏回族自治区人大常委会	52
河北省人大常委会	66	山东省人大常委会	52
广西壮族自治区人大常委会	65	四川省人大常委会	52
湖南省人大常委会	65	安徽省人大常委会	49
上海市人大常委会	65	吉林省人大常委会	46
江苏省人大常委会	64	辽宁省人大常委会	42
重庆市人大常委会	62	山西省人大常委会	42
江西省人大常委会	59	云南省人大常委会	42
全国人大常委会	59	甘肃省人大常委会	36
天津市人大常委会	59	河南省人大常委会	36
浙江省人大常委会	59	陕西省人大常委会	36
福建省人大常委会	52	青海省人大常委会	32
广东省人大常委会	52	新疆维吾尔自治区人大常委会	26
贵州省人大常委会	52	西藏自治区人大常委会	25
海南省人大常委会	52	内蒙古自治区人大常委会	20

（一）立法草案基本公开，但公开的信息不够详细

立法草案公开是立法公开的重要部分，也是公众有效参与立法的前提和基础。调研发现，立法草案公开程度较2017年有所提升，但具体信息仍有待进一步公开。在被测评的32家人大常委会中，有29家在门户网站上设立了立法草案公开栏目集中发布立法草案信息，比2017年多了1家，占比90.6%。其中，27家在发布立法草案征求公众意见公告的同时，提供了草案征求意见有关事项的说明，告知公众提出意见的渠道和时限，占比84.4%，比2017年多了1家。22家提供了草案说明，占比68.8%，比2017年多了11家。25家公布了法律法规草案审议结果，比例为78.1%，比2017年增加了4家。但是，只有3家公布了意见反馈情况，占比仅为9.4%。虽然公布意见反馈情况的人大常委会较2017年增加了2家，但比例仍然很低。可见，意见反馈情况还须加强公开，以便回应公众意见，推进人大常委会与公众的互动。

（二）立法征求公众意见平台需继续完善

立法征求公众意见已成为人大常委会立法的重要环节。为集中公布立法草案信息，便于公众了解立法草案情况，许多人大常委会在门户网站上设立了立法征求公众意见平台。在被测评的 32 家人大常委会中，29家在门户网站上设立了立法征求公众意见平台，比例为 90.6%，比 2017年增加 1 家。但是，在平台上公开公众意见的人大常委会只有 4 家，比例仅为 12.5%。未公布公众意见的多达 28 家，尽管比 2017 年少了 1家，但占比仍然很高，达到 87.5%。没有一家人大常委会在平台上公布针对公众意见的反馈意见。公布反馈意见有助于公众知晓哪些意见建议被人大常委会接受、哪些没有被接受、不接受的理由是什么，有助于构建人大常委会和公众之间的良好沟通平台。因此，需要继续推进立法征求公众意见平台建设，完善公开信息，把平台构建成为公众参与立法的重要渠道。

（三）听证公开还需完善

立法听证有助于提高公众参与立法的有效性，推动立法机构听取各方意见，提升立法质量。因此，2018 年项目组也对立法听证的公开情况进行了测评。测评发现，公开立法听证信息的人大常委会数量虽高于 2017 年，但占比仍然较低。被测评的 32 家人大常委会中，有 8 家在门户网站上公布了立法听证相关程序，占比 25%，比 2017 年多了 5 家。有 9 家公布了听证会情况，比 2017 年增加 1 家；还有 23 家未提供任何有关听证的信息，占比高达 71.9%。8 家公布了听证会参与者情况，占 32 家被测评人大常委会的25%；还有 24 家未公布听证会参与者情况，占比 75%。有的人大常委会还公布了立法听证报告。例如，《湖北省人民代表大会法制委员会关于〈湖北省消费者权益保护条例（草案）〉立法听证的报告》不仅介绍听证的方式和参与人，还阐明听证会讨论的主要问题及相关建议。但整体而言，听证规则和听证会信息的公开比例都不高。

五 立法优化信息公开

"立法优化"板块包括"规范性文件审查程序""立法后评估""执法检查"和"备案审查"四个部分。本板块的平均分为 55.4 分，比 2017 年高 6.2 分；总分超过 60 分的人大常委会有 14 家，比 2017 年多 2 家。全国人大常委会得分最高，为 94 分，比 2017 年最高分多 21.5 分（见表 6）。

表 6　第四板块得分情况

人大常委会名称	得分（满分 100 分）	人大常委会名称	得分（满分 100 分）
全国人大常委会	94.0	北京市人大常委会	55.5
重庆市人大常委会	79.0	江西省人大常委会	55.0
青海省人大常委会	78.5	安徽省人大常委会	53.5
山东省人大常委会	78.5	湖北省人大常委会	47.5
黑龙江省人大常委会	72.5	湖南省人大常委会	47.5
辽宁省人大常委会	72.5	内蒙古自治区人大常委会	47.5
福建省人大常委会	65.0	上海市人大常委会	47.5
广西壮族自治区人大常委会	65.0	天津市人大常委会	47.5
宁夏回族自治区人大常委会	65.0	广东省人大常委会	40.0
浙江省人大常委会	65.0	河北省人大常委会	40.0
贵州省人大常委会	63.5	吉林省人大常委会	40.0
山西省人大常委会	63.5	新疆维吾尔自治区人大常委会	40.0
陕西省人大常委会	63.5	四川省人大常委会	32.5
云南省人大常委会	63.5	甘肃省人大常委会	30.5
江苏省人大常委会	57.5	海南省人大常委会	22.5
西藏自治区人大常委会	57.5	河南省人大常委会	22.5

（一）规范性文件审查程序基本公开

制定备案审查的法律法规，明确备案审查的权限、程序和标准，有助于提高备案审查的规范化和法治化水平。为此，许多人大常委会制定了备案审查相关规范。在被测评的 32 家人大常委会中，有 26 家在网站上公布了规范性文件审查程序，占比 81.3%，与 2017 年持平。

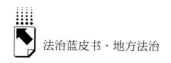

（二）立法后评估公开程度仍较低

立法后评估是 2015 年修改后的《立法法》设立的重要制度，是不断提升立法质量的重要保障。实践中，一些人大常委会对已颁布的法律法规的实施效果进行了评估，但评估信息的公开程度并不高。在 32 家人大常委会中，只有 4 家在网站上公布了立法后评估程序，比 2017 年多 1 家；仍有 28 家没有提供相关程序，占比 87.5%。有 9 家提供了立法后评估信息，占比 28.1%，比 2017 年增加 7 家；还有 23 家没有提供评估信息，占比 71.9%。有 3 家人大常委会网站公开了立法后评估报告，与 2017 年没有一家公布评估报告相比，2018 年情况有所改善，但没有公布评估报告的人大常委会仍有 29 家，占比达到 90.6%。而且，只有 1 家公布了立法后评估计划，比例仅为 3.1%；还有 31 家没有公布评估计划，占比高达 96.9%。

（三）执法检查公开程度较高

对法律法规的实施情况进行执法检查是人大立法监督的重要部分，也是确保法律法规有效实施的重要方式。在被测评的 32 家人大常委会中，有 31 家在网站发布了执法检查情况，比例高达 96.9%，比 2017 年增加 3 家。其中，有 17 家公布了执法检查计划，如福建省人大常委会工作报告明确了 2018 年将组织开展《大气污染防治法》《促进革命老区发展条例》《河道保护管理条例》等 6 部法律法规实施情况的检查；《吉林省人大常委会 2018 年监督工作计划》指出，2018 年吉林省人大常委会将对《森林法》和《吉林省森林管理条例》、《药品管理法》和《吉林省药品监督管理条例》、《吉林省农村扶贫开发条例》、《全国人大常委会关于开展第七个五年法治宣传教育的决议》和《吉林省人大常委会关于深入推进法治宣传教育的决议》、《民族区域自治法》和《吉林省实施〈中华人民共和国民族区域自治法〉办法》的贯彻实施情况进行检查。有 11 家还公布了执法检查报告，占 32 家人大常委会的 34.4%，比 2017 年减少 1 家。《湖南省人大常委会执法检查组关于检查〈湖南省农村扶贫开发条例〉实施情况的报告》介绍了实施该条例取得的成效，指出了存在的问题和完善建议。

（四）备案审查公开程度还需提高

为确保设区的市的人民代表大会及其常务委员会制定的地方性法规不违背上位法，省级人大常委会对这些地方性法规进行了备案审查。基于此，项目组对 32 家人大常委会备案审查公开情况进行了测评。在 32 家人大常委会中，有 19 家在网站上公布了备案审查情况，占比 59.4%，比 2017 年增加 7 家；有 13 家网站没有备案审查情况的相关报道，占比 40.6%。有 5 家在网站上发布了备案审查报告，比例为 15.6%，比 2017 年少了 3 家；还有 27 家人大常委会没有提供备案审查报告，比例高达 84.4%。

除了公布特定规范性文件的备案审查报告，有的人大常委会还公布了备案审查工作报告。2017 年 12 月 24 日，全国人大常委会法工委向全国人大常委会作十二届全国人大以来暨 2017 年备案审查工作情况的报告。2018 年的全国人大常委会工作报告在回顾过去五年的工作时特别指出，全国人大常委会"落实备案审查衔接联动机制，制定备案审查工作规程，建立全国统一的备案审查信息平台，实行有件必备、有备必审、有错必纠。首次听取审议备案审查工作情况报告。五年来，共接受报送备案的规范性文件 4778 件，对 188 件行政法规和司法解释逐一进行主动审查，对地方性法规有重点地开展专项审查，认真研究公民、组织提出的 1527 件审查建议，对审查中发现的与法律相抵触或不适当的问题，督促制定机关予以纠正，保证中央令行禁止，保障宪法法律实施，维护国家法制统一"。《重庆市人大常委会备案审查工作委员会关于 2017 年度规范性文件备案审查工作情况的报告》介绍了规范性文件报备和审查的基本情况，阐明了加强审查工作、实现"有备必审"的具体做法，即坚持统专结合、发挥审查合力，拓宽审查渠道、推动开门审查，应邀提前介入、降低审查难度，还指出了下一步开展备案审查工作的思路。青海省人大常委会不仅公布了 2017 年规范性文件备案审查情况，还公开了 2017

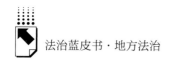

年度规范性文件备案目录。辽宁省人大常委会网站公布的《辽宁省人大法制委员会关于开展规范性文件备案审查工作情况的报告》不但介绍了实施备案审查工作的方式和效果，而且讨论了迫切需要解决的主要问题以及具体的改进措施。

六　进一步推动人大立法公开的建议

通过对 32 家人大常委会的立法公开情况进行测评，项目组发现，整体而言人大常委会的立法公开程度有所提高，但人大立法公开仍存在一定的不足，还需要从以下几方面进一步推动立法公开。

首先，加强立法计划相关信息公开。立法计划明确列明了人大常委会年度立法工作的目标、任务和进度，是人大常委会立法的重要遵循，也是公众了解人大常委会立法的重要窗口。因此，不但需要公开立法计划，还需要公布立法计划的制定过程，让公众对立法计划有更深入的了解，便于公众有效参与具体立法项目的制定过程。此外，在立法计划制定过程中向公众征求意见或者征集立法计划项目建议，不仅扩大了公众参与立法的范围，而且有助于提高立法计划的针对性，及时回应公众需求。调研发现，近两年立法计划征集公众意见公告、立法计划制定过程信息的公开程度较低，还需要进一步提高公开度。

其次，不断推进立法评估信息公开。立法评估分为立法前评估和立法后评估两类，前者主要是立法过程中对草案的可行性、出台时间、社会效果和可能出现的问题进行评估；后者主要评估法律法规的实施效果，对于把握立法的客观规律、及时总结立法经验具有重要意义。在被测评的人大常委会中，公开立法前评估和立法后评估信息的仅占少数。即使公布评估信息，也多限于新闻报道，很少公布评估的具体结论。基于此，需要推动立法评估信息公开，从而促进立法质量的提高。

再次，进一步推动备案审查信息公开。2015 年修改的《立法法》赋予设区市的人大及其常委会立法权之后，设区市的人大及其常委会制定的地方性法规迅速增加。由省级人大常委会对上述地方性法规进行备案审查是确保这些地方性法规不违背上位法、维护法制统一的重要机制。备案审查信息公开有助于公众了解备案审查工作的情况，更好地监督备案审查工作，有助于提高备案审查的规范化和法治化程度，不断完善备案审查机制。而被测评的人大常委会备案审查信息的公开程度较低，还须继续推动备案审查信息的公开。

B.3
京津冀协同立法回顾与展望

周英　柴丽飞*

摘　要： 促进京津冀协同发展，必须不断加强法治建设，有必要构建一个相互适应、相互支持、相互促进的协同立法机制。四年多来，京津冀三地人大及其常委会在加强协同立法层面实现了历史性的突破，实现了由松散型协同向紧密型协同的转变，由机制制度建设协同向具体立法项目协同的转变。但也必须清醒地看到，协同立法在取得成绩的同时，囿于历史原因、地域原因、经济结构和社会发达程度不一等，还存在国家层面立法空白、机制制度建设有待加强、重点项目磋商不够、理论储备不足等诸多现实问题亟须解决，有必要从提高政治站位、争取国家支持、推进党委对接、加强协调机制建设等方面予以改进。

关键词： 协同立法　国家战略　协调机制

十八大以后，京津冀协同发展这一重大国家战略，从区域出发，意在打造新的国家高地，关系全局发展，牵一发而动全身，擘画了新的未来①。

---

* 周英，河北省人大常委会法制工作委员会主任；柴丽飞，河北省人大常委会法制工作委员会副主任科员。
① 天津市人大常委会：《京津冀协同发展立法保障研究报告》，2017年5月。

京津冀地区是未来推动全国经济社会发展的重要增长极，但也面临大城市病、三地资源环境和发展差距等诸多问题，限制了其引擎功能的发挥。要解决这些问题，不是朝夕可成的事情，三地必须打破"一亩三分地"的思维定式，从全方位各领域大力推进协同创新发展。

一 深刻理解区域协同立法的重大现实意义

推进京津冀协同发展，对于三地而言，既是千载难逢的机遇，又面临前所未有的挑战，如何在国家主导下，通过加强法治建设，为改革发展保驾护航，这是当下乃至今后一个时期三地人大及其常委会面临的重大实际问题。

（一）京津冀协同发展应于法有据

习近平总书记明确强调，"凡属重大改革都要于法有据"。确保依法推进改革，必须将改革纳入法治化轨道，加强立法工作协调，重视运用法治思维和法治方式，引领改革。党的十八届三中全会和四中全会分别就全面深化改革和全面依法治国作出战略部署，对认识和把握改革与法治的关系提出了新的要求。京津冀三地的重新定位，牵涉经济社会转型升级发展的各个方面，关涉国家重大利益、人民根本利益，必须有坚强的法治保障作为后盾。

（二）京津冀协同发展必须坚持立法和改革决策衔接

坚持依法治国，必须发挥好立法的引领和推动作用，就是对国家立法和地方立法前瞻性的要求。立法应当与时俱进，与改革决策衔接，做到立法引领改革、适应改革需要，维护经济社会发展稳定。在具体工作中，必须注重依法依规将行之有效的、反复检验的改革举措和改革经验，及时上升为法律法规；正在试行或者条件还不成熟的，继续调研、论证，可以暂时授权有关机关作出相应规范；对已经严重不适应改革发展趋势甚至起到阻碍发展等副作用的法律法规，要及时开展法规清理活动。

（三）京津冀协同发展必须走法治化道路

由于历史和地理环境因素，京津冀三地协同发展存在地方保护、恶性竞争、各行其是等障碍，涉及市场经济要素整合、标准统一、行政障碍消除、社会事务协调、执法协作等诸多方面。解决这些问题，不仅要推进政策创新，还要加强法律保障，通过构建法治化的协作机制和利益协调机制，以法治的方式突破行政边界的分割、冲破地方利益保护的藩篱[①]。为此，积极探索和推进三地协同立法极为重要、极为紧迫。根据现有立法模式，京津冀三地作为不同的立法主体，容易出现各种各地、各顾各家的局面，这势必导致重复立法和立法冲突，不利于打破地方保护主义。因此，迫切需要加强立法协同，促进三地全方位立体式合作，减少立法矛盾，降低立法成本，取得实际效果。

二　京津冀协同立法取得丰硕成果

四年多来，北京、天津、河北三地人大及其常委会积极探索建立协同平台，逐步实现更深层次的协同发展，通过加强顶层设计、做好体制机制制度创新来引领推动京津冀协同发展。2014年以来，三地共同制定协同立法制度框架，建立工作机制，开展重点领域立法项目协作，清理与三省市协同发展相冲突的现行法规，取得了突出成效，积累了宝贵经验，并在具体立法项目协同上取得了实质性突破进展，为推动京津冀协同立法纵深发展奠定了基础，开辟了道路。回顾近年的成果，主要如下。

（一）建立了联席会议制度

2014年2月，河北省人大常委会率先提出要做好京津冀协同发展进程中的法制协调和对接工作，起草了《河北省人大常委会关于围绕京津冀协

---

① 周英、蒋育良：《京津冀协同立法机制建设与实践》，《河北法制报》2017年12月20日。

同发展做好区域立法的实施方案》，征求北京、天津两地意见后，做了进一步修改、完善。三地人大常委会和法制工作机构本着高度自觉的政治意识，坚持勇于担当历史使命的时代精神，迅速达成共识，并议定三方轮流负责组织联席会议，至此，协同立法工作联席会议制度建立。

协同立法工作联席会议每年至少召开一次，会议议题包括三个方面：一是沟通立法规划计划和重要法规的工作进展通报，二是研究讨论协同立法相关制度文件，三是研究协同立法有关专门问题。截至 2018 年 2 月，已召开四次联席会议，均取得了丰硕成果。

（二）构建了协同制度框架

2014 年 4 月，河北省人大常委会法工委提出书面倡议，北京、天津积极响应，开启了协同立法制度建设的道路。近年来，先后讨论通过了《关于加强京津冀人大立法工作协同的若干意见》《京津冀人大立法项目协同办法》《京津冀人大法制工作机构联系办法》，会后分别按程序报请通过。2018 年拟再研究讨论《京津冀人大立法项目协同实施意见》。

《关于加强京津冀人大立法工作协同的若干意见》要求三地就立法项目密切沟通、共享信息，重大项目实施联合攻关，注重理论研究，交流互鉴立法经验，建立组织保障机制。《京津冀人大立法项目协同办法》从立法内容、原则、方式、机制、程序方面提出了更加明确、具体、易操作的要求。2017 年 9 月讨论研究的《京津冀人大法制工作机构联系办法》明确了三地人大常委会法制工作机构日常协同工作的方式方法、程序要求等。

（三）建立了沟通协商机制

京津冀协同立法的重要特点，是在制定事关京津冀协同发展或者其他重要地方性法规时，主动向另外两地人大征求意见①。结合京津冀协同发展要求和本地实际，三省市人大常委会提出了很多意见建议。比如，就水

---

① 天津市人大常委会：《京津冀协同发展立法保障研究报告》，2017 年 5 月。

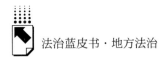

污染防治领域、大气污染防治领域、绿化国土和保护湿地领域问题，三地及时沟通，征求意见，互相就法规草案提出富有针对性和有价值的意见建议，均得到很大程度的采纳吸收，确实不能采纳的，也进行了必要的沟通协调。

（四）建立了立法项目协同机制

《京津冀人大立法项目协同办法》的出台标志着三地立法项目协同机制正式建立。

三方应当按照《京津冀协同发展规划纲要》的要求，重点关注疏解北京非首都功能，选择与重点领域联系紧密的项目进行立法协同。在拟定立法规划或者计划时，提出协同立法项目建议，通过联席会议商定后，由三地法制工作机构向各自主任会议汇报。采取紧密型协作包括三种方式：一方起草、两方配合，联合起草、协同修改，三方商定基本原则、分别起草。遇到重点、难点、焦点问题，可以联合攻关；涉及区域合作、联防联控、联合执法需统一标准的，三方应当协调一致；涉及不同功能定位或者地方特殊情况的，可以因地制宜作出规范；涉及重大体制、重大政策利益调整的，在报同级党委决策之前应当充分进行协商交流；对立法进度不同，可以相互学习借鉴的，采取共享信息、调研考察、走访座谈等方式交流合作，确保三地法制工作机构信息沟通渠道畅通。确定的协同立法项目在常委会审议中有重大修改意见的，应当及时通报其他两方，如需共同会商修改的，牵头方应当及时组织会商。加强在宣传法规、解释法规方面的协作，扩大宣传实施效果。协同立法项目施行后，组织立法评估的，评估结果要通报其他两方；修改或者废止协同立法项目，三方可以事先共同磋商。

（五）法规清理逐步实现常态化

随着协同立法的深入，三地不再拘泥于制定法规的合作，已经开始清理与协同发展不适应、不配套、相矛盾的法规。以河北为例，2014

年，为深入贯彻落实党的十八届三中全会精神，落实全省推进京津冀协同发展工作会议要求，重点清理了简政放权、产业转型升级、扶贫攻坚、民生服务等方面法规，废止了《河北省个体工商户条例》《河北省经济信息市场管理条例》等7件法规，打包修改《河北省水污染防治条例》《河北省邮政条例》等11件法规；2015年，为推动维护法制统一，针对当时现行有效的所有法规开展了一次全面清理，废止了《河北省农业投资条例》《河北省道路运输管理条例》等7件法规，打包修改了18件法规；2016年，为适应放管服改革需要，废止了《河北省建设项目环境保护管理条例》，打包修改了《河北省环境保护条例》《河北省建设工程勘察设计管理条例》《河北省农业机械管理条例》等10部法规；2017年，废止了《河北省著名商标认定和保护条例》《河北省减少污染物排放条例》，打包修改了《河北省计量监督管理条例》《河北省国家建设项目审计条例》等9部法规。

三　京津冀协同立法的特点

通过上述情况可以看出京津冀三地人大在推进协同立法上积极性很高，成效显著，从过程来看体现了以下特点。

一是政治性。立法是最大的政治活动。京津冀协同立法是新时代新形势的要求，协同推进立法，展示了三地新的姿态、新的作为、新的风貌，体现了三地人大高度的政治自觉，彰显了更大的政治担当。

二是立法模式创新性。京津冀三地协同立法带有极强的探索性和实践性，打破了传统立法模式，探索国家层面专门立法、三地协作立法和各地自行立法相结合的"三位一体"立法模式，大大拓宽了立法空间，为地方立法注入新的血液，使其更具活力和创造力。

三是立法价值追求趋同性。京津冀协同立法影响巨大，包括立法项目的取舍、立改废活动、法规评估活动以及立法的标准，都带来了新的变化。三地立法之间的互动性、关联性大大加强，互补性的工作不断推进，在立法价

值追求层面更加注重产业结构转型升级、更加注重促进生态文明建设、更加关注民生领域，越来越强地体现了趋同性。

四　京津冀协同立法存在的突出问题

（一）国家层面立法尚属空白

从立法主体角度来看，京津冀三省市均是具有自主立法权的独立主体，三省市必然会面对一些重大利益、重大改革中无法调和的矛盾和冲突，或者说必然会遇到地方保护主义的阻碍。遇到这种三省市自身无法通过协商协调解决的问题时，就迫切需要国家层面进行立法协调。一是国家主动针对三地问题进行立法，适用范围可以仅限于三地；二是国家层面可以具体指导、协调三地进行地方立法。这种立法体制机制的创新还没有开展，相应地，由于国家法律均未对区域协调发展中的重大利益冲突问题予以规范，这一方面尚属空白。

（二）协同立法机制和制度建设仍有待加强

京津冀协同立法的目标应该是构建党委领导、人大主导、政府及有关部门积极参与的立法工作机制。但是，现有的协同立法还局限于三地人大之间。平台还不够完整，配套还需要加强，主体层次仍有待丰富，还应当按照人大、政府"双轨制"的立法思路，建立信息共享、规划计划衔接、协同清理法规的完备主体、完备职能①。按照工作计划，2018年拟针对机动车污染防治领域协同立法，届时将邀请三地环境保护主管部门和政府法制部门参与协同立法联席会议，实现协同立法各方参与的新进展，继续做一些有益尝试。

人大立法层面，主要以联席会议协商为主，配合提高互相调研考察频

① 周英、蒋育良：《京津冀协同立法机制建设与实践》，《河北法制报》2017年12月20日。

次、就立法项目征求其他两方意见的工作形式。可以说，建立系统化的省际协议协同、委托立法工作协同、联合立法工作协同等机制，在工作层面尚有待取得新的进展。协同立法内容仍需不断创新、丰富，应当由已经建立的立法规划、立法计划、起草论证等基础性工作的协同，逐步形成"全链条"协同模式，体现在立法主体、内容、程序、立法完善等多环节的协调一致。

（三）重点立法项目确定还需要加强磋商

京津冀协同发展面临的一系列问题，牵涉功能定位、市场要素整合、经济产业结构布局、打破地方保护主义、消除行政壁垒、保障民生、促进公平正义、生态补偿机制等多个领域，都亟须发挥立法的引领和推动作用。局限于交通、生态保护领域立法，已经不能满足协同发展的宏大历史工程，继续强有力地为协同发展提供法治保障，必须在一些领域实现突破，选择一些新的协同立法项目实现攻关。一些前些年没有开展协同工作的领域，三地今后都应当主动选择契合点，主动对接。

（四）京津冀协同发展专题理论研究有待深入

四年多来，三地人大高度重视协同立法理论研究，完成了一些重大课题研究，形成了一些理论研究成果，如《推进京津冀协同发展首都城市立法问题研究》（北京）、《京津冀协同立法研究报告》（河北）、《京津冀协同发展立法引领与保障研究报告》（天津）等，为推动协同立法工作奠定了理论基础。但是，由于协同立法开展时间尚短，三地专门从事理论研究的人员短缺，在立法任务重、节奏快、要求高的新形势下，很难集中精力进行理论攻关，导致研究深度不够。今后，在不断推进立法实践的同时，更要注重、善于总结经验，加强理论研究。同时，不局限于三地人大，不断创新工作方式，发挥外脑作用，充分利用北京、天津的人才资源优势，依托高等院校、科研院所等力量，加强理论研究，为京津冀协同立法提供强大的理论支撑。

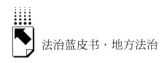

五 多方合力，展望京津冀协同立法新未来

（一）提高政治站位，强化政治担当

京津冀协同发展凝聚了习近平总书记的殷切期望，为三地发展谋划了崭新的未来，这一重大国家战略实施后，雄安新区横空出世，更加有助于实现中华民族伟大复兴的中国梦。促进协同发展，必须注重法治力量，重视开展协同立法。处于这个历史发展关键期，三地人大及其常委会要肩负起这个历史使命，站在服务全局的战略高度，进一步增强"四个意识"，贯彻五大发展理念，不断创新，把协同立法的宝贵经验和成熟做法坚持下去、传承开来。

（二）积极争取国家支持

三地要积极争取全国人大和国务院立法支持，由于三地经济发展水平差异、定位不同，必然涉及一些重大利益调整的争议问题，鉴于三省市权限限制，一些不能克服的困难或者机制制度障碍，可以提请全国人大及其常委会作出立法上的变通性规定，明确区域协作立法地位，即在主体权限、内容范围、程序制度、法律适用等方面作出规定，为推进区域协同立法铺就道路、奠定基础。

2017年9月，在天津召开的联席会议上，三地人大法制工作机构就天津牵头拟定的有关京津冀协同发展的13项国家立法项目建议进行了充分讨论，一致赞成以三地人大常委会的名义，或者以人大代表向大会提交议案的方式，吁请全国人大常委会加强国家立法对京津冀协同发展的支持。同时，还要积极建议全国人大常委会在研究制定国家立法规划时充分考虑京津冀区域法治保障的需求。

另外，可考虑成立国家层面的立法协调机构，加强中央对区域协同立法的领导和协调力度。比如，在京津冀协同发展领导小组框架下，成立一个京津冀协同发展立法专项协调小组，建立有关部委和地方参加的联席会议机制，具体工作由该专门机构具体负责，研究、支持、协调三地开展区域协同立法。

（三）推进三地党委实现协同立法高层对接

立法工作必须坚持党的领导，这也是推进区域协同立法的根本政治基础和组织保证，要主动就重大协同立法问题向党委汇报请示，依靠党的力量统筹协调解决协同立法遇到的焦点、难点、堵点问题。尽快出台三省市党委关于加强和推进京津冀协同立法工作的指导意见或者实施性文件。条件成熟或者必要时，推进党委直接就协同立法实现高层对接。

（四）继续加强协同机制建设

1. 完善区际协调机制

既要注重建立经济结构调整、产业发展对接、功能定位转移方面的协调机制，还要充分重视不同区域法治协调机制建设。可以建立京津冀三地立法信息库，囊括规划计划、重点立法项目进展、联合攻关项目进展、立法工作动态和研究成果等信息。在大数据时代，加强信息共享成为必然要求，这有助于科学管理各类法规和规范性文件。近年来协同工作的成功经验和实践做法，可以通过上升为法规、制度等方式固定下来。结合国家立法规划和计划安排，照顾三地立法规划项目，梳理和发掘共同目标，做好配合衔接，促进科学论证立法项目，着重增强立法针对性。可以通过召开临时会议、互寄文件简报等形式，对具体事宜进行协调、磋商。

2. 建立联合拟法和法规共享机制

协同立法模式、方式可以多元化，不应局限于一两种方式。比如，针对均纳入立法规划的立法项目，调整利益关系趋同的，可以实行联合起草模式，三省市一道起草法规草案，做好调研论证，以同一文本按照法定程序提请各自常委会审议。这种模式下还是应当允许求同存异，三地可以根据各自常委会审议情况，对草案作相应调整修改，加强针对性和可操作性，体现地

方特色，但如有重大修改或者涉及核心条款的，应当进行三方磋商研究。

还有一种方式，由一方牵头、其他两方共享成果。比如，可以选择交通、生态、环保等三方共同关注的重点领域，由一方拟定法规草案，征求其他两方意见，作出修改完善，分别提请审议通过。

另外，争取国家立法支持，由全国人大或者国务院司法部牵头，组织协调三地立法工作机关进行立法协同，就具体立法项目加强攻关，形成草案后依照法定程序分别提请审议表决。这样可以大幅节约立法成本，提高立法效率，也可以保证立法质量，确保相关领域顶层设计的一致性，提升协同立法的实际效果。

3. 探索交叉备案审查机制

所谓交叉备案审查机制是指，京津冀三地协同立法中，一方制定的法规向另外两个省市的立法机关交叉备案，另外两省市立法机关可以对法规文本进行审查。不是所有法规，而是京津冀协同联系比较紧密的法规，或者涉及三省市共同利益和工作部署的法规进行备案审查。如果在审查中发现该法规严重损害了其他两省市或者一方的重大利益，或者是存在明显的地方保护主义、增设行政壁垒等情形，可以提出协同审查请求。这一制度有利于消除协同发展制度障碍，有利于构建市场要素自由流动的公平竞争市场环境，促进京津冀区域一体化发展①。

（五）推进立法规划、计划协同

三省市在制定立法规划或者年度立法计划过程中，要充分考虑京津冀协同发展和雄安新区规划建设的需要，应当利用好近年来形成的制度成果，及时向其他两省市通报，征求其意见，利用好联席会议制度，加强日常工作的交流沟通协调。在拟订立法规划和年度立法计划时，对三省市共同关注的重点立法项目，需要协调推动的，要尽可能同步安排在同一计划档次，同时推

---

① 河北省科学民主立法与京津冀协同发展课题组：《落实科学立法、民主立法要求，为京津冀协同发展提供到位法律保障》。

进、同步论证、同时出台实施，增强法治效果。

应当按照轻重缓急原则，优先落实疏解北京非首都功能，推动产业升级转移，推进生态环境保护和恢复，推进公共服务一体化，完善财税制度等重点领域立法项目。同时，结合国家立法情况，按照中央重大决策部署，有计划、有步骤地对三地现有法规、规章进行协同清理。区别不同情况，结合"市场决定资源要素"原则，陆续进行修改或完善，逐一提出重新立法或修订的意见建议，维护法制统一，适应协同发展需要。

（六）加快启动三地政府协同立法工作

随着三地人大协同立法的进程，也应当适时将三省市政府之间签订的框架性协议的主要内容转化为政府规章，以更好地实现协同目标。三地政府制定地方政府规章，应当注重推进发挥市场经济配置作用，促进要素自由流动，消除市场经济障碍，促进形成联合执法机制等，促使关系协同发展的重大事项更好地推进落实[①]。为提高立法针对性和可操作性，节约时间成本，提高立法效率，兼顾立法质量，对需要协同立法的事项，可以先行制定政府规章。三地政府间协同立法可以借鉴人大之间的立法模式，根据工作实际，建章立制，搭建平台，尽快启动协同具体立法工作。

总之，京津冀协同立法工作机制是坚持党的领导、人大主导、政府依托、社会参与的系统工程，是一个需要中央与地方、党委与人大、党委与政府、人大与政府共同努力推进的重大创新工程。经过不断努力，京津冀协同立法已经实现了具有里程碑意义的实质性突破，同时仍需继续努力，在三地党委领导下，提高政治站位，磨炼工作本领，一定能够取得更大成绩，实现更大突破，为京津冀协同发展奠定坚实的法治基础。

---

① 天津市人大常委会：《京津冀协同发展立法保障研究报告》，2017 年 5 月。

法 治 政 府

Law-Based Government

B.4
行政规范性文件制定审查与
备案监督的云南探索

张　生*

摘　要： 云南省政府法制办公室在推进法治政府建设过程中，逐步建立起一套完备的行政规范性文件制定审查和备案监督制度体系。1990年《云南省行政机关规范性文件备案规定》的颁行标志着制度体系初步建立，2004年《云南省行政机关规范性文件制定和备案办法》的颁行表明制度体系初步完善，2016年颁行的《云南省行政机关规范性文件制定技术规范》标志着制度体系基本形成。经过2017年的系统修订，以《云南省

*　张生，中国社会科学院法学研究所研究员、法制史研究室主任，云南省人民政府法制办公室党组成员、主任助理（挂职）。该报告参考了云南省政府法制办编撰的《云南省政府法制办志（草稿）》《规范性文件制定和备案工作手册》以及云南省政府法制办近年的年度工作报告。

行政规范性文件制定和备案办法》和《云南省行政规范性文件制定技术规范》为主体的制度体系已臻完备。该制度体系明确规定了规范性文件从起草到备案、清理的全流程要求，有效保障了规范性文件的合法性、规范性，促进了法治政府建设，维护了法治统一。

关键词： 规范性文件 制度体系 制定备案 技术规范

行政规范性文件（以下简称"规范性文件"）是法制体系的末梢，关涉法律、法规、规章能否得到有效实施，关涉政府全面依法履行职能，关涉公民、法人和其他组织权利的保障和义务的履行。云南省在推进法治政府建设的过程中，高度重视规范性文件的制定审查与备案监督，在二十多年的法治工作实践中逐步形成了一套完备的制度体系，确保"有权制定规范性文件的各级行政机关要严格按照起草、审查、决定、登记、公布、备案的程序依法制定规范性文件"①。早在 1990 年 9 月，云南省政府就发布了《云南省行政机关规范性文件备案规定》，初步建立了规范性文件备案制度。经过十多年的实施，2004 年 11 月在《云南省行政机关规范性文件备案规定》的基础上，云南省政府重新制定公布了《云南省行政机关规范性文件制定和备案办法》（省人民政府令 129 号）（以下简称《制定和备案办法》）。此后，根据十八届三中、四中全会的决议，按照《法治政府建设实施纲要（2015~2020 年）》的具体要求，结合本省实际，2016 年 8 月印发了《云南省行政机关规范性文件制定技术规范》（以下简称《技术规范》），作为《云南省行政机关规范性文件制定和备案办法》的重要配套文件，基本形成了云南省规范性文件制定审查和备案监督制度体系。党的十九大召开以后，为高质量地推进法治政府建设、完善行政制度体系，云南省政府于

---

① 《云南省法治政府建设规划暨实施方案（2016~2020 年）》。

2017 年 11 月修订公布了《云南省行政规范性文件制定和备案办法》，2018 年 1 月印发了新修订的《云南省行政规范性文件制定技术规范》。云南省规范性文件制定审查和备案监督制度体系进一步完善，并在推进法治政府建设的实践中成效显著。

一 规范性文件制定审查与备案监督制度体系

（一）规范性文件制度体系的建立与发展

在 1985 年至 2018 年的三十多年时间里，云南省政府的法制工作机构历经多次机构变革，逐步形成了法定职能科学、分工明确的省法制办公室。在省法制办公室的努力下，云南省规范性文件制定审查与备案监督制度体系逐步建立。

1985 年 7 月，云南省政府办公厅在原经济法规组的基础上成立法规处[①]，负责全省法规、规章、规范性文件的起草、审查等工作。1990 年 9 月 21 日，云南省人民政府印发了《云南省行政机关规范性文件备案规定》，标志着云南省规范性文件备案制度的建立。此后，云南省政府办公厅相继颁布了《云南省规范性文件备案审查办法》和《云南省人民政府办公厅关于进一步加强规范性文件备案审查工作的通知》等文件，对备案审查制度进行细化。1992 年 7 月，云南省政府办公厅在法规处的基础上改设法制局（正处级）[②]，由内设机构承办各州、市政府、各地区行署和省

[①] 下设立法组、综合组、议案组等机构；1989 年底，在议案组的基础上，成立议案处，独立于法规处之外。

[②] 参见云南省人民政府办公厅《关于省政府办公厅法规处改设为省政府法制局的通知》（云政办发〔1992〕113 号）。1993 年，按照云南省机构编制委员会《关于省人民政府法制局增加编制的批复》（云省机编〔1993〕10 号），云南省法制局升级为二级局，内设三处一室，分别为立法处、执法监督处、行政复议处以及局办公室。1995 年 1 月，云南省人民政府办公厅发布《关于印发云南省人民政府法制局职能配置、内设机构和人员编制方案的通知》，法制局升格为副局级单位，内设综合处、经济立法处、行政立法处、法制监督处、行政复议处以及行政赔偿处等六个职能处。

政府各部门向省政府报送规范性文件的备案审查工作，以及组织清理规范性文件①。

2000年6月，云南省法制局更名为云南省政府法制办公室（副厅级）；2004年，云南省政府法制办公室（以下简称"云南省法制办"）机构规格调整为正厅级，由法制监督处承办规范性文件的备案审查，由综合处负责规范性文件的清理和汇编工作。在总结十多年规范性文件备案制度经验的基础上，2004年11月7日制定了《云南省行政机关规范性文件制定和备案办法》，进一步将规范性文件制定、审查、备案工作纳入法制轨道。2009年，云南省法制办再次进行机构改革，根据《云南省人民政府法制办公室主要职责内设机构和人员编制规定》，增设行政许可和规范性文件处②，全面负责规范性文件的起草、审查、登记、备案、违法处理、建议审定等职责，承办云南省人民政府重要规范性文件的组织起草工作，承办云南省人民政府规范性文件的合法性审查工作，承办对报送云南省人民政府备案的昆明市人民政府规章的备案审查工作，承办对报送云南省人民政府备案的各州、市人民政府和云南省人民政府所属部门规范性文件的登记和备案审查工作，拟定云南省人民政府关于撤销或者改变违法规范性文件的决定，办理公民、法人和其他组织对规范性文件提出的审查建议。

云南省法制办行政立法处和经济立法处等机构也承担与本职工作相关的规范性文件的审查和清理工作，审查、清理结果和现行有效规范性文件目录的发布，由省法制办按照"统一登记、统一编号、统一发布"的程序办理。

2008年国务院发布了《关于加强市县政府依法行政的决定》，对规范文件制定权限、发布程序、备案制度、定期清理制度等方面作出了具体规定。党的十八届三中全会通过的《中共中央关于全面深化改革若干重大问题的决定》提出，"完善规范性文件、重大决策合法性审查机制，健全法规、规

① 1995年以后，由法制监督处负责规范性文件审查，综合处负责规范性文件的清理。
② 随着行政许可权的划转，该处改为"规范性文件处"。

章、规范性文件备案审查制度"。党的十八届四中全会通过的《中共中央关于全面推进依法治国若干重大问题的决定》进一步强调了规范性文件的合法性审查是推进依法治国的重要内容之一。2015 年 12 月，中共中央、国务院发布《法治政府建设实施纲要（2015～2020 年）》，在"完善依法行政制度体系"部分提出，"加强规范性文件监督管理""建立行政法规、规章和规范性文件清理长效机制"。根据党和国家对规范性文件工作提出的新要求，云南省结合本省实际情况和依法治省的经验，2016 年发布了《云南省法治政府建设规划暨实施方案（2016～2020 年）》，其中针对规范性文件管理提出，"加大规范性文件审查力度"，"完善规范性文件备案审查机制"，"建立政府规章和规范性文件清理长效机制"，"全面清理政府和部门文件"。根据上述法治政府建设对规范性文件管理提出的新要求，2016 年 8 月，云南省法制办先后发布了《关于公布第一批省级行政机关规范性文件制定主体的公告》，制定并发布了《云南省行政机关规范性文件制定技术规范》。至此，以《云南省行政机关规范性文件制定和备案办法》和《云南省行政机关规范性文件制定技术规范》为主体的规范性文件起草审查、备案监督制度体系基本形成，该制度体系包括调研起草、公开征求意见、专家论证、合法性审查、集体讨论决定、登记编号、公布、备案等程序，以及相关技术规范。

（二）规范性文件制度体系的完善

在总结规范性文件制定审查和备案监督工作经验的基础上，根据对规范性文件质量的更高要求，2017 年云南省法制办对《云南省行政机关规范性文件制定和备案办法》和《云南省行政机关规范性文件制定技术规范》统一进行了系统的修订。

2017 年 12 月，云南省先后发布了《云南省人民政府办公厅关于进一步规范公文报送工作有关事项的通知》《云南省人民政府办公厅关于实行规范性文件"三统一"制度的通知》；公布了第三次修订的《云南省政府行政规范性文件制定和备案办法》；同时，云南省法制办公布了

《〈云南省政府行政规范性文件制定和备案办法〉释义》《〈云南省政府行政规范性文件制定和备案办法〉百问百答》，为云南省各级政府、部门提供准确的适用解释。2018 年，《云南省行政规范性文件制定技术规范》得以修订并重新公布施行，进一步解决了规范性文件含义不够明晰，制定、公布程序不够完善，合法性审查制度和备案监督不够严格等问题。在该《技术规范》之后附有《规范性文件起草说明格式》《政府法制机构合法性审查意见书格式》《部门法制机构合法性审查意见书格式》《政府规范性文件备案报告格式》《部门规范性文件备案报告格式》《规范性文件备案说明格式》《规范性文件准予备案格式》《规范性文件不予备案格式》《规范性文件备案审查意见格式》等 12 个附件。在此期间，先后制定了多个配套制度，经过近 30 年工作实践总结，形成了较为完备的标准和制度体系。

2017 年的修订工作主要对以下方面加以完善：其一，将原来"行政机关规范性文件"的概念改为"行政规范性文件"，突出文件的社会管理功能，并对"规范性文件"作出明确界定；其二，丰富了立法目的、立法依据，强调提高规范性文件质量，以维护法制统一，促进依法行政；其三，与国家新公布的法律、法规和上位规范性文件保持一致，对一些表述和程序性规定作了相应的修订，完善了民主立法、专家论证、集体表决的程序。经过修订的《制定和备案办法》《技术规范》及其他配套文件和相关资料汇编成《规范性文件制定和备案工作手册》（2018 年版），形成了完备的规范性文件制定审查和备案监督制度体系。

二 规范性文件的制定审查与备案监督相关制度

（一）对制定规范性文件的一般规定

明确界定"规范性文件"的内涵，是起草审查工作的前提，也是对规范性文件进行有效监督管理的基础。2017 年 11 月完成的修订工作，参照了国务院法制办在《关于填报规范性文件制定及合法性审查情况统计表的通知》中对规范性文件的界定，将"行政机关规范性文件"的概念改为"行政规范性文件"，对"行政规范性文件"作出明确界定：行政机关和法律、法规授权的具有管理公共事务职能的组织制定并公布，涉及公民、法人和其他组织权利义务，具有普遍约束力，在一定期限内反复适用的文件，但规章除外①。规范性文件具有三个规范特征：其一，制定主体必须是具有管理职能的行政机关或法律法规授权的组织；其二，规范性文件的内容涉及公民、法人和其他组织的权利义务；其三，具有普遍约束力，是在一定期限内反复适用的文件②。规范性文件区别于行政法规、规章、决定、命令，行政机关或授权组织内部的工作制度、人事任免决定、奖惩决定、对具体事项作出的行政处理决定和向上级机关报送的请示、报告等，不属于规范性文件。

规范性文件的制定权不能滥用，也不能应当制定而不制定，造成规范缺失。《制定和备案办法》明确了规范性文件的主要适用范围在于以下四个方面：执行法律、法规、规章的规定，执行上级行政机关规范性文件的规定，执行本级人民代表大会及其常务委员会的决定，规范本行政区域、本行业、本系统的具体行政管理工作。但作为行政规范体系中低位阶的规范，规范性文件不得设定行政许可、行政处罚、行政强制、各种形式的行政收费，排除或者限制公平竞争，减损公民、法人和其他组织权利或者增加其义务，以及其他应当由法律、法规、规章规定的事项。鉴于规范性文件的普遍性规范效力，《制定和备案办法》明确规定，制定规范性文件一般应当经过下列程序：调研起草、公开征求意见、专家论证、合法性审查、集体讨论决定、登

---

① 《云南省行政规范性文件制定和备案办法》第二条。

② 2018 年 5 月 31 日，国务院办公厅发布了《关于加强行政规范性文件制定和监督管理工作的通知》，其中对行政规范性文件界定如下：行政规范性文件是除国务院的行政法规、决定、命令以及部门规章和地方政府规章外，由行政机关或者经法律、法规授权的具有管理公共事务职能的组织依照法定权限、程序制定并公开发布，涉及公民、法人和其他组织权利义务，具有普遍约束力，在一定期限内反复适用的公文。虽表述略有差异，但《制定和备案办法》对规范性文件的内涵和特征的概括与《关于加强行政规范性文件制定和监督管理工作的通知》基本一致。在国务院下发该通知后，《制定和备案办法》将以该通知中的统一界定为依据。

记编号、公布、备案。属于重大行政决策的规范性文件，还应当按照有关规定进行风险评估①。

（二）规范性文件的起草和审查

《制定和备案办法》明确了规范性文件制定的主体资格。一个行政机关或者授权组织是否具备制定规范性文件的主体资格，关键在于该主体是否能够独立行使法定职权。由于制定主体具有多层级性和多类别性，为了避免滥用制定权和职责缺位，《制定和备案办法》明确规定，县级以上政府法制机构依法确认规范性文件制定主体，非经确认不得擅自制定和发布规范性文件②。经云南省政府确认，2016 年 8 月省法制办发布《关于公布第一批省级行政机关规范性文件制定主体的公告》，通过《云南日报》、云南省政府门户网站等媒介向社会公布省级规范性文件制定主体。第一批省级规范性文件制定主体，除省人民政府及省人民政府办公厅以外，还包括 25 个省政府组成部门、1 个省政府直属特设机构、14 个省政府直属机构和 14 个其他省级有关单位。16 个州市也相继对本级和所辖县（市、区）规范性文件制定主体加以确认公布。

《制定和备案办法》对规范性文件的起草作出了明确规范，严格遵循科学立法、民主立法、依法立法的原则开展起草工作。《云南省行政机关规范性文件制定技术规范》对规范性文件的起草工作，提出了明确的逻辑结构和语言表述要求。

《制定和备案办法》明确了规范性文件的审查主体和审查内容。规范性文件起草过程中的合法性审查，既是依法行政的基本要求，也是规范性文件制定程序中的安全阀。规范性文件作为各级管理机构作出的抽象行政行为，是依法行使权力、实施公共管理的重要方式。但限于认知水平、执法水平或者在利益驱使下，管理机构一旦出现失误或逾越法定权力，会给社会造成危

---

① 《云南省行政规范性文件制定和备案办法》第六条。
② 《云南省行政规范性文件制定和备案办法》第九条。

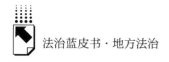

害。《制定和备案办法》规定：法制机构具体负责本地本部门规范性文件的合法性审查和备案工作，未经审查或者经审查不合格的，不得提请审议或者印发执行。法制机构应当从规范性文件的制定主体、制定权限、制定依据、制定程序、制定内容等方面进行合法性审查。

法制机构在进行合法性审查的过程中，需要有关单位作出说明、补充资料、协助工作的，有关单位应当积极配合，在要求期限内完成。对于制定规范性文件条件尚不成熟的、送审稿中有较大意见分歧的、送审稿及相关材料不齐全的、送审稿内容或者起草程序违反法律、法规、规章及相关政策规定的，法制机构可以建议制定机关将送审稿退回起草单位。法制机构还进一步规范征求意见的方式，要求规范性文件制定过程中，要深入实地调研，充分听取相关部门、专家和公众代表的意见，要加强与人大常委会、法院等的沟通。

通过合法性审查之后，经起草机构主要负责人签署，起草单位将拟定的规范性文件送审稿、起草说明、法制机构的合法性审查意见、对送审稿的不同意见和其他相关材料报送制定机关，便于制定机关全面掌握情况，利于最终规范性文件的定稿、审议。送审稿的说明应当包括制定规范性文件的必要性、依据、规定的主要制度和措施、有关方面的意见。起草单位法制机构应当对送审稿进行合法性审查，并出具审查意见。起草单位在向制定机关报送送审稿时，还应当将文件所涉及部门的意见征集、采纳情况予以说明，重点说明不予采纳意见的理由和依据。属于重大行政决策的规范性文件，需要报送专家论证意见、风险评估报告；对公民、法人或者其他社会组织的权利、义务产生直接影响的重大行政决策规范性文件，还需要报送向公众征求意见的情况。

（三）规范性文件的议定和公布

县级以上人民政府的规范性文件，应当经政府常务会议讨论决定。政府常务会议议定规范性文件一般包括以下程序：一是起草部门负责人向会议做规范性文件送审稿说明；二是政府法制机构负责人向会议发表关于送审稿的合法性审查意见；三是参加会议的领导、专家就送审稿提出问题、发表意见；四是在政府常务会议充分讨论的基础上，政府领导人对送审稿发表意见，决定通过规范性文件或者修改完善后再通过。政府实行首长负责制，讨论但不进行表决，最终决定由首长作出。乡（镇）人民政府的规范性文件，由乡（镇）长办公会议讨论决定。县级以上人民政府部门或其他授权组织的规范性文件，经办公会讨论，由部门领导作出是否通过的决定。

审议通过的规范性文件由制定机关的主要负责人签署，再根据2017年发布的《云南省人民政府办公厅关于实行规范性文件"三统一"制度的通知》，经制定机关"统一登记、统一编号、统一公布"。对于拟发布的规范性文件，要求各地各部门办公厅（室）统一登记、统一编号、统一印发，并通过公报、本机关政府网站等向社会公布，未向社会公布的规范性文件不得作为行政管理的依据。制定机关可以根据需要确定规范性文件的有效期，有效期一般不超过5年。名称冠以"暂行""试行"的，有效期一般不超过3年。

（四）规范性文件的备案和监督

规范性文件应当自公布之日起15日内，由制定机关报送相应的部门备案。报送备案的规范性文件，应当提交备案报告、规范性文件正式文本、备案说明各一式三份。

县级以上人民政府法制机构是本级人民政府的备案审查机构，具体负责规范性文件的备案审查工作。对于报送备案的规范性文件，法制机构应当在5日内出具备案或补充材料再行备案或不予备案的审查意见。备案审查机关发现制定机关有下列情形的，限期改正，逾期不改正的，报本级人民政府责令其改正；造成严重后果的，由监察机关对直接负责的主管人员和其他直接责任人员依法予以处分。其情形包括：未按照规定程序制定规范性文件、未按照规定方式向社会公布规范性文件、不报送或者不按时报送规范性文件备案、拖延执行或者拒不执行备案审查机构书面审查意见。

为保障法制体系的统一，《制定和备案办法》还建立了严格的规范性文件评估、清理和监督制度，一是评估制度，规定制定机关应当于规范性

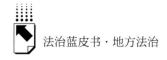
文件有效期届满前 6 个月对其实施情况进行评估，评估后确有必要继续施行的，应当重新发布，有效期相应重新计算。二是清理制度，即法制机构应当组织开展本地本部门规范性文件全面清理和专项清理，维护法制统一。三是监督制度，建立了全省"四级政府、三级监督"的规范性文件审查体制，建成并投入使用网上备案审查系统，云南省规范性文件备案审查信息化管理在各州市政府和省级部门实现全覆盖。四是考核制度，把规范性文件备案审查工作作为依法行政考评的重要内容，同步列入当地党委、政府年度综合考评。

三 规范性文件应遵循的技术规范

为了规范规范性文件的起草、修订和废止，提高规范性文件制定的质量，2016 年 8 月，云南省法制办印发了《云南省行政机关规范性文件制定技术规范》。2018 年 1 月 27 日，云南省法制办在总结《规章制定程序条例》《党政机关公文处理工作条例》《党政机关公文格式》中对规章、公文的规范技术要求的基础上，根据《规范性文件制定和备案办法》的修订情况，结合规范性文件制定实施的经验，印发了《技术规范》，同年 3 月 1 日起施行。修订后的《技术规范》，主要从规范性文件的基本体例、名称规范、章节设置、条款表述、通用条文、常用词语、标点运用等方面进行了内涵解释和规范要求，尤其是对规范性文件起草工作中可能造成混淆、产生适用错误的概念、表述方式都进行了剖析、界定和规范，是省级地方政府在规范性文件管理工作中的重要制度创新。

（一）起草规范

起草技术规范包括文件名称、文件体例、基本内容、常用词语和数字的使用规范。规范性文件的名称应当完整、准确、简洁，应当包含"适用范围、规范事项和名称"三要素，能够集中体现文件的实质内容，一般不得使用标点符号。根据实际需要，文件一般使用规定、办法（实施办法）、意见（实施意见）、细则（实施细则）等名称，但不得称条例。

规范性文件一般采用条文式表述体例，根据需要也可以采用段落式表述体例。条文式体例结构一般由总则、分则、附则三个部分构成，按照章、节、条、款、项、目的规范单位依次排列。《技术规范》对文件的基本内容，如制定目的和依据、调整对象和适用范围、基本概念和解释的界定、指导方针和基本原则、实施主体、权利和义务、法律责任和法律救济、附则等，都作出了有针对性的技术规制。

《技术规范》对常用词语和数字作出了明确规定。规范性文件中常用的"依照""按照""参照"等词语极易混淆，《技术规范》给予了界定："依照"通常引出法律规范作依据；"按照"引出的通常不是法律规范，而是某种规则、标准、命令、指示，一般用于对约定、章程、规定、份额、比例等的表述；"参照"一般用于以某一规定或标准为参照物，以该规定或标准逻辑自然涵摄的事项，执行部门具有一定的裁量权。规范性文件中数字的使用标准应当符合 GB/T15835－2011，"以上""以下""以内""届满"均包含本数，"超过""不满""以外"均不包含本数；计量单位的用法应当符合 GB3100—93、GB3101 和 GB3102 的规范标准；标点符号的用法应当符合 GB/T15834－2011。

针对执法机关和行政相对人经常会误解时间概念这一问题，《技术规范》中明确界定了自然日和工作日的概念：自然日的计算包含周末休息日和法定节假日在内，工作日不包含周末休息日和法定节假日。

（二）修改和废止规范

基于上位法的修订或者现实需要，对规范性文件修改后，修订机关一般采用通知或者决定的形式，发布修订后的文件。修改规范性文件的通知或者决定，应当交代修改的理由、依据、修改机关和修改的内容，修改后的文件的生效日期。在通知或者决定作出之后，附上修改后的文件全文。

废止规范性文件，一般由废止机关以通知或决定的形式对外发布。除了有效期届满规范性文件自行失效以外，因颁行新的法规、规章或者规范性文

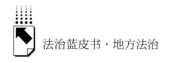

件，制定机关应以通知或决定的形式，废止规范性文件。在废止规范性文件的通知或决定中，应交代废止的依据、目的、废止的文件名称，以及通知或者决定生效的时间。

四　规范性文件制度体系的现实成效与进一步完善

（一）规范性文件制度体系的现实成效

以《制定和备案办法》和《技术规范》为主体的制度体系实施以后，云南省从源头上预防了"越权发文"和"带病文件"的颁发，防止了文件中出现千奇百怪的不规范表述方式，维护了法制的统一，为依法行政提供了坚实的规范基础，切实保障了公民、法人和其他组织的法定权益。自2005年以来，云南省法制办在审查和清理规范性文件工作中付出了巨大的努力，确保了现行规范性文件的合法性和高质量。2005年，云南省法制办开展与行政许可有关的法规、规章和规范性文件的清理核查。对截至2004年12月31日现行有效的156件规范性文件中有关行政许可项目、依据、实施主体等规定进行全面清理核查，并根据清理核查结果，按立法程序修改了2件规范性文件。2006～2007年，开展有关限制非公有制经济发展的规范性文件及其他文件的清理工作，清理规范性文件及其他文件23万件。2008～2009年，云南省法制办根据国务院办公厅和省政府办公厅关于认真抓好有关突发事件规范性文件清理工作的要求，组织清理有关规范性文件3978件。2010年，组织召开全省规章和规范性文件清理工作会议，对省政府制定的截至2010年4月30日现行有效的175件规章和226件规范性文件进行全面清理，根据清理结果，报请省政府决定，废止规章和规范性文件57件，打包修改规章和规范性文件40件，适时进行单件修改的规章和规范性文件93件，并向社会公布了现行有效的规章和规范性文件目录。2011年，按照国务院的统一部署，开展了两次规章和规范性文件的专项清理工作，废止和修改了与《国有土地上房屋征收与补偿条例》等征地拆迁制度相抵触或者不一致的省政府规章和规范性文件 6 件；对有关行政强制的规章和规范性文件进行专项清理，报请省政府决定，修改了与《行政强制法》不一致的省政府规章和规范性文件 8 件。2012 年，根据国务院和省政府的统一部署要求对现行有效的 196 件省政府规范性文件中涉及招标投标的规定进行清理，对与《招标投标法》及其实施条例不一致的 3 件规范性文件分别提出修改意见。对涉及限制艾滋病病毒感染者权益的地方性法规、省政府规章和省政府规范性文件进行清理，并报送了清理结果。2013 年，对现行 208 件省政府规范性文件中涉及对外谈判议题内容开展专项清理，配合完成对 1978 年至 2012 年 6 月发布的党内法规和规范性文件的清理工作。2014 年，根据《云南省 2014 年经济体制改革重点》要求，会同 52 个省级部门对现行的 216 件省政府规范性文件中涉及妨碍公平竞争的内容进行清理，建议废止规范性文件 14 件，打包修改规章 5 件和规范性文件 7 件，全面修改规范性文件 6 件。配合省商务厅对 1996～2013 年制定的 215 件省政府规范性文件，862 件县级以上人民政府及其所属商务、发展改革、财政等部门，以及各级税务机关制定的现行规范性文件及其他文件进行专项清理，形成的清理结果报省委改革办。2015 年，根据《云南省人民政府办公厅关于实施云南省人民政府职能转变方案任务分工的通知》部署，承办与行政审批、工商注册、收费许可等制度改革要求不符的规章和规范性文件的清理工作。对截至 2014 年 12 月 31 日现行有效的省政府规范性文件 215 件进行了全面清理，于 2015 年 7 月 17 日以云南省人民政府令第 197 号公布，明确废止 20 件、修改 126 件省政府规范性文件。2016 年，牵头组织完成全省创新政策与提供政府采购优惠挂钩相关文件清理工作，对截至 2016 年 12 月 1 日现行有效的省政府规范性文件 224 件和省直部门规范性文件及相关文件 690 件、16 个州（市）政府及政府部门规范性文件及相关文件 1476 件、129 个县（市、区）政府及政府部门规范性文件及相关文件 3845 件进行了清理。组织对省人民政府和省级各有关部门制定现行有效的 65 件涉及全省公共资源交易规则的规章、规范性文件和其他文件进行了专项清理，废止 1 件省级有关部门文件，修改 7 件省级有关部门文件。2017 年 3 月，组织全省开展涉及"互联网＋政务服务"规章和

规范性文件专项清理,对截至 2016 年 12 月 31 日现行有效的 225 件省政府规范性文件进行了"放管服"清理,拟修改 5 件、废止 1 件省政府规范性文件。

2017 年 5 月 18 日至 6 月 15 日,云南省法制办组织完成省政府法制办代省政府起草的 2000~2015 年 32 件文件的清理。2017 年 7 月 12 日至 9 月 20 日,省政府法制办对省政府文件全面清理领导小组办公室交办的第一轮 7 个批次共 1333 件省政府文件进行了法制审核。2018 年 1 月 1 日,修订后的《制定和备案办法》开始施行,省法制办对 845 件文件进行合法性审查并作出书面意见反馈;对各州(市)人民政府和省级部门报送登记的 91 件规范性文件逐一进行审查,对不符合登记条件的 10 件文件,作出了不予登记的处理。将 2017 年省政府制定并发布的 15 件规范性文件报省人大常委会备案。建成"云南省行政机关规范性文件备案审查系统",实现了全省规范性文件备案审查的网络化管理。受理并按照法定程序处理 11 起公民对规范性文件提出的审查申请。加强对全省规范性文件的清理审查,对 32 件由省政府法制办起草的省人民政府文件提出清理意见,建议宣布失效 24 件,应予修改 1 件,继续有效 7 件,完成对 1333 件省政府文件的法制审核。云南省完备的规范性文件的制定审查和备案监督制度体系,维护了法制统一,确保规范性文件的合法性和高质量,促进了本省法治政府建设,其在规范性文件制定审查和备案监督方面的经验不仅得到上级肯定,还被《云南日报》、光明网等媒体予以宣传报道,多个省市予以学习借鉴。

2015 年 12 月 30 日国务院法制办公室印发《关于印发〈完善规范性文件合法性审查机制试点工作方案〉的通知》,将云南省作为全国"完善规范性文件合法性审查机制试点单位",要求结合实际,积极稳妥开展试点工作。经省人民政府同意,省政府法制办印发《云南省完善规范性文件合法性审查机制试点工作的实施方案》。

(二)进一步完善规范性文件制度体系

规范性文件的起草、审查、备案、评估、清理和监督是一项环节多而工作量大的系统工程,云南省法制办内部主要由规范文件处负责这项工作。由于规范性文件内容的多样性、规范性文件清理工作的艰巨性，行政立法处、经济立法处等业务部门也参与其中，不免加大了规范性文件统一管理的难度。在党政机构改革的大背景下，在司法部与国务院法制办重组后新的法制机构体制之下，云南省法制机构将进一步探索整合规范性文件管理体制，提高规范性文件的管理质量和工作效率。

2018 年 5 月 31 日，国务院办公厅发布了《关于加强行政规范性文件制定和监督管理工作的通知》，对规范性文件制定和监督管理工作提出了更高的要求。在规范性文件起草的过程中，如何兼顾科学立法和民主立法，是一个需要不断探索的问题。"对有关行政措施的预期效果和可能产生的影响要认真评估论证"，"对涉及群众切身利益的文件，要公开征求意见"，构建科学评估和论证机制，公开征求意见的形式和方法，这些都涉及规范性文件的质量和有效性，需要在工作实践中不断探索完善。

B.5
地方行政审批制度改革的银川实践

潘灵胜*

摘　要： 在全国推进行政审批制度改革的大背景下，宁夏回族自治区银川市以行政审批权相对集中为突破口，通过实行"一枚印章管审批"，实现审批集中与服务集中有机结合，优化流程与减少审批有机结合，物理集中与化学融合有机结合，"互联网＋政务服务"与不见面审批有机结合，转变管理方式与优化服务有机结合，在政府职能转变、办事效能提升、营商环境优化等方面取得显著成效。

关键词： 地方政府　行政审批制度　银川市

中国行政审批制度产生于计划经济时代，长期以来在中国的经济社会发展中扮演了重要角色。随着改革开放和市场经济地位的确定，中国行政审批制度中长期存在的弊端也愈发凸显。2001年，国务院成立行政审批制度改革工作领导小组，下发《关于行政审批制度改革工作的实施意见》，标志着中国行政审批制度改革正式拉开了帷幕。2003年，《行政许可法》颁布，中国行政审批步入法治化轨道。

党的十八大以来，以习近平同志为总书记的党中央对深化行政体制改革作出重大部署，把深化行政审批制度改革作为加快转变政府职能、释放改革红利的主要抓手和突破口，作为建设法治政府和服务政府、推进国家

---

* 潘灵胜，宁夏回族自治区银川市行政审批服务局局长。

治理体系和治理能力现代化的重要载体，中国行政审批制度改革由此进入快车道。

一 推进行政审批制度改革的重大意义

（一）推进行政审批制度改革是完善社会主义市场经济体制的客观需要

市场决定资源配置是市场经济的一般规律，完善社会主义市场经济体制必须遵循这条规律。自新中国成立初期实行计划经济以来，中国政府对资源配置干预较多。改革开放40年来，中国社会主义市场经济体制虽已初步建立，但是还不完善，政府以行政审批为主要形式和手段过度干预微观经济事务、不当干预市场运行等问题依然存在。这些问题导致政府行政管理和社会资源配置的低效，限制了正常的市场竞争，成为阻碍生产力发展的体制性障碍。要促进社会主义市场经济进一步发展，必须让市场这只"看不见的手"充分发挥作用。发展社会主义市场经济，不断完善经济体制的同时，必须减少政府对市场经济的干预，减少政府对微观、琐碎事务的干预，简政放权，正是行政审批制度改革的目的所在。

（二）推进行政审批制度改革是建设法治政府的内在要求

党的十八大把法治政府基本建成确立为2020年全面建成小康社会的重要目标之一。法治政府要求行政机关设定任何审批事项都要于法有据，严格遵循法定程序，进行合法性、必要性、合理性审查论证；涉及人民群众切身利益的，应当通过公布草案、科学论证、公开听证等依照法定程序广泛征求意见。凡是没有法律法规依据的，任何行政机关都不得设定或变相设定行政审批事项，尤其不得以"红头文件"等形式增加公民、企业和其他社会组织的责任和义务。推进行政审批制度改革，对于促进各级政府依法行政，约束和规范行政权力，使行政权力授予有据、行使有规、监督有效，有助于促进法治政府建设。

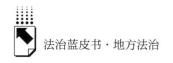

（三）推进行政审批制度改革是转变政府职能的有效途径

受计划经济的影响，一些政府部门和工作人员将行政审批视为行政管理的唯一手段，权力色彩浓厚、"官本位"思想严重。长期以来，奉行"重审批、轻监管""以审批代监管"的管理思维，认为失去了行政审批就失去了对市场的管理，忽略了事中事后的监管，更谈不上政府的服务职能了。推进行政审批制度改革，实际上是在更深层次和更大范围转变政府职能，为经济发展创造良好的制度环境。

（四）推进行政审批制度改革是从源头上预防和治理腐败的根本举措

许多审批事项的设立缺乏法律法规依据，不是依法依规审批；审批的内容、条件、程序不明确，使审批人员的自由裁量权和随意性过大，容易形成不正当、不公正的审批；审批具有很大的不透明性和盲目性，缺乏法律和公众的监督与制约，容易滋生腐败。推进行政审批制度改革，规范行政审批行为，有利于建立健全权力运行机制，进而从源头上预防和解决腐败问题。

二 银川的探索与做法

宁夏银川，深处祖国内陆，东临黄河，西倚贺兰山，这里天蓝、地绿、水清、居安宁，素有"塞上江南"的美称。2002年，银川市在西北率先成立政务服务中心，拉开了行政审批制度改革的序幕。多年来，先后开展了"三集中、三到位"（部门行政审批职能向一个科室集中，承担审批职能的科室向政务服务中心集中，行政审批事项向电子政务平台集中；事项进驻到位、窗口授权到位、人员进驻到位）、"三减两提高"（减程序、减时限、减费用，提高行政效率、提高服务质量）、行政审批事项"清零"（对各部门实施的行政许可、非许可、部门管理等事项进行清空，重新"洗牌"、重新梳理、重新论证、重新确认）等三轮行政审批制度改革。至2014年初，银川市行政审批事项由原来的 149 项精简规范为 89 项（行政许可 74 项，非行政许可 15 项），精简幅度 40.27%。率先在全区取消了"非行政许可"这一审批类别。这些改革极大地提高了政务服务效率，全面摸清了银川市各职能部门的"家底"。

但是，这些改革仅仅压缩了审批时间、减少了审批事项、降低了费用，授权不到位、不彻底、不充分，不作为、慢作为、不担当等现象依然存在，权力依旧集中在各部门手中，审批部门多、审批环节多、审批时限长、重审批轻监督，有些审批事项还需跑"后台"，找科室、找领导，审批窗口成为部门的"收发室""传达室"的问题没有从根本上解决，无法对行政审批过程进行有效的管理和控制，"政府权力部门化"的实质并未改变，严重阻碍了市场机制对资源配置基础作用的发挥。

2014 年，银川市委市政府大胆探索创新，率先在全国省会城市中成立行政审批服务局，通过推行行政审批权相对集中改革，"四个有机结合"，为全国行政审批制度改革探索出了有可借鉴意义的"银川模式"。

（一）审批集中与服务集中有机结合

为有效解决行政审批中部门林立、权力碎片化问题，银川市把审批权集中改革作为推进治理体系和治理能力现代化的"当头炮"和"先手棋"，按照"编随事转，人随事走"原则，剥离 26 个部门的 153 项审批权，划转到新设的审批服务局，按照事项的关联度将审批权分解到 7 个业务处室。从权力部门"虎口拔牙"，建章立制、规范审批，把分散的审批权关进制度的"笼子"，69 枚公章彻底封存，实现"一局一章管审批"。

与此同时，银川将审批服务、公共资源交易、社保、土地权属、房产交易、出入境管理、仲裁等 11 家单位，市规划、公安、国土、人社等 4 部门的行政审批处，以及气象、消防、车管、公证处、水电气等 42 家单位的窗口，统一整合进驻市民大厅，并加强进驻部门和各级政务服务中心软硬件设施建设，实现了"一个大厅全覆盖"。改革实现了"三集中三到位"，即部门许可职能向一个单位集中、审批职能向政务大厅集中、审批事项向网上办

理集中、事项进驻大厅到位、审批授权窗口到位、电子即时监察到位。"三集中三到位"后，千余项审批和公共服务事项集中到市民大厅的 500 多个窗口，审批集中度达 73%，通过"一窗式"对外、"一站式"办理和"一条龙"服务打造"行政审批车间流水线"。企业和群众只要填好"一表通"，就实现了"推开一扇门，办成一揽子事"。

（二）优化流程与减少审批有机结合

银川市行政审批制度改革坚持"两条腿走路"，一是不能取消的审批要优化流程，二是能取消的审批尽快取消，或变审批为备案。银川市行政审批服务局依靠"智慧银川"建设成果的大数据支持，先后进行了 7 次大规模审批事项梳理，按照"三减两优"（减材料、减环节、减时限、优流程、优服务）的原则，对办理环节、办理时限、申报材料等要素进行了优化、减少、剔除，共减少申请材料 1508 个，减少表格 291 个，剔除填写内容 3384 个，减少审批环节 265 个，减少办理时限 731 个工作日，取消、下放、合并事项 55 个。

在此基础上，选取受众面广、办理频次高、企业能自主决策经营的审批事项，先后分三批将 195 个审批事项进行"审批改备案"，申请人根据备案条件，向审批服务局报送相关资料后，即可开展相关经营活动，审批服务局不对备案资料进行核准或许可。对于不能备案的，实施"双告知、双承诺"制度；发现违法违规的备案事项，通过事中事后监管，予以纠正或处罚。"审批改备案"的实施，有效降低了市场准入门槛，得到了社会各界的一致好评。

（三）"物理集中"与"化学融合"有机结合

银川市围绕企业注册准入准营和建设项目报批两条主线，建成"商事登记服务"和"建设投资项目服务"两个大厅。税务、银行、质监、安监等部门同时进驻市民大厅，设置办事窗口，实现企业开办和项目报批两条审批链全要素的"物理集中"。同时，审批服务局以服务企业全生命周期为原则重新设置处室，将审批事项按照企业准入、准营，建设项目招标前后及建成后重新组合进行"化学融合",创造性地推出了"1＋N"全新审批服务模式。申请人在一个窗口一次递交一套材料,即可同时激活N个事项办理、在单个事项最长办理期限内取得N项审批结果,一次满足群众的多项需求,办成多件事。银川市企业开办1.5个工作日即可完成,部分建设项目的报批控制在30个工作日以内,均在全国领先。

(四)"互联网＋政务服务"与"不见面"审批有机结合

在改革的过程中,银川市注重运用"互联网＋"思维,将"放管服"改革与智慧城市建设相结合,创新服务方式,为企业、群众提供丰富、多元的行政审批服务。依托云计算、大数据等现代化信息技术手段,先后推出了推动多项便民利企措施:"同城通办"打破区划限制,采取"多点受理、信息共享、审管联动"审批模式,申请人可就近选所在辖区的政务服务中心,即可办理58项市场主体准入审批事项;"视频勘验"以视频勘验替代现场勘验,申请人将经营现场视频资料通过网络提交,审核人员"零"时间接收审核,不再进行实地勘验;"电子证照"构建了"办证不出证,数据来验证"的电子验证体系,审批服务局72类证照全部实现了电子化发放,大幅减少了财政刚性支出和企业(个人)办事成本。

银川还将"互联网＋"作为实现"不见面"审批的重要载体和途径。2017年,银川网上市民大厅正式上线,汇集医保、公积金、产权交易等51个部门(窗口)的千余项公共服务和行政审批事项,提供查询、预约、申办功能;银川市行政审批服务局实现了100%事项可网上办理,81%的事项可"不见面、马上办"。建设"24小时政务服务自助终端",构建覆盖市、县、乡、社区四级的全天候、多领域、智慧型的自助服务体系,以期实现企业项目报批不出园区、群众常办事项不出社区。

(五)转变管理方式与优化服务有机结合

银川改革中把部门权力转为服务能力,建的不是"审批局"而是"审批服务局",实现了从"重审批"向"严监管""重服务"的大转变,着力

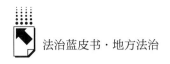

构建"阳光审批"机制。银川市研发了"政务服务管理平台",对审批过程实施全方位、无盲点的监控监察和督查督办,确保行政审批行为有约束、环节有监督、过程全留痕。先后出台了65项制度与管理办法,涉及窗口工作、考核奖励、联席会议、勘验评审、有效监管等方方面面。建立电子监察系统,对整个审批办事过程实施全方位的监控和督办,确保审批全流程无违规和高效,最大限度地杜绝权力寻租。

在事中事后监管上,审批服务局在"政务服务管理平台"中增加"审管互动"模块,可将审批结果实时传送到监管部门,监管部门也可将行政处罚信息推送给审批服务局,实现审批与监管的"无缝衔接"。此外,银川市还在政务服务领域实行"黑名单"管理制度,企业或个人在行政审批或经营活动中发生违法失信行为将被列入"黑名单",在全市各个领域受到联合惩戒,形成"一处违法、处处受限"的局面。

银川市民大厅已成为全市"转变作风的主阵地、检验服务的主窗口、展示形象的主平台"。市民大厅建成后,先后组织开展4期963人次政务服务礼仪培训,制定了统一的政务服务礼仪流程,为办事群众提供"亲切、阳光、贴心、高效"的政务服务。持续推进市民大厅文化建设,打造"尚德善学、务实创新"的文化理念。市民办事大厅就像一站式便民"政务超市",大厅里有儿童乐园、母婴室、市民讲堂、书店、超市、读书岛等。市民大厅经常收到来自各方的"点赞","权力少了,服务好了"成为很多办事群众对市民大厅最直观的感受。

三 "银川模式"取得的成效

作为"刀刃向内"的自我革命,银川市以政府权力的"减法",换取市场活力和人民满意的"加法",取得了十分显著的成效。

一是加快了政府职能转变。银川市成立行政审批服务局,开展行政审批权相对集中改革,使原有政府各部门的职能得以重新界定,从原来的重审批、轻监管向重监管、抓服务转变,推动政府职能向创造良好发展环境、提供优质公共服务、维护社会公平正义转变，进一步激发了市场、社会的创造活力，切实提高了政府管理科学化水平，打造人民满意的服务型政府。

二是办事效能大幅提高。"一局一章"管审批后，银川市 30 个部门的 114 类 517 项事项在行政审批服务局集中办理，依靠新的审批机制和现代化信息技术手段，原来由 600 多人承担的审批工作由审批局 60 余名工作人员承担，大大减少了行政成本和社会成本，提高了工作效率。同时将分散在全市 30 多处不同地点的办事场所、千余项行政审批和公共服务事项整合进驻市民大厅，为办事群众提供"一站式"审批，审批效率平均提高 75%，53% 的审批事项实现即来即办。

三是营商环境持续优化。行政审批制度改革的初衷，就是为经济发展服务，而市场就是改革效果最直观的检验场。世界银行发表的报告表明，企业提前 10 天运营会使投资率增长 0.3%，GDP 增长率增加 0.36%。银川市始终将优化营商环境作为促进经济发展的突破口，一方面，有效落实"注册资本实缴改认缴"、企业开办"五证合一"、个体开办"两证整合"等国家政策，制度性交易成本进一步降低，营造了浓厚的"双创"氛围，市场环境持续向好。另一方面，充分利用成立行政审批服务局的体制机制优势，在企业开办、市场准营、项目报批、施工许可、综合验收、企业项目服务六个方面全面实现了"1＋N 不见面"审批模式，群众办事更加方便快捷，市场活力持续释放，吸引更多企业和个人投资兴业。2017 年，银川市新登记企业 1.31 万户，与 2016 年同比增长 7.9%；全市软件、游戏和信息等新兴产业同比增长 50.19%；外商投资 26.03 亿元人民币，同比增长 13 倍。

四是人民群众的体验感、获得感显著增强。人民有所呼，改革有所应。银川市行政审批制度改革始终坚持以人民为中心，百姓关心什么、期盼什么，改革就抓住什么、推进什么，让改革成果更多更公平地惠及百姓。截至 2018 年 5 月，银川市民大厅累计接待办事群众 1000 余万人（次），办理各类政务及公共服务事项 960 余万件。群众的眼睛是雪亮的，民心就是最大的政治。据网络、现场咨询、办事回访及评价系统等综合考评，群众对窗口的满意度达 99.6%。政务服务环境的持续优化，带来的是人民群众体验感、

获得感的显著增强，也提高了党和政府的形象和威信。

银川市在行政审批制度改革方面的探索，吸引了来自中央和全国各地关注的目光，得到了社会的普遍认可，先后获得"中国政务服务突出贡献奖"、"中国互联网＋"十佳优秀案例、全国行政服务大厅典型案例"百优综合十佳"等荣誉。

四 改革展望

近年来，全国各地在行政审批制度改革方面创新亮点不断，江苏省的"不见面"审批、浙江省的"最多跑一次"、湖北省的"马上办网上办一次办"等好的经验、做法，取得了积极成效，但与全面深化改革要求和人民群众期盼相比还有差距，仍需继续攻坚克难。行政审批制度改革作为一项全局性、系统性的改革任务，需要从以下六个方面予以推进。

第一，要强化立法对改革的引领和保障作用。改革作为新生事物的催化剂，往往具有前瞻性和突破性，而法律则具有普遍约束性和相对稳定性，改革愈向前推进就愈和现行法律法规相冲突，矛盾也随之而生：改革深化就"违法"，不"违法"改革就难以推进。因此，必须加快清理修订已不合时宜的法律法规和部门规章乃至红头文件。对行政审批制度改革的已有成果，则应通过法律法规的制定、修改、废止加以巩固。

第二，要继续支持鼓励地方创新。行政审批制度改革已进行了十多年，改革中好改的都已完成，只剩下"难啃的骨头"。银川市的改革经验告诉我们，"深水区"的改革不仅需要勇气和魄力，更需要鼓励创新、尊重创新。中央应继续支持地方政府的改革积极性，从政策上大力支持，消除体制机制束缚，让地方大胆地试、大胆地闯，同时建立容错机制，消除后顾之忧。

第三，要多方发力打破信息壁垒。行政审批中"多套系统、多个流程、反复登录、重复录入"问题仍较为突出，"信息孤岛""数据烟囱"已经成为行政审批制度改革的掣肘。这一问题的产生，有技术方面的因素，但更多的是体制机制上的原因。随着移动互联网、云计算、大数据、物联网、人工智能等颠覆性技术的应用和推广，数字政府建设已成为落实国家大数据战略、网络强国、智慧社会等战略行动的新起点，行政审批制度改革应当充分运用互联网思维，借助"互联网＋政务服务"，着力解决公共数据和电子政务领域存在的基础设施条块割裂、网络互联互通不畅、业务系统缺乏协同等问题，大力推行网上审批、网上办理和"不见面 马上办"审批模式，实现"网上办事是常态，网下办事成例外"。

第四，要加快行政审批标准化建设。标准作为科学、技术和经验的综合成果，既是对最佳实践经验的固化和总结，也是有效传播最佳实践并推动其进一步优化和提升的重要路径。在行政审批改革中引入标准化手段，一是可以将行政审批制度改革的成果以标准的形式固化、规范下来，避免已经清理的事项反弹；二是有助于推广"样板经验"，使好的经验和做法形成体系效应，不断完善；三是让审批权力、审批行为、审批标准等更透明，减压自由裁量权，进一步提高行政审批服务质量水平，确保群众满意。

第五，要落实好"六个一"新要求。2018 年初国务院提出，企业开办时间再减少一半、项目审批时间再砍掉一半、政务服务一网办通、企业和群众办事力争只进一扇门、最多跑一次、凡是没有法律法规规定的证明一律取消，进一步做好简政放权的"减法"，做强监管的"加法"和优化服务的"乘法"，加速推进"放管服"改革，有效激发市场主体的内在活力、增强经济发展动力、提升社会创造力，为经济社会健康稳步发展保驾护航。

第六，要深化监管体制创新。严格落实国家深化机构改革和监管体制创新的要求，实施公正监管，全面推开和细化"双随机、一公开"模式，明确实行标准和规范，建立企业信用联合激励与惩戒机制，使违规企业"一处违法、处处受限"；完善联合监管，减少多头执法和重复检查，消除监管盲点；对发展新业态、新模式等新生事物的企业或个人，探索审慎监管，促进各类市场主体公平竞争。利用大数据规范、强化事中事后监管，通过数据挖掘、分析、研判、预警，对市场主体实施动态监测，促进各行业稳步、健康发展。

B.6
上海市普陀区标准化助推政务
公开的探索与实践

上海市普陀区政务公开标准化课题组*

摘　要： 上海市普陀区作为基层政务公开标准化规范化的试点单位，建立了一整套政务公开标准化体系，其实践过程为政务公开标准化探索了一条可行的路径。其做法可总结如下：以"精细化"理念夯实基础，全面梳理公开事项；以"标准化"方法建立规范，构建标准制度体系；以"实效化"目标推动落实，积极回应需求关切；以"信息化"手段提升质效，丰富政务公开方式。由此，建立了一套GB/T24421《服务业组织标准化工作指南》框架下的政务公开标准化体系，既提升了质量和效率，也增强了可操作性。

关键词： 政务公开　标准化　政府转型

全面依法治国是实现国家治理体系和治理能力现代化的重要依托，契合中国特色社会主义的本质要求，预示着国家治理的一场重大变革，其根本落脚点在于以更有力的措施保障人民群众的知情权、参与权、表达权、监督权。如何更好地实施政务公开，是全面依法治国的重要一环，是摆在各级政府面前的一个新课题。2017年5月9日，国务院办公厅印发了《开展基层

* 撰稿人：朱晓鸣，上海市普陀区人民政府办公室副主任、法制办公室主任；包思卓，上海市普陀区人民政府办公室政务公开科科长、普陀区政府门户网站管理中心主任。

政务公开标准化规范化试点工作方案》，要求以政府信息公开透明、提高行政效能为目标，在全国100个区县基层开展政务公开标准化规范化试点，加快建设法治政府、服务型政府。标准化作为一种诞生于工业生产领域的管理手段，被引入公共服务领域用于构建新的政府治理机制，与政务公开有良好的契合点。本文通过对政务公开发展现状的分析，探寻政务公开标准化的价值，以上海市普陀区开展基层政务公开标准化规范化试点为例，提出构建基层政务公开标准体系的模式与路径。

一 中国政务公开的现状和问题

政务公开作为中国法治政府和服务型政府建设的一项基础性安排，对于推动权力规范廉洁运行、提升公共服务水平至关重要。该项制度能有效促进政务信息资源合理利用，并保障人民群众的权益和诉求。追溯历史，中国自2000年后才正式明确了政务公开理念，其发展历程基本可以分为三个阶段（见表1）。

中国的政务公开从无到有，从初创到制度化，走过了相当长的历程。政务公开在完善社会主义制度，保障公民知情权、参与权、监督权等方面发挥了积极作用，既为行政机关了解公众需求和认识社会现状打开了一扇全新的窗户，也为社会公众参与、监督政府权力行使和社会治理提供了一条新渠道。但是，随着时代向前发展，现有的政务公开仍然存在诸多不足，与人民群众的期待相比，与民主法治的本质要求相比，仍存在不少亟待改进之处。

（一）外部：社会大众眼中的政务公开缺乏实效

中国现有的政务公开行政法规是2008年实施的《政府信息公开条例》，其余都是规章或政策性文件。21世纪以来的政务公开都来自于政府意愿的推动，主要是从顶层视野出发的构建，缺乏与基层实践的互动联系。比如，对各类应当公开的信息仍然缺乏一个相对准确的划分标准；在公开方式上，

表 1　中国政务公开的发展历程

阶段	时间	政策/法律	意义
体系建立期 （2000～2008）	2000	《中共中央办公厅　国务院办公厅关于在全国乡镇政权机关全面推行政务公开制度的通知》	对乡镇政府全面推行政务公开作出部署，并对县市级以上政府政务公开提出了要求
	2004	《全面推进依法行政实施纲要》	将公开政府信息作为依法行政的措施
	2005	《中共中央办公厅　国务院办公厅关于进一步推行政务公开的意见》	明确了各级政府推进政务公开的内容和形式
	2008	《政府信息公开条例》	中国政府信息公开制度体系的初步确立
全面建设期 （2008～2016）	2011	《中共中央办公厅　国务院办公厅关于深化政务公开　加强政务服务的意见》	探索政务公开的改革创新
	2013	《国务院办公厅关于进一步加强政府信息公开　回应社会关切　提升政府公信力的意见》	对创新政务公开方式，建设政府网站作出重要部署
	2015	《法治政府建设实施纲要（2015～2020）》	将推进政务公开纳入法治政府建设的轨道
进入新时代 （2016年以后）	2016	《中共中央办公厅　国务院办公厅关于全面推进政务公开工作的意见》	标志着政务公开进入了新时代

政府机关侧重于"通过政府公报、政府网站、新闻发布会以及报刊、广播、电视等便于公众知晓的方式公开"[①]，然而实践中公开渠道较为单一，覆盖的人群不够广，呆板的形式常为人诟病，难以产生有效的互动和回应。在公开内容上，许多政府机关愿意公开的政府信息价值不高，多为事务性、程序性的信息，对于关键的政府信息往往采取回避态度，公开内容不清楚、不彻底、不精确，社会公众或看不明白，或只能一知半解。此外，大部分政府机关不愿公开的信息通常涉及财务情况、人事安排、事项决策和危机回应等等，恰恰属于容易滋生矛盾和腐败的敏感问题。

---

① 《政府信息公开条例》第 15 条。

（二）内部：政府部门在政务公开实践中面临困局

从实践来看，基层（乡镇街道）政府机关、垂直部门的政务公开工作多由党政办公室负责。一方面，基层党政办汇集了相当多的职能，日常事务冗杂繁多，党政办工作人员任务繁重，难以应对突发状况。一些基层的政府机关、垂直部门缺乏专门业务培训，导致工作人员能力泛而不精，影响了政务公开工作的全面开展。另一方面，基层政府、垂直部门对政务公开工作的用心程度大多取决于"一把手"的重视程度。如果领导挂帅，高度重视，那么政务公开便有了人力、财力支持；如果领导未加重视，则政务公开的落实就会大打折扣。

在部分地方，政府机关虽然按照上级要求设立了专门机构，如设立信息公开科来落实政务公开工作，但现实是信息公开科与业务部门条块分离，互不相通，缺少有机联系，往往造成"懂公开的不懂业务，懂业务的不懂公开"的困境。有的业务部门人员缺乏政务公开的意识，不愿意公开手中的信息，负责公开的机构又缺乏相应的业务知识，不了解业务部门的实际情况，难以高效、高质、合理地公开信息，造成政务公开的效果不佳。同时，由于业务部门工作人员的流动性，会出现原先对接政务公开的工作人员调离后新人无法接手的情况，政务公开工作缺乏连贯性，无法建立行之有效的管理体系。

从第三方评估报告不难发现政务公开领域落后管理造成的不良结果。通过查阅近年来国内主要的政务公开第三方评估报告（见表2），政务公开工作主要存在以下不足。

从公开的层级来看，国家部委和省级政府推动力度不强。以2016年为例，52家国务院部门、24家省级政府未公开2016年规范性文件草案征集意见的反馈情况，分别占96.30%、77.42%。

从公开的领域来看，民众普遍关心的财政信息披露不足。以2017年为例，中国31个省份财政透明度的平均得分为48.26分，有超过50%的调查信息没有公开，状况令人担忧。

从信息质量看，公开的质量存疑，应付、交差了事的问题大量存在，以2016年中国政府透明度年度报告为例，县级政府六成不到60分，政府信息公开工作年度报告重复率超90%。这反映了现有的政务公开工作运行和保障机制还存在巨大缺陷，亟须破旧立新。

表2　政务公开第三方评估报告

评估报告	评估机构	评估对象	评估机制	评估情况
中国政府信息公开第三方评估报告	中国社会科学院法学研究所	54家国务院部门、31家省级政府	评价	以2016年为例，52家国务院部门、24家省级政府未公开2016年规范性文件草案征集意见的反馈情况，分别占96.30%、77.42%
中国财政透明度报告	上海财经大学公共政策研究中心	全国31家省级政府的财政信息	评分（满分100分）	以2017年为例，中国31个省份财政透明度的平均得分为48.26分，有超过50%的调查信息没有公开
中国政府透明度年度报告	中国社会科学院法学研究所	全国49家较大的市、100家县（市、区）政府	评分（满分100分）	以2016年报告为例，县级政府六成不到60分，政府信息公开工作年度报告重复率超90%

（三）形势：政府治理理念的发展要求政务公开升级

从国际上看，随着20世纪90年代网络化、信息化以来的技术革命，电子政务的应用拓宽了政务公开的视野。在这以前，各国政务公开制度的原理都是以政府为中心，根据民众的需求提供相应的信息。但处于资源占有者角度的政府，其提供的内容与社会大众的需求相脱节，在信息的供给上缺乏效率，始终无法满足以社会大众为中心的网络时代要求。因此，各国针对政务信息"被动供给"的情况作出了相应调整，以公开为原则、不公开为例外成为一种共识。许多国家在法律层面已建立健全相应的政务公开体系，如美国早在1966年就制定了《信息自由法》。自20世纪90年代以来，伴随电子政务普及和互联网技术发展，政务公开理念和方式再一次进步。例如，美国2009年发布的《开放政府指令》，提出政府机关的信息要从"被动提供"到"主动供给"，改变了60年代以来社会公众和政府机关之间的互动模式，确立了主动公开这一新的制度安排。政府及时回应公众要求，并利用普及的信息技术促进民众参与政府各项决策过程，已成为各国改革的主要方向。

从国内形势来看，党的十八届四中全会要求全面推进政务公开，并首次提出"公开为常态、不公开为例外"原则。随后，党的十九大提出要建设人民满意的服务型政府，实现国家治理体系现代化和治理能力现代化，保障全民共享社会主义建设发展的成果。政务公开是提升公共服务供给、建设服务型政府的基本制度安排，既能促进政府与民众的理解与合作关系，也能促进行政决策的良性循环，其最终目的是实现国家治理体系现代化。中国的政务公开升级已经走在路上，但公开体系还不够健全，缺乏法律层面的支持，没有出台该领域专门的法律，也就没有统一规范的操作方式。因此，对于如何实践政务公开，增强可操作性，将零散的政策法规综合起来，为基层政务公开人员提供实施路径，需要一份标准、规范、行之有效的操作手册。

二 推进政务公开标准化的必要性

面对政务公开的难点痛点以及国内外形势要求，以标准化为手段深入推动政务公开落实无疑是一次更科学的尝试。

（一）进步动力：标准化提高政务公开的效率和质量

从起源来看，标准化发端于管理学领域。现代科学管理产生于泰勒科学管理理论，目的是达到更高的劳动生产效率，该理论的提出标志着管理学的诞生，改变了企业以经验管理的传统手段，科学化、标准化是其理论的核心部分。标准化专家桑德斯（T. R. Sanders）根据实践，在1972年撰写了《标准化的目的与原理》，指出标准化的本质是以简单化为目标，人们有意识地努力统一做法。标准化是一个"化繁为简"的活动，剪除因复杂性而导致的不统一、不协调，是一种自觉的行为，不仅能削减复杂性问题，也预防未

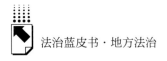

来可能产生的复杂因素。因此，标准化对于提高效率十分重要，它使管理经验更为规范化、系统化和科学化。

首先，标准化有利于政务公开工作效率的提高。根据经济学常识，劳动效率的高低与劳动者所从事的工作熟练程度有关。将政务公开工作程序和工作方法等形成统一遵守的规则，办事人员的熟练程度自然会提高，也能对办事人员进行快速培训，改变以往"懂公开的不懂业务，懂业务的不懂公开"的困局。

其次，标准化可以提高政务公开的质量。质量与标准的形成与实施过程有密切关系。如果政务公开标准化工作进展顺利，就能保障服务质量，克服以往公开信息的局限性，提供人民群众最关心、涉及群众切身利益的热点信息。

（二）从粗放到精细：标准化引领政府治理模式转型

以往，许多政府机关工作人员对自身要求不高，仅仅满足于"了事就好、凑合过关、领导点头"。在政府自身运行上，粗放式管理的惯性思维往往导致行政管理方式模糊，以及计划不精细、职责不明确、监督不全面等一系列问题。中国正在实现政府治理模式的全面转型，政务公开作为现代政府治理的重要工具，在实践中应逐步消除各种体制障碍，摈弃错误的落后观念，尽快从政府本位、权力本位转化到社会本位、民众本位。这就必然要求完善现有的工作机制，用具体、可操作、可评估的量化标准取代过去笼统的要求。

标准化是精细化的管理方式，引入标准化原理，将政府的工作方式向精细化迈进，不仅能实现对政务公开各项工作的全程控制，更是实现社会化治理的有效手段，能在一定程度上实现政府信息的供给者（政府）、需求者（公众）和监督者（第三方）之间的相互配合，从而产生共同参与的新价值。此外，标准化是"互联网＋政务服务"的重要保障，实现政务服务事项和社会信息服务"一站式"办理，标准化可消除传统工作运行机制的约束，提升管理的精细化程度。

（三）补充与融合：标准化提供新的法治价值

中国的政务公开体系还不够健全，缺乏法律层面的支持，没有出台该领域专门的法律，因此，标准化为政务公开的实施提供了法治新价值。一方面，标准化补充法律的缺陷。标准化的角色不像法律的功能——可以规定新的权利和义务，它是一种弥补法律滞后的手段。标准化更多地体现出政策规范的作用，又比政府行政规则的干预强度较弱，减轻了行政色彩，具有灵活多变性和普适性。标准化提供动态的响应机制和实现机制，能够快速响应民众对政务公开出现的新需求，对于政务公开实施中出现的缺陷与不足能够快速纠正。

另一方面，标准化开辟了政务公开的法治路径。以中国法律为例，在《产品质量法》《食品卫生法》等技术专业性较强的法律中，引用标准是普遍现象，这体现出两者是相互融合的，标准并非游离于法治之外，两者都有普适性、统一性、规范性的共同特征。标准能提供更好的运行模式，法律具有权威性和强制力保证，继而标准通过法律手段得以实施，最终达到更好的社会和经济效益。标准化立足于实践，对政务公开活动或其结果提供规则，对于中国政务公开法律的完善、法律体系的建立，具有重要的参考意义和法治价值。

三 普陀案例：如何实践政务公开标准化

近年来，国家主要采取试点的方式探索政务公开标准化。2017 年 5 月，上海市普陀区被纳入全国 100 家基层政务公开标准化规范化试点区县之一，建立了一套政务公开标准化体系，并在实践中取得了良好成效，对于其他地区具有一定的示范和借鉴意义。

总体上，普陀区政务公开的标准化实践主要对应国办试点的四项重点任务，即"梳理事项""编制标准""规范流程""完善方式"。

（一）以"精细化"理念夯实基础，全面梳理公开事项

对政务公开事项进行全面细致梳理，摸清家底是开展政务公开标准化规范化试点的基础性工作。试点工作启动后，普陀区在国办7个重点领域基础上确立了"7 + X"工作模式，制定了"两全一穷尽"（全目录、全流程、穷尽要素）的原则，并对梳理的内容和标准予以统一，建立了九要素梳理模板。全区27家部门、10个街镇依据权责清单和服务事项目录，最终形成了61项重点领域试点清单，共梳理出1923项政府信息主动公开事项、98项部分公开事项、335项不予公开事项。

（二）以"标准化"方法建立规范，构建标准制度体系

标准化是规范化的最理想表现形式，也是推进规范化的有效方法。普陀区依据GB/T24421《服务业组织标准化工作指南》确定的标准化方法，确定了"搭建全面深化改革新形势下，具有普陀独特竞争力的基层政务公开标准体系"的基本框架和思路。同时，为确保标准体系的适用性和针对性，强调立足于现行的制度、规范及做法，以部门领域公开为重点，构建由国家标准、行业标准、地方标准、自有标准组成的，协调互补的基层政务公开标准体系。

2017年9月6日，普陀区发布了全国首个基层政务公开标准体系，在涉及群众利益、社会普遍关注的重点领域，探索编制了一批政务公开标准。2018年1月5日，在首个标准体系基础上修订、增补了一批标准。截至2018年6月底，普陀区政务公开标准体系共包含169项标准，其中国家标准46项、行业标准1项、地方标准4项、普陀标准118项，基本建立起符合标准化要求的精细化制度规范体系（见图1）。

（三）以"实效化"目标推动落实，积极回应需求关切

开展政务公开标准化规范化试点探索的目的是促进政府公开透明，提高行政管理效能，加快建设法治政府、服务型政府，保障公民知情权、参与权、表达权、监督权。试点工作中，普陀区坚持以"实效化"作为推进各

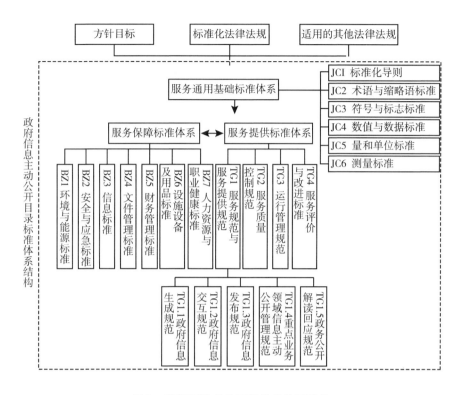

图1 普陀区政务公开标准化体系结构

项工作的根本目标和准则。

　　一是着眼于更好地实现全过程公开，围绕决策、执行、管理、服务、结果"五公开"，不断完善制度机制。例如，在决策公开中，制定了《重大行政决策信息主动公开管理规范》，对公众参与、民意征集等信息予以规定，促进了决策公开透明。在执行公开中，制定了《财政预决算信息主动公开管理规范》，进一步加大了财政预决算公开力度。在管理公开中，将权责清单、办事指南等内容纳入重点领域公开标准，加强事中事后监管信息公开。在服务公开中，以统一编制的政务服务事项目录为依据，相关内容纳入重点领域公开标准，集中全面公开与政务服务事项相关的信息。在结果公开中，通过相关执法领域信息主动公开标准，全面落实行政执法公示制度和行政许可、行政处罚"双公示"制度。

二是坚持以人民为中心，促进公开标准的持续改进和不断优化。按照"先优化、后固化"的步骤，先对现有工作机制、办理流程、承诺时限等进行全面清理提速，再按照标准化格式编辑固化，形成长效工作规范。比如，在试点工作过程中，制定了《规范性文件信息主动公开管理规范》《政策文件解读规范》，明确规范性文件应当100%配备图文解读。

三是注重外部评价效应，开展社会化反馈评估。实行政务公开工作季度测评和年度测评，并将试点纳入年度政务公开绩效考核。开展政务公开满意度问卷调查，提高公众对试点工作的知晓率、参与率，确保政务公开工作契合群众需求，及时回应群众期待。

（四）以"信息化"手段提升质效，丰富政务公开方式

随着互联网、大数据等现代信息技术的普及运用，网络日益成为政务公开工作的主渠道和主阵地。普陀区重视信息化技术手段与政务公开工作的有机融合和深度运用，着力以信息化手段提升政务公开工作的质效和水平。

一是充分发挥门户网站信息公开第一平台作用，将试点工作与门户网站建设管理相结合。2017年门户网站配合试点开设了专题，并在试点过程中自主开发了信息发布管理标准化系统，通过优化后台信息录入和前台展示方式，确保信息获取、发布及时、统一、规范。将梳理完成的政务公开事项集中录入门户网站数据库，前台显示的信息公开属性要素由8个增加为13个，大大提升了政府信息查阅的有效性和便捷度。

二是加大探索创新力度，不断拓展政务公开的渠道和方式。制定了政务公开自助服务终端、网络公众平台、新闻发布会、12345市民热线服务、政府公报等信息发布渠道管理规范，着力打造全天候、立体式的政务公开模式。

三是加强对政府大数据的挖掘转化运用，方便群众查询利用。对试点领域十六大类的766个服务点数据进行汇总，制作"普陀区政务公开便民服务地图"。

四　普陀区政务公开标准化的创新价值

普陀区的政务公开标准体系具有原创价值和优化工作绩效的贡献，能够提供其他地区可参考或复制的经验，可提炼出以下几个特质。

1. 原创性

政务公开标准体系属于原创，没有前例可供参考。在标准体系建设上，相对于实物化的产品，政务公开虽然特殊，但本质上是一种公共服务，因此采用 GB/T24421《服务业组织标准化工作指南》是适用的。普陀区在上海市质量和标准化研究院的指导下，根据 GB/T24421 的要求，建立了适用于全区、覆盖各领域、各环节的政务公开标准体系，形成了一整套符合标准化要求、更加具体细化、易于操作的基层政务公开标准规范，形成了基层政务公开标准化规范化试点的"普陀模式"。

2. 实用性

从宏观看，政府部门体系庞大，业务范围涉及方方面面，深入国民经济、社会民生的各个环节，把握好标准化的适用范围，需要系统的全局观念。同时，从微观看，各业务部门工作人员对政务公开的掌握能力不一，要避免制定的标准带有过多的专业倾向。普陀区通过对公开内容、环节、方式的标准化，大幅提高了重点领域公开工作的规范性和可预期性，最大限度地压缩基层政务公开的随意性，实现了 360 度全方位监督。

3. 推广性

政务公开在各地的试点内容是不同的，而各地区又有当地的实际情况，这就要求公开进行广泛的调研和比较，立足本地实际，才能确保标准化建设符合现实需要。普陀区围绕"涉及群众利益""社会普遍关注的领域""服务事项"确定纳入试点的重点领域，由各单位按照重点领域梳理政府信息公开事项目录，编制了一批重点业务领域信息主动公开管理规范，对各级行政机关做好政务公开工作有一定的推广、指导、规范价值。

4. 融合性

重视政务公开标准化与信息化的融合，以标准化试点为契机，进一步规

范了区政府门户网站内容建设和管理，推进了信息发布、解读回应、办事服务、互动交流四大功能建设，完善了政府网站常态化信息发布机制，使信息数据更加集约开放，安全防护更加稳定可靠，保障机制更加健全有力。

结　语

中国的政务公开经历了相当长的发展历程，但实践中的不足、形势的迫切需要都要求进一步完善。标准化作为一种治理范式，符合社会发展的需要，有助于政府治理模式的转型，实现对权力的有效监督和保障社会公众的利益。上海市普陀区作为全国基层政务公开标准化规范化试点地区之一，建立了一套 GB/T24421《服务业组织标准化工作指南》框架下的政务公开标准化体系，具有面向质量和效率的提升性，同时充分考虑现实需求，为深化政务公开提供了可操作性。

从形势来看，政府数据的开放和共享是一项基础活动，在可预见的未来，政务公开与公共数据开放应是相辅相成的关系，通过公开提供政府运转中产生的数据，供给社会、经济或科研活动，产生新的价值，如何在公共数据开放中应用标准化，也是今后应研究的主题。

B.7
北京市西城区信息公开助力医药卫生体制改革调研报告

田鹏飞　宋青*

摘　要： 随着医改进入深水区，困难和问题也越来越多，政府信息公开作为医改的重要推动手段，助力医改工作开展。西城区调动各方力量，做好政府信息公开工作，提升百姓对医改的知晓度，争取公众和社会的广泛支持，畅通信息反馈，确保医改各项工作顺利实施。下一步，要切实转变执政理念和方式，提升公开水平，创新公开方式，探索卫生健康领域的信息公开新做法新途径，促进医改不断深入推进，提升人民群众的健康水平。

关键词： 信息公开　医药卫生体制改革　北京西城

中国医药卫生体制改革已步入深水区，北京市西城区卫生计生委通过政府信息公开，助力医改顺利实施，收到良好成效。

一　医药卫生体制改革现状

近年来，医改各项工作深入推进，中央顶层设计不断完善，北京市也启

---

* 田鹏飞，北京市西城区卫生和计划生育委员会副主任科员；宋青，北京市西城区卫生和计划生育委员会副主任。

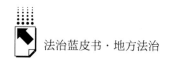

动了分级诊疗制度建设、医药分开综合改革等多项医改重点工作。西城区医改工作走在全国和北京市前列，已经连续多年位居北京市医改考核第一名，得到上级肯定。

（一）改革内容

1. 中央对医改工作高度重视，改革顶层设计不断完善

习近平总书记在全国卫生与健康大会上指出，医药卫生体制改革已进入深水区，到了"啃硬骨头"的攻坚期。要加快把党的十八届三中全会确定的医药卫生体制改革任务落到实处。要着力推进基本医疗卫生制度建设，努力在分级诊疗制度、现代医院管理制度、全民医保制度、药品供应保障制度、综合监管制度5项基本医疗卫生制度建设上取得突破。党的十九大作出中国社会主要矛盾已经转化的重大政治论断，并明确要求"实施健康中国战略"，强调要深化医药卫生体制改革，全面建立中国特色基本医疗卫生制度、医疗保障制度和优质高效的医疗卫生服务体系，健全现代医院管理制度。

2. 北京市继续巩固医改成果，各项改革工作踏实推进

北京市政府主要领导在调研北京市医改工作时指出：要认真贯彻落实党的十九大精神和习总书记重要指示要求，进一步巩固和深化医改成果，不断满足人民群众对医疗服务和健康生活的新要求。要明确改革目标，聚焦医院、医生和基层能力建设，提高医疗卫生服务的质量和效率，增强人民群众的改革获得感。要明确政府职责，加强顶层设计，做好统筹协调，强化绩效导向，优化资源配置，推动医院提高服务水平。要深入研究医联体发展方向，围绕强基层、保基本、建机制，提升各级医院的整体水平。要建设全市统一、直达社区的医疗基础信息系统，实时监测，深入研究，细致分析，不断提高医疗服务管理精细化和医疗服务规范化水平。

3. 西城区按照国家和北京市要求和部署，推动医改走向纵深

一是以紧密型医联体建设为抓手推进分级诊疗制度建设。2016年2月，西城区正式启动紧密型医联体建设。2017年，深入推进"三纵两横一平台"

建设。完善三个一体化工作机制，推进区属医院与社区卫生服务中心服务同质化。推动专科专病医联体建设，组建了肛肠专科医联体、口腔专科医联体和脑卒中专病防治医联体。完善财政分类补偿机制，有效支撑紧密型医联体建设。建立了支持区属医院参与紧密型医联体建设的补助机制（人均3万元）、大型医疗设备购置财政全额负担机制以及业务用房修缮补助机制（每平方米60元）。牵头印发了《关于进一步完善西城区社区卫生服务机构运行机制的意见》，有效落实"两个允许"政策。西城区推进紧密型医联体的做法和成效，受到了中央、北京市各级领导的高度肯定。

二是顺利推开医药分开综合改革。2017年4月8日，按照全市统一部署全面实施医药分开综合改革。全区共有364家医疗机构参加本次改革，其中区属医疗机构108家，非区属医疗机构256家。自4月8日全面实施医药分开综合改革以来，各项政策平稳推进，各医疗机构运营良好，患者就医习惯开始转变，分级诊疗秩序初步显现，改革符合预期。区委区政府高度重视，各部门大力配合，全区卫计系统广泛动员，成立区级专项领导小组，协同推进医改实施。各部门通力合作，通过监测医疗机构运行状况，建立紧缺药登记和采购制度、缺药备案服务制度、医联体内四种慢病用药对接机制、药品供应预警机制等加强药品供应保障；通过积极优化服务环境、简化服务流程、推行各种便民服务措施等改善医疗服务；通过社区卫生服务机构全面推行"先诊疗，后付费"模式，落实四类慢病长处方等优抚政策，夯实改革基础。西城区医药分开综合改革得到了北京市各级领导的高度肯定，2017年北京市医药分开综合改革工作督导现场会在西城区举行，并作典型发言。

三是推进建立现代医院管理制度。拟定了《西城区深化公立医院综合改革工作方案》，涵盖四方面60余项改革内容。推进制定医院章程，健全医疗质量安全管理、人力资源管理等制度，着重推进医院内部管理规范化、科学化、精细化。参照试点区经验，探索公立医院薪酬制度改革，着手制订符合医疗卫生行业特点的人事薪酬制度指导性文件。开展医院内部绩效管理改革，完善以公益性质和质量效率为核心的区属公立医院绩效考核和医疗服

务患者满意度第三方评价工作，探索建立与绩效考核结果挂钩的财政补偿机制，维护公益性、调动积极性、保障可持续性。

（二）医改的背景和意义

当下正值中国全面建成小康社会的决胜阶段，也是建立健全基本医疗卫生制度、推进健康中国建设的关键时期。人民生活水平不断提高，健康需求日益增长，但中国卫生资源总量不足、结构不合理、分布不均衡、供给主体相对单一、基层服务能力薄弱等问题比较突出，维护和促进人民健康的制度体系仍需不断完善。特别是随着医改进入攻坚期和深水区，深层次体制机制矛盾的制约作用日益凸显，利益格局调整更加复杂，改革的整体性、系统性和协同性明显增强，任务更为艰巨。同时，中国经济发展进入新常态，工业化、城镇化、人口老龄化进程加快，以及疾病谱变化、生态环境和生活方式变化、医药技术创新等，都对深化医改提出了更高要求。通过统一思想、坚定信念、增强定力，加强组织领导、制度创新和重点突破，推动医改由打好基础转向提升质量、由形成框架转向制度建设、由单项突破转向系统集成和综合推进，用中国式办法破解医改这个世界性难题，为保障人民健康、促进经济社会发展增添新动力。新一轮医药卫生体制改革是实现健康中国的重要抓手，是实现全面小康的重要保障。新医改始终将人民健康放在优先发展的战略地位，以普及健康生活、优化健康服务、完善健康保障、建设健康环境、发展健康产业为重点，加快推进健康中国建设，努力全方位、全周期保障人民健康，为实现"两个一百年"奋斗目标、实现中华民族伟大复兴的中国梦打下坚实的健康基础。

（三）面临的困难

近年来，深化医药卫生体制改革取得明显成效，人民群众看病难看病贵问题得到有效缓解。但对比党的十九大提出的到21世纪中叶把中国建设成为社会主义现代化强国的奋斗目标，仍有很长的路要走。当前和今后一个时期，深化医药卫生体制改革要着力解决好医疗卫生领域人民日益增长的健康需求和发展不平衡不充分之间的矛盾。这些矛盾具体表现在：城乡之间、区域之间、中西医之间、卫生与医疗之间发展不平衡不充分，资源配置存在明显结构性矛盾；政策制度、医疗资源总量、优质医疗卫生服务、医疗卫生人才等供给严重不足，甚至存在低端劣质供给问题；基层医疗卫生服务能力、公共卫生服务能力、中医药服务能力、行业治理体系（能力）、药品生产供应、药品质量与创新、信息化建设等方面存在明显短板；"三医"联动积极性不高，对阻碍改革的利益格局触动不深等。

在医改具体推进过程中，百姓的充分知晓和社会的广泛配合是确保医改顺利实施的重要因素，甚至起决定作用。2015 年，重庆市医改实施两周后被紧急叫停，主要原因就是政策解读和信息公开不到位，导致改革实施后百姓不理解，对医改持反对态度，一度引发严重聚集抗议事件，使得医改中途夭折，政府的公信力受损，其教训十分深刻。北京市于 2017 年 4 月初启动了医药分开综合改革，改革前后通过各种途径全方位进行信息公开，深入开展政策解读和广泛宣传，基本做到了人人知晓，取得了全社会的广泛支持，保障了医改的顺利实施。由此可以看出，政府信息公开在医改实施过程中的重要作用。

二 政府信息公开在医改实施过程中的作用

（一）开展医改重大决策预公开

在医改政策出台之前，通过重大决策事项预公开，将拟定的方案和理由向社会公布，在充分听取意见和建议后进行调整，再作出决定。通过广播、电视、报刊等媒体设立固定的信息公开栏，召开新闻发布会，通过政府门户网站及其他便于社会及公众知晓的形式向社会及公众预公开。通过预公开，促进政府民主政治建设和依法行政，提高工作透明度，加强廉政建设；促进工作质量和服务水平提升，改善机关工作作风；更重要的是通过征求公众和社会意见，发动全社会力量，共同完善和提升医改政策的合理性和可操作性。

（二）做好医改信息公开工作

医改政策出台后，要在最短的时间内，最大限度地全方位做好信息主动公开和医改政策的解读。首先，做好医务人员医改信息公开工作，通过分层分批培训，让所有医务人员均掌握医改相关政策，并成为合格的医改政策宣传员。其次，做好公众和社会医改信息公开工作。通过广播电视、报纸杂志、网络、各类宣传栏、告示牌等各种渠道，尤其是借助基层社会治理力量，通过街道、居委会、社区等将医改政策普及至所有居民，实现医改政策主动公开全覆盖，便于取得公众和社会的广泛支持，达成医改共识。

（三）畅通信息反馈机制

通过医疗机构、街道、居委会、社区及网络、政府便民服务热线等及时获取有效的公众和社会对医改政策和实施的反馈信息，将收集的意见和建议反馈至医改相关部门进行研究。经过汇总分析，对于共性问题要做好政策微调或执行过程中的调整，最大限度地满足公众和社会期待。对于个性问题做好沟通解释工作，获取理解。卫生、药品、医保、价格、信访、信息、公安等多部门联动，确保改革顺利实施。

三　西城区通过政府信息公开促进医改工作开展

（一）做好医改信息公开，助力医改顺利实施

一是建立医改信息公开机制，及时公开医改政策、效果、信息等关系居民切身利益的内容，提升居民医改知晓率。特别是 2018 年 4 月 8 日北京市医药分开综合改革启动以来，为保障改革顺利实施，最大限度地让居民了解医改、认识医改，不断创新丰富医改信息公开的方式和渠道，在区政府信息公开专栏与区卫生计生委官网公开的同时，综合利用传统媒体和新媒体及信息公开查阅场所，多渠道发布医改信息，重点发挥好政务新媒体在医改信息

公开工作中的重要作用,加大官方微博微信的信息发布量,方便公众查询获取信息,加大同居民的互动力度。2017年通过各种渠道发布医改信息达3000余条,仅官方微博专题"西城医改进行时"阅读量就达34.1万人次。

二是全面部署医药分开综合改革政策,落实横到边纵到底的原则,做好全覆盖,不留死角。在区政府相关部门传达北京市医药分开综合改革政策文件时做到机关人员全覆盖。将北京市医药分开综合改革的政策文件和西城区改革配套文件传达至全区364家参加改革的机构,做到参加机构全覆盖,并要求各机构做到改革政策传达全员覆盖。区卫生计生委、区人力社保局、区发展改革委等部门组织了10次不同层面的医改专项培训会,对区管364家参加医改的机构,针对医药分开综合改革政策解读、药品阳光采购、信息化改造、医保、价格规范、改善医疗服务行动等内容进行培训,累计培训1000余人次。各医疗机构在本单位开展了职工全覆盖、内容全方位的培训,全区共培训人员13000余人次。

三是充分利用各方力量,加大医改宣讲力度,拓展医改信息主动公开的途径和渠道。组建专家和党团骨干为主体的医改宣传队伍,通过多种方式开展信息发布和政策解读工作。开展了面对居民、深入社区的宣传活动,共发放宣传折页20000余份,张贴海报8000余张。进一步建立健全信息发布和政策解读工作机制,完善新闻发言人制度,创新宣传载体,扩大宣传渠道,用群众听得懂的语言解读政策。医务人员积极主动学习,加强对患者的政策解答,及时回应相关疑问。

(二)结合国家政务公开试点,整体推进医改工作

2017年,西城区启动了国家政务公开试点工作,西城区卫生计生委结合医改重点任务,认真完成试点各项工作,收到良好成效。一是建立了区卫生计生委会议开放制度,会议开放邀请了人大代表、政协委员、卫生技术人员等参加西城区卫生计生委主任办公会,围绕医药分开综合改革,进行了认真研究,并及时吸纳好的意见建议,促进医改更好地实施。二是建立了区卫生计生委政府开放日制度,政府开放日将医药分开综合改革作

为重点内容向人大代表、政协委员、居民代表、专家代表等进行了深入汇报，参加人士均表示加深了对医改的认识和了解，要做改革的义务宣传员。三是建立了区卫生计生委政府向公众报告制度，政府向公众报告邀请了人大代表、政协委员、媒体代表、驻区中央单位和部队代表、专家学者代表、基层单位代表、民主党派代表、企业代表和居民代表等各界人士，重点介绍了医药分开综合改革、分级诊疗制度建设等医改相关内容，深化了各界对医改的认识，达成社会共识，有助于推动多方形成合力，更好地开展医改各项工作。四是通过建立各项政府信息公开制度流程，助力医改实施，对医改各项工作从内容、形式、范围等方面进行全面规范，实现医改决策、执行、管理、服务、结果全过程公开的制度化、流程化、规范化，不断将医药卫生体制改革工作推向纵深。

（三）通过政府重点领域信息公开，医改重点工作得到深入开展

建立重点领域信息公开工作机制，认真做好医改重点领域的信息公开工作。开辟了公立医院药品和医用耗材采购、分级诊疗、全科医师签约服务、京津冀医疗机构合作情况、居家养老服务条例配套政策措施等医改重点领域信息公开专栏，定期向公众公开相关工作信息，促进医改各项重点工作的有序推进，有效提升了居民对医改的认识和配合度。

（四）顺畅医改信息反馈，确保改革平稳进行

建立医改信息反馈机制。充分发挥信、访、网、电的信访工作主渠道作用，严格规范受理、办理、督促、反馈等各项环节。加强领导干部下访约访，切实了解并及时解决群众诉求，避免矛盾积累。通过区域内医疗卫生机构尤其是社区卫生服务机构，街道、居委会、社区，微博微信、官方网站、12320热线、区卫生计生委值班电话和纠纷投诉电话等方式，及时有效地获取公众和社会对医改政策和实施过程的意见和建议。同时，建立了医改反馈信息处置机制，对收到的医改意见和建议进行论证分析，把握百姓关切，及时解决问题，切实体现以人民为中心的执政理念，确保医改平稳推进。

（五）指导卫生系统做好医改信息公开工作，方便医改举措更好落地

通过检查、督导、培训等措施，提升区属医疗卫生机构的信息公开水平和能力。通过信息公开，将医疗卫生机构的医改各项举措尤其是便民利民措施最大限度地让居民知晓，提升百姓获得感。各区属医疗卫生机构通过官方网站、微博、微信、医院电子屏幕、告示牌、政策宣传栏、医院咨询台等，全方位提供信息公开服务，重点公开医改相关信息。同时，通过信息公开，便于居民监督医改各项措施的落地，有效提升医改各项工作的实施力度。

四　政府信息公开助力医改深化的经验总结

自十八届三中全会以来，党中央对医药卫生体制改革十分重视，党的十九大报告中强调，要深化医药卫生体制改革。近年来，全国各地在医改方面进行了许多卓有成效的探索，如福建省三明市三医联动的"三明模式"，深圳市罗湖区分级诊疗的"罗湖模式"等。新一轮国家机构改革成立了国家医疗保障局，作为国务院直属机构，明显参考了三明的医改模式；医改罗湖模式2017年在深圳全市全面推广，并在广东省和全国多地推广复制。分析这些医改特色地区的成功之道，做好政府信息公开、获取公众支持、达成社会共识是重要因素。

一是政府信息公开工作扎实到位，引导舆论达成社会共识。医改"三明模式"已经成为三明政府一张最亮丽的名片，每年吸引着中央主要媒体和各地媒体的跟踪报道。各大门户网站也积极响应，仅百度搜索"三明模式"，出现网页就超过300万个。同时，三明市通过医改政策研讨会等学术活动，进一步拓展信息公开的思路和途径，为医改政策的更好实施创造良好氛围。

二是良好的医改政策解读和成效分析为医改更好地实施创造条件。医改"三明模式"主要为整合基金管理、医疗行为监管和药品采购等职能，以组建医保基金管理中心为抓手，以医疗、医保、医药"三医联动"为途径，按照"腾空间、调结构、保衔接"的思路，建立公立医院运行新机制；通过实行编制备案制和员工目标年薪制，强化以公益性为导向的绩效考核和内部分配机制，提高医务人员积极性。以"百姓可以接受、财政可以承担、基金可以运行、医院可以持续"为原则，实现"公立医院回归公益性质、医生回归看病角色、药品回归治病功能"的改革目标。医改的政策解读和成效分析非常清晰，得到公众和社会的广泛认可，助力改革顺利实施。

三是公众和社会的广泛参与为医改工作顺利推进奠定了坚实基础。国务院办公厅发布了《关于对2017年落实有关重大政策措施真抓实干成效明显地方予以督查激励的通报》，其中关于公立医院综合改革成效明显的相关通报中，共有全国38个市区，西城区位列第一。西城区医改推进过程中，特别注重公众和社会的广泛参与，得到了人民群众的支持。人民群众医改满意度高，使得改革各项工作得以顺利实施，更加提升了人民群众的获得感，形成良性循环。

五　医改信息公开的发展方向

政府信息公开是有效推动反腐倡廉、推动依法执政、提升政府公信力、促进政府与公众合作、提升社会治理能力的重要抓手。医改信息公开是保障医改各项政策顺利实施，达成医改公众支持和社会共识的重要手段。要做好医改信息公开各项工作，要在以下几个方面进行深入探索。

（一）提升信息公开水平，切实强化医改社会参与

不断提升医改过程中的信息公开水平，按照"公开为常态，不公开为例外"的原则，在医改的决策、执行、管理、服务、结果等环节做好信息公开，拓展公开的广度和深度。进一步完善和优化重大决策预公开、政府向公众报告、政策解读、政民互动、政府开放日、会议开放等机制和活动，吸引公众和社会广泛了解医改、参与医改，提高医改的决策和实施水平，增强

百姓获得感。在医改信息公开过程中，不断提升公开服务品质，切实贯穿以人为本的理念，保障公民的知情权、隐私权、参与权、表达权和监督权。

（二）创新信息公开方式，加强医改舆论的正向引导

不断拓展和创新医改信息公开的方式和途径，最大限度宣传医改、普及医改，让公众和社会在第一时间能够非常方便地获取准确权威的信息，强化医改舆论的正向引导，切实保障医改的顺利实施。充分利用传统媒体和新媒体进行医改信息公开，同时充分发挥基层社会治理力量，做到医改信息公开的全覆盖。充分发挥医疗机构和医务人员的主观能动性，每一个医疗机构都成为医改信息公开的窗口，每一位医务人员都是医改信息义务宣传员。充分发挥行业协会和社会组织的作用，调动全社会共同参与医改信息公开。同时，优化和畅通信息反馈渠道，并对反馈内容进行研究分析，完善医改实施。

（三）做好医改信息公开，切实转变执政理念和方式

随着医改进入深水区，面临的困难会越来越大，这就要求在医改工作推进过程中，要树立以人民为中心的思想，切实转变执政理念和治理方式，全面落实服务型政府建设，通过政府信息公开，主动发布与人民群众关系密切的医改相关信息，增强权力行使中的透明度，营造公开透明的医改环境，最大限度地获取人民的信任和支持，提高行政效率，有力促进医改不断深入推进。

（四）探索公开新做法新途径，提升人民群众的健康水平

在新形势新时代下，深入理解医疗卫生与健康行业的特殊性，探索形式与内容相匹配的医疗卫生与健康领域的政府信息公开新做法新途径。创新医改信息公开机制，做好信息公开牵头部门与医改业务部门的工作衔接与配合，以业务为核心，将健康教育和信息公开有效融合，不断加强医改信息公开工作。树立以健康为中心的医改工作理念，提升政府信息公开的信息化水平，切实加强人民群众对医疗卫生与健康的理解，不断提升人民群众的健康水平。

B.8

宁波市江北区基层政务公开
标准化规范化试点实践

宁波市江北区基层政务公开标准化规范化建设调研课题组*

摘　要： 政务公开标准化规范化对于深化基层政务公开、提高行政效
能、加快法治政府建设具有重要意义。宁波市江北区自入选全
国基层政务公开标准化规范化试点以来，把试点工作与近年来
的政务公开实践紧密融合，坚持需求导向、目标导向，结合浙
江省"最多跑一次"改革，站在百姓视角、提供订制式的政务
公开，将政务公开与政务服务深度融合。在试点工作中，梳理
公开事项、编制公开标准、规范公开流程、拓展公开载体，打
造基层政务公开服务体系，推动人民满意的服务型政府建设。

关键词： 政务公开　政务服务　制度建设

公开透明是法治政府的基本特征。2017年，国务院办公厅选取100个基层
县（市、区）开展政务公开标准化规范化试点，探索适应基层特点的公开方式，
打通联系政府、服务群众的"最后一公里"。浙江省宁波市江北区站在百姓视
角，以提供订制式政务公开服务为主线，其做法与经验值得梳理总结。

---

*　项目组负责人：丁晓芳，中共浙江省宁波市江北区委副书记、江北区人民政府区长；张飞宇，
中共浙江省宁波市江北区区委常委、江北区人民政府常务副区长。项目组成员：黄颖琦、罗
国荣、袁泉、张珍、张海峰等。执笔人：罗国荣，浙江省宁波市江北区人民政府办公室副主
任；袁泉，浙江省宁波市江北区人民政府办公室科长。

一 开展背景

（一）江北区区情特点

江北区位于宁波市区西北部，以在姚江、甬江之北得名"江北"，是宁波市中心城区之一。区域面积208平方公里，户籍人口25.1万、流动人口27.6万，下辖4个城区街道、3个涉农街道和1个卫星城——慈城镇。

江北区区域形状近似梯形，斜卧在宁波市中心的北方，一个角在宁波核心城区，另三个角在农村或郊区。近年来，江北区在近郊和城乡接合部实施大拆迁、大更新，建设现代都市；在远郊快速实施工业化、都市化，全区都市化率已达80%；在稍远的农村打造现代农业、都市农业，建设国家级农村产业融合发展试点示范区。江北区有"两山两水六分田"的说法，地形平坦，交通便利，自然禀赋较好。改革开放以来，实体经济发展质量较好，三次产业结构比重为1.8∶34.6∶63.6，是中国市辖区综合实力百强区。2017年，江北区实现地区生产总值441.4亿元，一般公共预算收入65亿元。

虽然江北区的经济社会发展绝对水平在中国并不差，但是在宁波市的市辖区中面积最小、相对不发达，所以江北区在平时各项工作中特别注重发挥后发优势，力争"弯道超车"。这种"只争朝夕"的赶超意识，也体现在政务公开工作和基层政务公开标准化规范化试点工作中。

（二）江北区政务公开工作基本情况

1.起步

2008年《政府信息公开条例》施行，江北区的信息公开工作也同时起步，建立健全工作机制、制定和落实相关配套措施。建立了以区长为组长的区信息公开工作领导小组，明确了政府办公室为全区政府信息公开工作主管部门，区政府办公室文秘科为日常工作机构，负责推进、指导、协调、监督全区政府信息公开工作；落实了各部门的具体责任和分工；指派专人负责信息公开的日常工作。形成了由常务副区长领导、区政府办公室分管主任负责，政府办公室具体贯彻实施、区政府各部门分工协作的工作体系。同时要求各街道、各部门明确本机关政府信息公开的工作机构及具体工作人员，健全了工作网络。虽然起步不算早，但是江北区以赶超意识引领信息公开工作，充分认识到信息公开工作的重要性。

2. 深耕

在政府信息公开工作开展过程中，为积极贯彻落实《政府信息公开条例》和上级要求，江北区从无到有、从薄弱到完善，逐步建立和完善了一整套的政府信息公开工作体系。

一是完善政府信息公开工作机制。健全组织机构体系，在区级成立以区长为组长、常务副区长为副组长的领导小组，区政府办公室为全区政务公开主管部门，形成了由常务副区长领导、区政府办公室分管主任负责、区政府办公室具体贯彻实施、区政府各部门分工协作的工作体系。完善考核机制，采取季度测评、年末综评和不定期督查相结合的方式，座谈、实地督查和第三方测评相配套的考核评价机制，对工作不力的单位启动约谈机制。加强培训学习，采取区领导学法、全区政府信息公开培训、工作交流、业务考察等方式，传达、解读政府信息公开新形势、新变化、新要求，进一步增强公开意识，提高发布信息、解读政策、回应关切的能力。

二是聚焦重点工作开展主动公开。2017 年，围绕转职能促改革、稳增长重发展、调结构防风险、惠民生优保障等四大领域重点开展了政府信息主动公开。①实现权责清单公开延伸覆盖。围绕"简政放权、放管结合、优化服务"这一改革主线，部署开展权力清单比对规范，确认入库权力事项 3680 项，整理责任清单 326 项。②加快推进"最多跑一次"改革。积极推进网上办事服务工作，浙江政务服务网网上审批事项开通率达 99.5%，积极落实宁波市印发的两批 378 项全城通办事项，梳理行政审批类"最多跑一次"事项共 795 项。③深入推进财政预决算公开。落实预决算公开主体责任，明确财政部门负责公开政府预决算，部门负责公开部门预决算，严格规定公开格式、公开时间、公开平台。2017 年全区 54 家预决算单位均在规定时间内对部门预决算及"三公"经费预算进行公开。严格按支出功能分类科目、经济分类科目明细反映部门收入、支出情况，所有支出科目均细化至顶级。推动重大建设项目和公共资源配置公开。在政府信息公开网站公布《2017年度江北区重点项目计划》，逐月公布重点项目推进情况以及固定资产投资情况。做好公共资源配置公开，在江北区公共资源交易网和宁波市政府采购网等媒体依法公开所有进场交易项目的交易信息。

三是不断完善政府信息公开载体。以"宁波·江北"政府门户网站为总平台，下设江北区政府信息公开子网站，集中公开市民关注的组织机构、法规文件、规划计划、工作信息、行政权力和人事、财政等信息。开设"宁波·江北"政府微门户，同步公开政府门户网站的最新信息，通过手机和智能终端等新载体为公众提供更快捷的服务。开设新浪微博和微信公众号"江北发布"，单向发布与双向互动相结合，使公众信息获取实现一键登录、全角度浏览。在人流量大的办事或服务大厅普遍设立政府信息公开查阅点，共在区档案馆、区图书馆、区行政服务中心、市第九医院、区老年大学以及所有街道（镇）的办事大厅、部分社区乃至村、部分街道（镇）卫生服务中心等场所设立28个政府信息公开查阅点。

江北区以"公开为原则、不公开为例外"，信息公开工作一直名列宁波市前茅。主动公开信息数量从2008年的2820条增加到2017年的76739条，增加了26倍。江北区以赶超意识不断引领信息公开工作，力争以信息公开推动转变政府职能，推动经济社会发展，提升公共服务。在信息公开实践中，逐步凸显一些亮点，如信息公开与行政审批融合、从财政预决算和"三公"经费公开向公共资源交易和配置延伸、实施阳光征拆、推动透明校园建设等。

二 做法和经验

试点开始后，江北区高度重视，成立了由区长任组长、常务副区长任副组长的基层政务公开标准化规范化工作领导小组，制订了试点工作方案，召

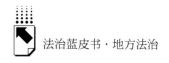

开了全区的动员部署会议，提出了"高点定位、特色领先"的工作要求。各试点领域也成立了专项工作领导小组，对试点任务进行了分解，做到层层落实、责任到人。狠抓制度保障，组建政务公开"智囊团"，建立试点工作半月报、月例会和联席会议制度，定期研究探讨试点过程中的难点问题。

（一）开展分类梳理，找准公开边界

事项梳理是推进政务公开标准化规范化试点的基础和关键。江北区按照"事项分级、条目细化"的原则，将公开事项分为"告知类"和"审批许可类"两大类别，设计了"基层政务公开事项梳理标准文本"，包含事项名称、内容标准、公开依据、公开主体、公开类别、公开属性、公开方式、公开时限等要素，要求试点单位找准公开边界，经过多轮梳理修订，8 个试点领域共梳理"告知类"事项 384 项，基本实现公开事项清单全覆盖。

对"审批许可类"事项，江北区结合"最多跑一次"改革要求，站在"企业、个人来政府办成一件事"的角度，对全区审批过程中应公开事项进行全面梳理。其中，个人办事按照时间节点梳理办事事项公开目录，企业办事按照"多部门多环节事项名称、单部门办理事项名称"进行分类梳理，梳理出事项 27 大类 281 项，覆盖全区职能范围内所有审批事项。

（二）对标先进一流，制订实施标准

面对标准化这一新任务，江北区多措并举提升标准化业务水平。首先是加强培训学习。2017 年 9 月，组织试点领域政务公开分管领导和工作人员赴上海交通大学开展为期 3 天的标准化规范化工作专题培训；11 月下旬，组织调研考察组赴云南楚雄、保山及上海普陀区等地就标准编制进行专题学习调研。其次是引入外部智库支持。在标准编制过程中，请宁波市标准化研究院专家"手把手"辅导，还邀请中国标准化研究院专家进行专题辅导。制作标准编制模板，采取专家辅导、集中办公、集体讨论等方式，前后进行 3 轮讨论修改，2017 年底，8 个试点领域标准编制全部完成。

（三）创新公开载体渠道

江北区本着便民度和友好性考虑，对"政务公开平台"进行全新改版和整合，开设"看政府工作、读政府政策、查政府信息、享政府服务"等主要板块和"五公开"专栏，推进政府决策、执行、服务、管理、结果全过程公开。政府门户网站集约化新平台上线以来，通过推进政务公开"入户""进村"和"上掌"，基本实现了政务公开政务服务有机融合、试点内容集约展示和信息数据互通共享。

三 典型案例

江北区坚持站在百姓视角，从企业、个人以及特殊领域的实际需求出发，创新建立集成式、全周期、精准化的特色"政务公开"模式，实现政务信息公开价值最大化。

（一）审批服务公开集成化

1. 实施集成式、最优化的整体性信息公开，推动基本建设项目审批"最多跑一次"

基本建设项目审批是一项极其复杂的系统工程。需要投资者提交的申报材料要求高、信息多、环节烦琐，而各部门的信息公开缺乏审批事项横向、纵向的整体性考虑和统一设计。为此，江北区对各部门的政务公开信息加以集成、优化、简化，根据项目的个性特点和项目周边环境，为具体项目量身定制出最精简的审批事项清单、中介机构服务清单、先验先测联合验收清单，如为工业项目定制审批事项材料近300份、中介机构服务申报材料近70份、先验先测联合验收清单审批材料近70份。同时，江北区还按照投资项目开工建设、竣工验收审批工作链定制最优审批流程图，根据投资者依申请公开的方式进行整体公开，一表一图一次告知，全面破解企业与各审批部门间的信息不对称问题。得益于集成式、最优化的整体性信息公开，2017 年宁波邦奇自动变速箱有限公司投资 9 亿元的年产 120 万台变速箱总装项目及其他厂房新建项目，从取得不动产权证到获取施工许可证仅用 9 个工作日，比土地合同约定的日期提前开工 324 天，创造了同类项目审批新速度。

2. 实施集成式、分行业的整体性信息公开，推动企业群众办成一件事"最多跑一次"

企业群众在创业创新办理市场准入、协会批准等的活动过程中，会涉及多个审批部门、审批环节、审批事项，而各部门的信息公开缺乏审批事项横向、纵向的整体性考虑和系统性设计。对此，江北区针对涉及多个部门、多个办理环节的"一件事"，打破部门分割，以"一件事"为支点，对其所涉及的所有前后置部门的审批事项和中介机构技术审查事项加以简化、优化、整合，形成最简审批材料申报清单，编制出"一件事"全流程的最优办事流程图，实施集成式、分行业的整体性信息公开，努力推动企业群众办成一件事"最多跑一次"，已分行业分领域编制出民办学校、民办医院、体育协会等 41 类"一件事"办事标准，形成"企业群众办成一件事办事手册"。以民办学校审批为例，已通过"一件事"政务公开运作机制、联合审批机制完成 2 家民办学校的审批，办成一件事效率明显提升，企业群众对改革的获得感明显增强。

3. 实施集成式、标准化的整体性信息公开，推动百姓个人生命全周期办事"最多跑一次"

百姓的个人生命周期会经历许多微小而繁杂的审批事项和公共服务事项，而各部门对外公开的办理指南往往缺乏系统性和整体性。为此，江北区按百姓个人生命周期活动规律，以"我要出生了、我要上学了、我要工作了、我要结婚了、我要退休了"五个重要时期为节点，编制出"百姓个人全生命周期办事一本通"，将群众所需要办理的行政审批事项和公共服务事项以及申报所需的最简材料清单进行梳理公开，变单次告知为全生命周期整体告知。现已梳理出办事事项 114 个，涉及 838 份材料，极大地减少了群众因对未来生活和工作所要经历的办事事项不明、申报材料不清而引起的心理不安。

4.实施集成式、标准化的整体性信息公开，推动农民群众办事"最多跑一次"

在日常行政审批实践中，各审批职能部门对涉及农民群众农业生产生活的审批事项和公共服务事项编制了办事指南，并以单个部门权力为导向对外进行了公开，但没有从促进建立整个农业农村产业链的视角进行系统性的设计、集成、整体公开告知，导致农民群众对办事事项不明、所要求申报的材料不清而无所适从、来回奔波。为此，针对农民群众办成一件事"最多跑一次"的改革要求，以满足农民群众"我要种植了，我要养殖了，我要开业了，我要销售了，我要建设了"的办事需求，编制出通俗易懂的"江北区乡村振兴战略政务服务一本通"。整体公开农民群众所需办理的行政审批事项和公共服务事项以及申报所需的最简材料清单、最优审批流程，变单次告知为全农业农村产业链整体告知，实现谁来申请、谁来审批，申报材料都一样、申报结果都一样，最大限度地减少部门自由裁量权，把高效便捷的政务服务浸透到基层农民群众办事中，渗透到农业农村日常生产活动中，渗透到农民群众创业创新过程中，渗透到建立现代化农村产业链体系中，让农民群众真正享受到"乡村振兴战略"与"最多跑一次"改革有机结合所带来的红利，让农民群众办事少跑腿，不烦心、多顺心、更安心。

（二）房屋征收阳光化

征地拆迁是天下第一难的工作，江北区自2009年起实施大规模拆迁，连续多年每年拆迁100万平方米以上，拆迁过程中难以避免地出现了一些"钉子户"，而不少被征收户仅因为担心先签约吃亏也加入"钉子户"的行列，对拆迁工作推进阻碍较大。为有效消除被征收人这种"患不均"心理，2012年起江北区实施"阳光征收"，从决策到征收结束，实行全过程公开，已基本形成"决策民主、操作规范、结果透明"的公开模式。特别是拆迁协议等征收有关信息一律上网向全体被征收人公开，工作人员不得随意修改，这一做法把被征收人的个人签约信息在限定范围内公开，通过公开被征收人的部分个人信息，换来了被征收人整体对征收工作的极大认可和信任，获得了可观的公共利益。在整个房屋征收过程中，处处让群众当主角，让群众充分享有政务公开的各种便利。"拆不拆，群众说了算""怎么补，群众自己选""如何拆，群众来监督""好不好，群众自己评"，创新启用"一屏、一网、一图、一栏"四种公开平台，让征收范围内被征收人便捷地获取征收补偿方案、项目动态进展、每户房屋概况和补偿结果等信息，得到被征收人的广泛认可。近三年，江北区多个项目推进顺利，保持了高意愿率、高签约率、低信访率的良好态势。

（三）教育公开可参与

"孩子上学安不安全""食堂用餐卫不卫生""评优保送公不公平"，是学生家长重点关注的内容。为让家长充分了解学校管理、教学等方面的情况，江北区换位思考，从家长视角推进校务公开，建立"智慧校园"平台，将教学信息、教师发展、校园安全、校园卫生、学生管理等 15 类内容，根据就读校园进行"点对点"精准公开。关于"上学路安全怎么管"，家长参与决策、参与管理，全程公开；关于"食堂用餐情况怎样"，每日带量、带价、带图公开，想要了解孩子今天吃了什么，家长只要在手机上轻轻一点，立刻可以查阅；关于"评优保送程序如何"，家长代表全程监督、过程全方位公开。

（四）网格综治公开化

群众有诉求，期盼的是能最快找到诉求渠道。江北区创新基层治理模式，将全区划分成738个网格，每个网格实行"网格长＋网络员＋网格指导员"的"一格多员"和"一员多格"管理模式，从组织架构到网格信息，再到处置流程，在政府门户网站、各级办事大厅、住宅楼道予以公开，两年多来累计收集社情民意7万多条，处理率高达99.8%，社会和谐指数和群众安全感逐年攀升，2017年成功获评全国平安先进区。

四　困境与突围

（一）仍存在问题

1. 政务公开"五公开"边界如何科学把握的问题

由单一的结果性信息公开转变为"五公开"后，政务公开的边界，特别是决策、执行、管理、服务四个新增类别的公开边界，没有明确的法律依据，地方政府的自由裁量权较大。比如说，各级政府常务会议和专题研究会议审议确定的重要事项、作出的重大决策，公开结果可以做到，但要公开决策程序，这个议事程序到底公开到什么程度，这个度难以把握，特别是一些涉及公众或者个体切身利益的敏感问题，对决策过程公开边界怎么审核把关？对有可能出现的舆情怎么提前应对？相应的应急预案和制度建设怎么同步跟进？如何妥善处理好公开与稳定的关系？等等。这些问题，是今后深化推进政务公开必然会碰到的难点和焦点，作为基层政府要积极探索、系统论证、争取破题，同时也希望能够加强顶层设计研究，对一些共性问题加快制定实施意见或办法，明确制度规范，指导基层实践。

2. 政务公开和政务服务如何进一步深度融合的问题

2018年6月，国务院办公厅印发了《进一步深化"互联网＋政务服务"推进政务服务"一网、一门、一次"改革实施方案》，重点就加快推进政务服务"一网通办"和企业群众办事"只进一扇门""最多跑一次"等问题作出具体部署。要深层次、多领域推进"互联网＋政务服务"，就必须抓好政务公开这项基础工作，只有充分保障老百姓对政务信息和公共决策的知情权，才能为后续的参与监督和便捷办事提供公开透明的条件。在这次试点工作中，江北区立足企业和群众视角，紧扣利企便民这一出发点，对投资项目审批、征地拆迁、子女教育和个人全生命周期涉及的办事事项，进行集成公开、精准公开、定制公开，也是基于政务公开和政务服务两者深度融合的考虑。总体上，江北区基于政务服务的政务公开，涉及的领域和覆盖面还不够

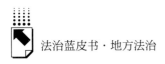

广,对公开内容的标准化规范化也存在不足。下一步如何进一步深度融合,还需要不断探索、完善。

3."互联网+"时代如何加强政务公开载体建设的问题

在互联网时代,信息传播的渠道发生了很大变化,特别是移动终端已经成为重要的媒介渠道,传播速度快、反馈互动好的优势比较明显。新的发展形势对政务公开工作提出了更高的要求。江北区推进政务公开的主要平台仍然是政府网站,传播渠道单一、互动不足的问题显而易见。在试点中,江北区针对不同群体的需求,推出了在数字电视设置专栏、村(社区)摆放查阅设备以及加强新媒体政务信息发布等措施,但也普遍存在信息更新不够及时、交流互动缺少回应、服务信息不接地气等问题。借助移动终端深化推动政务公开,更好地方便公众查询或获取信息,大有潜力可挖。

(二)工作方向

在看到试点工作取得阶段性成效的同时,也应清醒地认识到,对照先进标杆和群众需求,基层政务公开标准化规范化工作还存在不小差距。下一步,江北区将根据国务院、浙江省的有关要求,紧紧围绕先行试点的八个领域,进一步查漏补缺、补齐短板,努力为政务公开标准化规范化提供更多"江北素材"。

1.进一步做实企业群众视角的政务公开

政务公开是提升政务服务水平的基础和前提,主要目的是为了让企业群众更有获得感,充分享受方便快捷、公平普惠、优质高效的政务服务。下一步,江北区将在现有工作基础上,进一步规范和细化企业投资项目高效审批、个人全生命周期涉及办事事项的政务公开内容,扩大覆盖面,提炼标准化,全力营造宜居宜业的投资发展环境。

2.进一步扎牢政务公开的"制度篱笆"

在优化和完善政务公开标准的同时,江北区将结合"放管服"和"最多跑一次"改革,以及落实"五公开"要求,进一步梳理和优化政务公开工作流程，健全公开机制，明晰公开边界，从管理、服务、技术等方面对政务公开制度建设进行全面规范和优化，积极推动发布、解读、回应等环节的有序衔接，通过建章立制真正实现政务公开的标准化规范化。

3. 进一步坚持问题导向积极探索解难

基层政务公开标准化规范化试点的目的是探索建立全国统一的政务公开标准体系，如何把"地方标准"上升为"国家标准"，真正形成可推广、可复制的经验做法，还有许多工作要做。今后江北区将继续坚持赶超意识，主动加强与有关上级部门的对接联系，积极争取工作支持，"走出去"学习取经，"坐下来"加强培训学习。以问题为导向、以需求为导向，站在百姓视角开展政务公开，为全国基层政务公开提供"江北经验""江北素材"。

司法改革

Judicial Reform

B.9
法官助理制度改革的实践与展望

江苏省徐州市中级人民法院课题组*

摘　要： 管理、保障和发展机制不健全，使法官助理严重短缺，影响对法官审判辅助事务的真正分离。借鉴域外制度和本土经验，促进法官助理队伍稳定增长、能力提升，按照"制度化招录、精准化定位、等级化认证、职业化保障"的思路，扩大法官助理来源，在立法层面打破编制壁垒和行业限制，推进省级以上全局性的制度部署，完善内外部制度衔接，建构以职业法官助理为主体、非职业法官助理为补充的类型化区别发展的法官助理制度。

关键词： 法官助理　司法改革　类型化

---

* 课题组负责人：马荣，江苏省徐州市中级人民法院党组书记、院长；课题组成员：王牧，江苏省徐州市铜山区人民法院党组书记、院长；张艳、周媛、王素芳，江苏省徐州市中级人民法院法官；吴维维，江苏省徐州市铜山区人民法院法官。

引　言

在法官员额制改革全面完成的背景下①，书记员管理制度较为完善，但法官助理制度改革相对滞后，并且面临法官助理严重短缺的现实困难。能否为员额法官配足配强法官助理，对于新时期深化司法体制综合配套改革具有重要的现实意义。实践中，法官员额制改革后，编制内法官助理较为有限，聘用制法官招录已成为法官助理的重要来源，同时，还存在实习制法官助理、研修式和专业型法官助理等多种类型。如何有针对性地完善管理、建立配套制度，是法官助理制度改革的重要课题。

一　法官助理制度的现实困境

法官助理面临来源不足、能力弱化、管理单一、职业萎缩等突出问题，具体表现在以下方面。

（一）法官助理紧缺的现状

1. 编制内法官助理配比严重不足

人民法院司法体制改革方案要求，"法官助理一般由具有中央政法专项编制的人员担任""法官与司法审判辅助人员大致相当"。其中，法官与书记员配比要求达到1∶1，对法官助理的配比没有具体规定，各地法官助理配置模式基本上是在1∶1的基础上结合人案情况再作微调②。然而，全国法院

---

① 截至2017年6月，全国法院共遴选产生12万余名员额法官。参见高洁、李放《最高法院首批员额法官产生　此次改革谁获益》，www.bj.xinhuanet.com/bjyw.htm，最后访问日期：2017年7月8日。

② 如北京市房山区人民法院采取"3法官+2法官助理+1书记员"模式，深圳市福田区人民法院采取"1法官+N法官助理"模式，珠海市横琴区法院采取"1法官+3法官助理+1书记员"模式，重庆市渝中区法院采取"1法官+1法官助理+1书记员"模式。参见吴晓锋《北京房山法院：先走一步的渐进式改革》，《法制日报》2008年11月2日。

特别是广大基层法院，仅依靠编制内人员普遍不能满足这一人员配比要求①。以徐州地区2017年度数据为例，多数法院"1名法官＋1名法官助理"的配比难以实现（见图1、图2）。编制内法官助理对于满足配比需求而言实是杯水车薪。

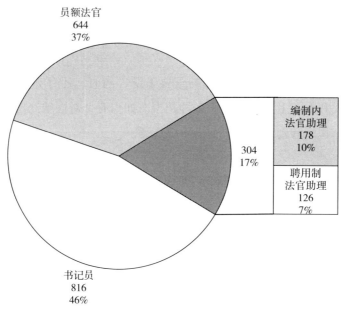

图1　徐州两级法院员额法官、书记员及法官助理人员比例

说明：数据来源于笔者所在单位统计，下同。

2.法官助理"招不来"

招录编制内法官助理，本身数额有限，并且由于对其专业要求高，但身份属于审判辅助人员，加之从法官助理选任法官的机制尚不明确，难以吸引符合条件的法科人才。2017年3月，海南省法院全省共计划招录公务员身

---

① 广东省法院遴选产生员额法官7995人，在编法官助理357人，按照1名法官配备1名法官助理的配置，缺口7638人，即使首批不能入额的法官3116人全部转任法官助理，仍然缺4522人，况且未入额的法官中有1342名还在非审判业务部门。参见黄琳娜《审判辅助人员改革如何跟上员额制的步伐》，微信订阅号"法影斑斓"，最后访问日期：2017年8月7日；参见邓新建《广东公布司法体制改革试点方案》，legal.people.cn.htm，最后访问日期：2017年7月28日。

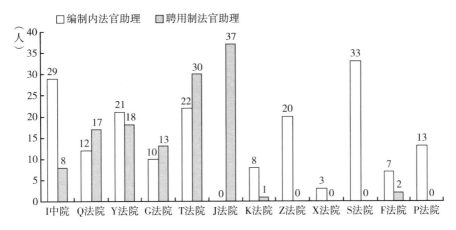

图2　徐州两级法院法官助理人数及编制情况对照

份的法官助理186名，但有超过100个法官助理职位因达不到开考比例或无人报考，取消招录计划①。对于聘用制法官助理的招录，由于财政保障欠缺，工资待遇由法院根据自身情况确定，有的刚刚超过当地最低工资标准（见表1），虽然降低招录条件，也难以吸引相应人才报考。

表1　徐州两级法院法官助理学历、资历及薪酬情况统计

单位：人，元

	I中院	Q法院	Y法院	G法院	T法院	J法院	K法院	Z法院	X法院	S法院	F法院	P法院
本科学历人数	37	19	35	21	41	37	2	19	3	22	6	12
硕士以上学历人数	0	10	4	2	11	0	7	0	0	11	3	11
通过国家统一司法考试人数	37	23	39	9	18	4	9	13	3	33	8	13
入职前有法律工作经验人数	2	12	13	2	52	11	0	0	3	25	18	13

---

① 参见刘麦、吴春萍《海南超百个法官助理岗位少人或无人报考　将取消招录》，www. hinews. cn. /news/system. htm，最后访问日期：2017年3月30日。

续表

	I 中院	Q 法院	Y 法院	G 法院	T 法院	J 法院	K 法院	Z 法院	X 法院	S 法院	F 法院	P 法院
编制内法官助理平均月薪	4900	6000	7980	5105	6200		6000	4580	4332	5300	4073	5714
聘用制法官助理平均月薪	2200	2200	3670	3450	3800	2600	3000				1901	

3. 法官助理"留不住"

对于编制内法官助理而言,入额为法官的机会减少但职业发展时间延长,再加上地方财政的限制导致改革红利未能充分释放,一些地区编制内法官助理流失问题凸显。以徐州某县法院为例,仅 2017 年该院就流失通过司法考试的编制内法官助理(原来的助理审判员)5 人。对于聘用制法院助理,其在职业保障和发展等诸多方面,明显弱于编制内法官助理,同时,不同地区之间或者同一地区的不同法院之间,聘用制法官助理工作待遇及管理规范性也不相同。多数聘用制法官助理只是将此作为职业跳板,工作一两年后离职的居多,短期试用后因各种原因辞职的现象也不罕见(见图 3、表2)。

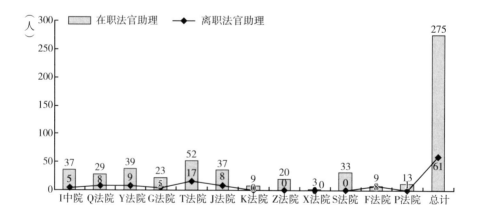

图 3　徐州两级法院法官助理在职、离职情况对照

表2　徐州两级法院法官离职原因及去向统计

单位：人

	I中院	Q法院	Y法院	G法院	T法院	J法院	K法院	Z法院	X法院	S法院	F法院	P法院
编制差异	4	2	0	0	5	4	0	0	0	0	0	1
薪酬待遇	0	5	7	4	4	2	0	0	0	0	8	1
其他	1	1	2	1	8	2	0	0	0	0	0	0
公务员	2	3	4	1	4	2	0	0	0	0	7	0
律所及企事业单位	1	0	3	1	3	0	0	0	0	0	0	0
其他	2	5	2	3	10	6	0	0	0	0	1	1

（二）法官助理管理的难题

1. 职权职责范围不明晰

法官助理制度很长时间内处于探索阶段（见表3），在立法层面[1]缺乏对法官助理制度的明确定位与规范。2015年最高人民法院在《关于完善人民法院司法责任制的若干意见》中列举规定了法官助理的7项职责[2]。实践中，各地法院对助理的职责规定各有不同。例如：海南曾采用概括式[3]，表达为从事"庭审与合议以外的庭前、庭后工作"，较为原则；深圳采用列举式[4]，法官助理还需承担司法调研、信息编报、案例编写等综合工作，职责范围比较宽泛；上海地区采用分类列举式，对不同庭室的助理提出了不同要求[5]，具有实际针对性，但不利于形成法官助理职业的职责一致性。实践中，法官助理与书记员职责容易混同。此外，不同级别法院对法官助理的职责要求也未能凸显出相应特点。

---

① 《人民法院组织法》正在修改，法官助理职务还停留于司法文件中。
② 《完善人民法院司法责任制若干意见》规定，法官助理在法官的指导下履行以下职责：（1）审查材料，协助法官组织庭前证据交换；（2）协助法官组织庭前调解，草拟调解书；（3）受法官委托或者协助法官依法办理财产保全和证据保全措施等；（4）受法官指派，办理委托鉴定、评估等工作；（5）根据法官的要求，准备与案件审理相关的资料，研究案件涉及的相关法律问题；（6）在法官的指导下草拟判决书；（7）完成法官交办的其他辅助性工作。
③ 严献文：《海南法院司法体制改革那些事儿》，www.hicourt.gov.cn，最后访问日期：2017年8月9日。
④ 徐恬：《深圳首次全国招法官助理》，《深圳商报》2017年9月5日。
⑤ 刘海：《法官助理身怀九项职责》，《上海法治报》2015年10月27日。

表3　中国法官助理改革的制度沿革

时　　间	主要内容
1999年10月	最高人民法院《人民法院五年改革纲要（1999～2003）》规定：高级人民法院可以对法官配备法官助理进行试点
2002年7月	最高人民法院《关于加强法官队伍职业化建设的若干意见》提出试行法官助理制度，规定法官助理符合《法官法》规定条件的可以被选任为法官
2004年9月	最高人民法院发布《关于在部分地方人民法院开展法官助理试点工作的意见》，在全国范围内确定18个试点法院试行法官助理制度
2005年10月	最高人民法院《人民法院第二个五年改革纲要（2004～2008）》规定：推进人民法院工作人员的分类管理，制定法官、法官助理、书记员等分类管理办法。在总结试点经验的基础上，逐步建立法官助理制度
2008年1月	最高人民法院发布《关于在西部地区部分基层人民法院开展法官助理制度试点、缓解法官短缺问题的意见》，在西部12个省份的814个基层法院试点法官助理制度
2009年3月	最高人民法院《人民法院第三个五年改革纲要（2009～2013）》规定：完善法官及其辅助人员分类管理制度，建立健全以法官、法官助理、书记员和其他行政人员的绩效和分类管理为主要内容的岗位目标考核管理体系
2013年3月	中组部和最高人民法院联合发布《人民法院工作人员分类管理制度改革意见》，要求各级法院要明确法官、审判辅助人员、司法行政人员的类别和职责，设置各类人员的员额比例，确定职务序列和职数，实施分类管理
2015年2月	《最高人民法院关于全面深化人民法院改革的意见——人民法院第四个五年改革纲要（2014～2018）》规定：健全法官助理、书记员、执行员等审判辅助人员管理制度。科学确定法官与审判辅助人员的数量比例，建立审判辅助人员的正常增补机制。拓宽审判辅助人员的来源渠道，探索以购买社会化服务的方式，优化审判辅助人员结构
2015年6月	中央全面深化改革领导小组审议通过的《关于招录人民法院法官助理、人民检察院检察官助理的意见》规定：建立从政法专业毕业生中招录法官助理、检察官助理的规范机制
2015年9月	最高人民法院发布《关于完善人民法院司法责任制的若干意见》，其中列举了法官助理的7项职责
2016年6月	中央组织部、中央政法委、最高人民法院、最高人民检察院《法官助理、检察官助理和书记员职务序列改革试点方案》明确编制内法官助理、书记员原则上按综合管理类进行管理，对法官助理和书记员分别设置单独的职务层次，规定职务晋升和职数比例，畅通这类人员发展通道

2. 核心职能发挥不充分

法官助理应当具备辅助法官处理核心审判事务的能力，能够草拟基本合格的裁判文书是其职责要求。但司法实践中，部分法官助理仍较多地从事排期开庭、送达传票等事务性工作，较少从事庭前阅卷、争议焦点归纳、组织庭前证据交换、主持听证和庭前调解、调查收集核实证据、提供案件处理意见、草拟法律文书等核心审判辅助工作，法官助理"书记员化"的倾向较为明显。在草拟文书的法官助理中，除原来未入额的助理审判员、审判员外，相当部分的助理仅能胜任"本院认为"之前文书内容的梳理工作。

3. 职业保障和发展机制不健全

编制内法官助理，有相应的财政保障，在司法改革政策框架下，审判绩效考核也将逐步完善，但仍面临如果长期未能入额，其是否存在可持续职业发展空间，以及不同级别法院的法官助理入额机会和发展路径是否有所区别等问题。而聘用制法官助理，虽然工作职能与编制内助理相同，但在财政保障和职业管理方面仍存在制度缺位，工资待遇远低于工作标准和强度，法院内部职业发展空间缺失，甚至一度出现聘用制法官助理转投书记员序列的现象①。

二 法官助理制度改革的实践

（一）域外经验

美国是最早在法院系统启用法官助理的国家，其他国家或多或少受其影响，但在制度和运作机制上各有特色。以下选取五个较为典型的国家进行概要介绍。

1. 英美法系国家有关法官助理制度

（1）美国。美国法官及法院配有足够的法官助理和工作人员等辅助人员。法官助理（Law Clerk）一般由 2~4 名来自法学院品学兼优的毕业生担任，工作期限为 1~2 年，主要职责是记录案件摘要，审查筛选上诉案，出席听证会，为法官准备与案件事实和法律相关的备忘录，与法官讨论案件，从事

---

① 以徐州法院为例，仅三年来先后有 8 名聘用制法官助理通过省书记员统一招录考试，转任书记员。

独立的法律研究，起草判决意见供法官审阅和批准。担任法官助理对于法科毕业生是一个很好的锻炼，许多大法官和政府要员都有过担任法官助理的经历①。

（2）英国。英国的法院每年会面向社会招聘一定的法官助理，也会聘用一些资深的律师和优秀的毕业生担任法官助理，法官助理的经历会给他们带来一定的荣誉和机遇，因此也是抢手的实习基地②。但英国全职法官基本不配备类似秘书或助理来协助履行司法职责；反而，英国基层法院都配备一名具有职业律师职称的官员，即基层法院书记官，主要任务是向非职业法官提供法律顾问服务以及妥善处理法院的行政工作③。

2. 大陆法系国家有关法官助理制度

（1）德国。在德国，担任法官助理职责的是各级法院的司法公务员，人数较多。通过第一次国家考试的"准法律者"，还需要经过职业预备期和第二次国家考试。从事法官助理工作是"准法律者"的优先选择，要至少经过三年的相关培训，由州政府挑选、联邦最高人民法院统一选拔，最后，通过两年的试用期方可成为法官助理④。此外，在德国联邦最高法院，还从下级法院法官中选任学术助理，为法官裁判中遇到的问题提供学术报告、提出法律适用意见⑤。

（2）法国。法国法院司法辅助人员主要包括书记官、司法执行送达员、司法鉴定人等。在法国传统中，书记官是领导书记室的一种公务助理人员和司法助理人员，代表国家公共权力，其地位由司法组织法规定。书记官负责

---

① 参见刘晴辉《法院工作群体的结构与司法的正当性——兼析德、美法院工作人员及配置》，载《南京大学法律评论》2002 年春季号。

② 吴坤炳：《对英国、法国、德国和意大利的考察》，载《特区法坛》2007 年第 4 期，第 279～280 页。

③ 吴坤炳：《对英国、法国、德国和意大利的考察》，载《特区法坛》2007 年第 4 期，第 279～280 页。

④ 参见〔德〕迈克尔·格雷斯曼《德国的司法公务员制度》，吕芳、连丹波译，载《法官职业化建设指导与研究》2003 年第 2 辑。

⑤ 学术助理制度，是德国联邦最高法院特有的法官助理制度，其主要工作，是就联邦最高法院案件的相关问题，作彻底深入的学术报告，为法官作判决前的准备，以及草拟判决书。最高法院几乎 40% 的法官曾担任过学术助理。参见董武全《法官的德国考察惊艳之旅》，《司法改革杂志》2013 年第 94 期，第 70～78 页。

传唤当事人及证人创作笔录、起草文件，移送卷宗材料及相关法律文书副本，登记当事人诉讼事项，归档保存案卷等①。书记官的部分职责，与法官助理类似。

（3）巴西。根据《巴西联邦共和国宪法》，任何一个想要成为联邦或州法院初级法官的人，首先要通过公开选拔考试并提交职业资格证书，才能被任命为候补法官。候补法官主要协助正式法官办理案件、处理事务，要经过实习期、专门的法官培训以及一系列考核，最终才能成为正式法官②。巴西的候补法官职位与中国未入额助理审判员、审判员转任的法官助理及招录的编制内法官助理较为相似。

3. 启示和借鉴

上述国家的法官助理制度各具特色，总结起来具有以下共同点，可供中国借鉴。第一，数量充足，虽然法官助理的实际名称不一，但各国法院体系中均有常态化为法官配置司法专业性辅助人员的制度。第二，来源多样，法官助理的来源有法学毕业生、优秀律师、"准法律者"，甚至下级法院的法官等。第三，域外法官助理的招录方式多样，如德国通过政府雇员选任作为司法公务员，美国通过财政保障由法院、法官选聘，英国有面向社会招聘的法官助理等。第四，相应的配套制度较为成熟，法官助理职业发展对法科人才具有吸引力。

（二）本土实践

近年来，中国各地法院在推进法官助理制度改革、扩大法官助理来源方面，作出了积极的探索。

1. 编制内法官助理遴选为法官的改革

各地法院首批法官入额之后，根据司法改革文件要求，现有未入额助理审判员、审判员不再独立办案，部分实际转任法官助理。2017年9月，上

---

① 参见金邦贵主编《法国司法制度》，法律出版社，2008，第330~337页。
② 张涛：《司法改革下我国法官选任机制研究——以巴西法官选任制度为视角》，载《福建农林大学学报》2017年第2期，第103~108页。

海法院从296名符合条件的法官助理中选任157名初任法官，成为司法体制改革后首批从法官助理中遴选的初任法官，开启了从法官助理中遴选员额法官的试点工作①。改变了传统的"书记员—助理审判员—审判员"学徒式养成模式②。现有法官助理与新招录的编制内法官助理一样，在司法改革进程中都可以陆续参加入额法官的遴选。

2. 聘用制法官助理制度的推进

多地法院从2014年开始陆续启动多批次聘用制法官助理招录工作（见表4），其发展趋势和规模已超出通过公务员考试招录法官助理，并在录用数量、标准、程序等方面更加灵活。在聘用制法官助理管理方面，2014年，深圳市盐田区法院启动聘用制人员改革，将法官助理界定为专业技术岗位，共设五个等级，依据法官对法官助理工作绩效的考核，定期对法官助理的等级和待遇给予评定、升降，高级别法官助理的待遇可以超过在编法官助理③。这种以单独职务序列和分级分类管理为特点的聘用制法官助理管理制度陆续在各地法院建立起来④。

3. 实习制法官助理的实践

（1）法科实习生担任法官助理。

①成都样本。2016年，成都中院推行实习法官助理制度，由8所驻蓉高校选派优秀在校研究生担任资深法官助理，协助处理审判业务和综合性管理工作。截至2017年，已有三批次共计220余名实习法官助理顺利到岗。为实现法官助理培养的系统化，成都中院编制了《人民法院法官助理职业技能教程》，已应用于西南财经大学相关培训课程，有效发挥了职前技能

---

① 参见严剑漪《上海首次从法官助理中遴选初任法官》，《人民法院报》2017年9月5日，第4版。
② 尽管2002年《关于加强法官队伍职业化建设的若干意见》提出可以从法官助理中选任法官，实际是在传统的书记员至助理审判员发展过程中增加了法官助理的环节，与现在人员分类管理下的法官员额遴选存在本质区别。
③ 参见包力、曾姝《聘用制法官助理有了晋升通道》，《深圳商报》2014年10月31日，转引自new.qq.com/cmsn/20141031010390，最后访问日期：2017年11月20日。
④ 根据互联网上发布的法院新闻，建立类似管理制度的法院还有北京和广东等地的部分法院。

表4　相关法院公开招录聘用制法官助理的资格条件

法院	学历要求	专业要求	司考要求	待遇
江苏省高级人民法院	本科及以上	法学	未要求	工资 五险一金
南京市中级人民法院	本科及以上	法学	未要求	2800 元/月
南京市江宁区人民法院	专科及以上	法学优先	未要求	3000 元/月
徐州市中级人民法院	本科及以上	法学	通过优先	2200 元/月
广州市中级人民法院	本科及以上	法学	通过优先	5000 元/月
广州市海珠区人民法院	本科及以上	法学	未要求	5150 元/月
成都市新都区人民法院	本科及以上	法学	通过	工资 五险一金
宁波市江北区人民法院	本科及以上	法学 打字150字/分	通过	年收入6万元(含保险及住房公积金)
太原市小店区人民法院	本科及以上	法学类 打字80字/分	未要求	3200 元/月 五险一金

有关内容来源于相关法院在互联网上发布的聘用制法官助理招录公告。

培训作用①。

②娄星样本。湖南省娄星区人民法院与湖南人文科技学院法学院合作培养法官助理,开设法官助理课程;组织考试考核,择优录取,以实习方式到法院参加实际操作技能培训;将学员分组,安排每个小组分别到六大类庭室进行轮训,在法官指导下从事法官助理工作。培训结束,可与法院签订劳动合同②。

(2) 实习律师担任法官助理。

①苏州样本。2016年9月起,苏州市虎丘区人民法院与当地司法局、律师协会共同制订出台《关于建立实习律师到法院实习制度的实施意见(试行)》,6名实习律师到法院进行全日制在岗实习,从事司法辅助工作。

① 参见王国宇《成都中院举行院校合作共建"实习法官助理课程"签约仪式暨第一期实习法官助理表彰大会》,cdfy.chinacourt.org/index.shtml,最后访问日期:2017年7月8日。
② 参见何森玲《娄星区人民法院开先河:与高校合作培养法官助理》,《湖南日报》2017年2月16日,第5版。

2017 年初，苏州中院与苏州市律师协会签订合作协议，选派 10 名实习律师到苏州中院实习 6 个月，从事审判辅助工作，定员、定岗，并给予补助。实习律师接受法官导师和事务所律师导师的双重指导。实习期满，考核结果反馈给其所在律师协会①。

②徐州样本。2018 年，徐州中院与市司法局、市律师协会合作，以基层法院为试点，试行实习律师担任法官助理。以律师申请执业证之前的一年"空档期"② 为突破口，解决担任实习律师与担任实习法官助理时间上的冲突问题。已有通过实习考核的 10 名实习律师通过自愿申请、三方审核，到基层法院担任实习法官助理，实习期一年。铜山法院作为试点法院还专门制定《关于选拔青年律师担任法官助理的实施意见》，对实习律师担任法官助理进行了规范。

法科学生担任实习法官助理的探索③较为广泛和深入，各地已经积累不少经验。实习律师担任法官助理，尚在摸索阶段。

4. 研修式、专业型法官助理的探索

实践中还存在由司法研修人员、专业技术人员担任法官助理的模式，以徐州法院为例，徐州中院 2015 年与某驻徐高校达成人员互动交流工作机制，青年教师可以科研项目为依托申请在法院挂职法官助理，资深法官则可以结合自身审判经验申请在高校担任兼职教授。青年教师在该院审判庭挂职一年期间，深度介入审判工作，在圆满完成审判辅助事务的同时，积累了丰富的实证调研资源。

徐州市铜山区人民法院 2015 年初在家事法庭设立全省首个家事审判专职心理咨询师岗位，聘请具备心理学硕士学历和心理疏导实践经验的国家二

---

① 参见丁国锋《苏州实习律师可到法院实习》，《法制日报》2017 年 3 月 24 日，第 3 版。
② 实习律师需在律所实习一年并通过实习考核后，在一年内可以申请律师执业证书，通过实习考核的一年期间可作为实现实习律师向实习法官助理转换的"空档期"。"空档期"内实习律师的身份属于自由职业者，其担任法官助理不违反制度上的竞业禁止，在法院实习一年后，仍可继续申请律师执业证书，在时间上也不会影响其律师职业的发展。
③ 最高人民法院出台了《关于建立法律实习生制度的规定》，并接收了三批法律实习生。参见《最高人民法院印发〈关于建立法律实习生制度的规定〉的通知》（法〔2015〕230号），www.court.gov.cn/fabu-xiangqing-15240.html，最后访问日期：2017 年 8 月 10 日。该文件规定的实习内容与法官助理类似，但未明确规定实习生担任法官助理的角色。

级心理咨询师担任法官助理。三年多来，心理咨询师法官助理累计接待家事案件当事人咨询、进行辅导与干预 126 人次，协助法官化解疑难复杂案件 33 件，取得了普通法官助理无法达到的工作成效。

三 法官助理的类型化分析

实践中既存的类型多样的法官助理模式，符合法官助理制度发展总体趋势，但其制度化精细化严重滞后，存在制度完善的迫切需求。

（一）职业法官助理

职业法官助理，专职、长期从事法官助理工作，包括编制内法官助理和社会化招录的聘用制法官助理。编制内法官助理，包括政法编和事业编法官助理，还有未任命为助理审判员的"书记员"。这部分"书记员"以政法编招录入法院，均通过司法考试，但由于司法改革进程中停止任命助理审判员，其人事档案身份暂时为"书记员"，但实际工作为法官助理（需要完善人事信息）。聘用制法官助理，是通过社会化招录与法院签订劳动合同的合同制法官助理。

职业法官助理能够较长期地从事法官助理工作，不论是与合议庭还是法官个人都可以形成较为固定的搭配和彼此熟悉的工作模式，具有工作熟练度高、团队协作能力强的优势，但也面临以下问题。一是素质参差不齐、成就动机不高。编制内法官助理，由于具有一定职业保障，招录标准相对较高，整体职业素养高于聘用制助理，但囿于审判辅助身份，缺乏在这一岗位上自我提升的动力和追求。聘用制法官助理中，多数学历偏低，往往缺乏对助理职业的热情，对于本职工作没有过高的追求，也不愿意承受过多的工作压力①。二是职业标

---

① 课题组面向 120 名聘用制法官助理开展问卷调查，结果显示，有 35% 的人员从事聘用制法官助理 2 年以上，其中多在 22～30 岁，法学专科及本科学历的占 90%，硕士研究生学历的占 0.9%，女性占 71.4%，通过司法考试者占 11.9%，93% 有意愿参加公务员考试、事业编制招考、司法考试等，认为长期从事聘用制法官助理的障碍依次是：职业发展前景不明确、薪酬过低、法院工作压力大。

准与职业待遇、职业激励不匹配，法官助理职业对从业人员的高素质要求与有限的职业发展空间及薪酬待遇之间的矛盾比较突出，再加上内部激励机制的缺乏，严重影响这一职业的内在价值和外在吸引力。职业法官助理制度迫切需要有针对性地加以具体化建构和完善。

（二）非职业法官助理

非职业法官助理，主要包括研修式法官助理、专业型法官助理、实习制法官助理，他们的职业期待重在法律经验的累积，对薪酬待遇、职业保障等没有过高要求，愿意深度介入专业性审判事务，但其工作有短期性、过渡性或特定目的性。

一是由法律专业人员担任的研修式法官助理。从优秀的法律从业人员中选拔或招录研修式法官助理，有助于形成法学理论与司法实践相辅相成的良性互动机制。国内中级以上法院已经展开研修式法官助理的实践。此类研修人员主要来自高等院校或科研院所，所以一个地区学术资源的多寡将会影响该措施的推行，如果能够在顶层设计上强化高等院校、科研院所项目研究与司法实务界的对接，将产生更加积极的推动作用。

二是由特定专业人员担任的专业型法官助理。专业型法官助理以其具备的特定专业知识，可以协助法官办理特定类型案件或研究特定专业性问题。随着知识产权、环境资源、少年家事案件等"三审合一"模式的发展完善，以及知识产权法院、互联网法院等专门法院的陆续建立，专业型法官助理有广阔的发展空间。专业型法官助理具备一定法学素养和司法经验后，也存在向职业法官助理转化的可能。

三是由法科学生或实习律师担任的实习制法官助理。法科学生担任的实习制法官助理在司法实践中已属常态，实习律师担任法官助理在实践中探索较少。虽然当前律师实习期为一年，但真正实习一年后即独立执业的律师仅占25.48%，大部分实习律师继续跟随指导律师实习。有86.62%的受访律师认为，在正式执业前短期从事法官助理工作对提升职业技能大有裨益①。综合考虑技能培养时间和审判辅助工作的稳定性，实习期界定为一年左右较为理想，但需要做好与学校教育和律师实习制度的外部衔接。

四　法官助理制度的完善

完善法官助理制度的基本思路是，以促进队伍稳定增长、能力提升为总目标，在立法层面对不同法院层级、不同编制身份的法官助理予以明确规范，在省级以上推进实质性、全局性的制度部署，建构以职业法官助理为主体、非职业法官助理为补充的类型化区别发展的法官助理制度。

（一）职业法官助理制度的改革完善

建议按照"制度化招录、精准化定位、等级化认证、职业化保障"的思路，进一步完善职业法官助理基本制度。

职业法官助理招录制度化。一是明确法官助理员额，定岗定额。依据案件多寡，建议按照员额法官与法官助理至少1∶1的比例确定助理员额；明确规定不同级别法院、编制内外法官助理所占比例。二是推行省级层面的统一组织与各法院自主招录相结合的方式，统筹与编制、人社、财政等部门的联系，兼顾各地不同实际情况。三是根据不同需求，设置合理的招录条件，同时可以区分基本条件与加分条件，以平衡法院级别差异、地区差异对法官助理任职条件的影响。

法官助理职责定位精准化。实践中法官助理的职责范围可以分为三个层次：一是阅卷，整理争议焦点，查询法律依据和相关参考案例等庭前准备工作，以及草拟法律文书；二是在法官授权下组织开展庭前质证、调查收集证据、诉讼保全、调解和解、对当事人进行法律释明等活动；三是进行开庭排期、文书送达、案件管理等事务性工作。第一层次工作为法官助理的核心工

---

① 课题组面向200名法科学生和200名律师就实习制法官助理问题开展了问卷调查。

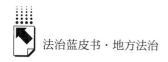

作。第二层次工作不仅要求法官助理具有较高的专业水平，还要求其具备一定的司法能力。第三层次工作对法律专业水平要求相对较低，工作内容与书记员重复，建议在明确法官助理职责中予以删除，以凸显法官助理的核心职责要求。

建立法官助理职业等级认证制度。建立起适用于各类法官助理（包括非职业法官助理）的职业等级认证制度，由法院联合人社等部门共同组织职业等级资格考试，建立省级层面的职业能力认定制度。打破编制壁垒对职业发展的限制，允许事业编法官助理、聘用制法官助理在达到一定助理等级之后，通过员额法官遴选考试转化为法官。同时，允许法官助理在达到一定等级后享有在其他法律职业（如检察官、律师）选择晋升的机会和资格，实现法官助理人才在不同岗位、不同地域、上下级司法机关间的人才交流、互动。

强化法官助理职业化保障制度。职业保障标准根据其职务等级加以确定，包括劳动合同保障、工资报酬保障、社会保险保障、福利待遇保障、职业教育保障、履职物质保障等诸多方面，建议适当高于书记员。根据各地经济社会发展状况、财政状况等因素合理确定薪酬标准，并建立动态调整机制。同时，要建立起与工作绩效挂钩的绩效工资制度，充分发挥奖勤罚懒的激励作用。结合当前聘用制书记员经费主要仍由法院自身非税收入加以保障的现实①，建议进一步加大对编制外审判辅助人员经费的财政保障力度和中央政法补助专款的支持力度，有效减轻中、基层法院的经费压力。

（二）非职业法官助理制度的改革完善

非职业法官助理制度与职业法官助理制度既有共通之处，也需要有特殊建构。在顶层制度设计方面，需要全局性或局部性与法学院校、科研院所、

---

① 以徐州地区为例，书记员的经费已经全额纳入财政预算项目支出，但基本上都是在诉讼费返还中予以保障。

司法行政管理部门及律师行业协会等建立合作框架。在具体层面，则应注重制度的内部设计和外部衔接。

1. 规范内部管理制度

一是适岗配置工作岗位。实习的法科学生和实习律师多有相对侧重的专业，研修式和专业型法官助理大多有比较明确的工作领域和工作目标。对此，建议结合他们的职业素养，充分尊重他们的意愿，合理安排工作岗位以及审判组合，最大限度发挥他们的专业特长。二是提供必要的履职保障。非职业法官助理虽然属短期任职（不低于6个月），也应为其提供合理的劳动报酬和必要的生活补贴、劳动保护、工伤保险等，保证非职业法官助理来源的充足和稳定①。三是强化培训管理。制定审判辅助工作操作指引，引导新人迅速上手；建立合理的业绩考评制度，由指导法官及所在法院出具考评意见，作为法学院校或律师协会、律师事务所考核管理的重要依据，或者作为其工作资历的组成部分。同时，不能胜任法官助理工作的，也应当通过日常反馈和考评，及时退出。

2. 推进外部制度衔接

一是推进实习制法官助理与法学基础教育、律师制度的衔接。对于法科学生，在学制设计上，应当设置司法实务课程，并合理调配课程，预留出6个月以上的实习期。对于实习律师从事法官助理工作的，建议修改完善律师制度，设置弹性实习制度，允许在一年实习期内选择在律所与法院等不同的司法实务部门进行实习，或者选择延长实习期以增加在法院等司法实务部门从事辅助工作的经历，促使实习律师在法院实习成为常态。二是推进研修式法官助理、专业型法官助理在职业保障方面的外部衔接。通过法院与相关单位之间的合作项目、合作协议等形式，明确从事法官助理工作期间，应当确保其正常享有原就职单位的各项资薪待遇，并且不影响正常的晋升资格，助

---

① 针对律师群体的调查问卷显示，有85.35%的受访律师希望法院能够提供生活补贴，有17.73%的受访律师认为可以接受1500~2000元/月的补贴标准，59.24%的受访律师认为可以接受2000~3000元/月的补贴标准。另有74.52%的受访律师希望法院能够提供职业安全保障，76.43%的受访律师希望法院给予客观的实习评价。

理工作期满经考评优秀者，亦可被原就职单位认可。三是推进非职业法官助理的职业等级评定。基于同责同权原理，建议职业法官助理的职业等级评定制度同样适用于非职业法官助理，非职业法官助理达到评定等级的基础标准的，可以自愿参与职业等级评定并获得相应资质等级证书，以提升非职业法官助理的职业价值。

河南法院行政案例分析报告（2017）

河南法院行政案例研究课题组*

摘　要：　案例指导制度是中国特色社会主义司法制度的重要组成部分，随着案例指导制度的深入实施，案例在总结裁判经验、指导审判实践、维护司法公正等方面的作用日益显现。2018 年初，河南法院抽调调研骨干力量组成课题组，形成了 2017 年度河南法院行政案例分析报告，通过对 2017 年度全省法院编报的行政案例反映的特点及问题进行归纳梳理，树立典型案例，统一裁判尺度，并对如何解决问题提出具体的建议、对策，以期为司法审判和理论研究提供参考。

关键词：　行政案例　案例指导　典型案例

一　行政案例编报基本情况

2017 年度河南全省各级法院紧紧围绕行政审判中的热点、难点问题认真开展行政案例分析工作，全年共编报行政案例 54 篇，约占全省法院全年结案数 27963 件（一、二审和再审诉讼案件）的 0.19%（见表 1 ~ 表 4），编报数量与上年度（2016 年度编报行政案例 90 篇）相比下降幅度较大，这与当

---

* 课题组组长：王韶华，河南省高级人民法院党组成员、副院长；副组长：马献钊，河南省高级人民法院研究室主任；学术指导：张嘉军，郑州大学法学院教授；执笔人：王松，河南省高级人民法院行政庭审判副庭长；郭宇凌，河南省高级人民法院研究室法官；昌辉，河南省信阳市中级人民法院法官；尹思嘉，河南省中牟县人民法院法官助理。

前法官员额制改革深入推进而相关配套制度没有建立和完善有很大的关系。但从质量看，无论是案例文本的制作筛选、裁判要点的提炼归纳，还是裁判理由的说理评析，都比上年度有了明显的提高，甚至有些案例归纳的裁判要点与最高人民法院2018年公布实施的《最高人民法院关于适用〈中华人民共和国行政诉讼法〉的解释》（以下简称《适用解释》）的某些条款规定不谋而合。

表1　2017年度河南全省法院编报行政案例与行政案件结案总量情况

项目	行政案例（件）	行政案件（件）	比例（%）
数量统计	54	27963	0.19

表2　2017年度河南全省法院编报行政案例总量及类型

类型	行政不作为	行政确认	行政处罚	信息公开	行政强制	行政许可	行政征收	行政给付	行政合同	行政赔偿	其他类型	合计
数量（件）	10	10	5	8	4	3	3	1	1	6	3	54
比例（%）	18.5	18.5	9.3	14.8	7.4	5.6	5.6	1.8	1.8	11.1	5.6	100

说明：行政复议是行政行为的后置程序，在行政诉讼中复议机关往往与被诉行政机关作为共同被告进入诉讼程序，这里不再将其单独作为一个类型进行统计。

表3　2017年度河南全省法院编报行政确认案例数量及类型

类型	工伤认定	见义勇为认定	房屋登记	土地登记	户籍登记	合计
数量（件）	5	1	2	1	1	10

表4　2017年度河南全省法院编报行政处罚案例数量及类型

类型	工商处罚	交通处罚	环保处罚	劳动处罚	合计
数量（件）	2	1	1	1	5

二　案例编报的特点

经过分析梳理发现，2017年度全省法院行政案例的主要特点可归纳为以下六个方面。

（一）准确把握行政行为可诉性问题

案例1：根据安阳市龙安区人民法院编报的"娄某某诉安阳市某区国土资源局、安阳市某区城市管理行政执法局行政强制案"，实践中，行政机关往往以通知的形式代替需要按法定程序作出的行政决定，以达到提高行政效率的目的。判断行政机关对特定相对人作出的具有强制执行力的通知是否具有可诉性，关键在于看该通知是否对特定相对人的权利义务产生了实际影响。如果该通知对特定相对人设定了新的权利义务，或对其原有的权利义务产生了实际影响，就具有可诉性，反之则不可诉。在本案中，根据《国有土地上房屋征收与补偿条例》第5条之规定，被告具有强制征收国有土地上单位、个人房屋的行政职权，在没有行政征收决定作为依据的情况下，被告就以通知的形式要求原告自行拆除自家房屋，该通知对原告具有明显的约束力，实际上已具有了行政决定的意义，对原告的权利义务产生了实际影响。因此，该通知具有可诉性。

本案准确把握了行政行为的可诉性问题，与《适用解释》第1条关于对公民、法人或者其他组织权利义务不产生实际影响的行为不属于行政诉讼受案范围的规定一致。因此，该案例对准确把握行政行为的可诉性具有借鉴意义。法院对行政行为可诉性的审查不仅要从形式上进行把握，更要从行政行为对当事人权利义务的实际影响方面进行严格审查。

（二）在诉讼过程中强调对当事人诉讼行为的司法规范

案例2：洛阳铁路运输法院编报的"尚某某诉某市公安局、某省公安厅信息公开案"一案中，原告未到庭参加诉讼，其委托的两名代理人中的一名坚持要求以原告法定代理人的身份参加诉讼，并提出被告行政首长未出庭、被告方出庭人员未穿制服等问题。法庭作出处理决定后，该原告委托代理人拒不接受而申请审判长回避。当其申请被法庭驳回后，该原告委托代理人又以程序违法为由拒不宣读起诉状、拒绝陈述诉讼请求和事实理由，拒不配合法庭对该案的审理，致使庭审活动无法正常进行。任何当事人及其代理人都必须依法行使诉讼权利，遵守诉讼秩序，在庭审中听从法庭的统一指挥，否则应承担不利的法律后果。原告及其代理人在依法享有原告诉讼权利的同时也应当承担相应的诉讼义务，如对法院对相关问题所作决定持有不同意见，可以通过正当途径解决，但应对法院审判工作给予必要的尊重和配合。该原告委托代理人在本案庭审中的行为，应当视为自动放弃自己的诉讼权利，应按照自动撤诉处理。

司法实践中，个别当事人或滥用诉讼权利，不服从审判长指挥，将法庭当成发泄个人不满的舞台；或藐视法庭，不举证、不陈述，致使庭审无法进行等，严重背离了行政诉讼的目的，损害了司法权威。2018年《适用解释》第80条第1款规定，原告或上诉人在庭审中明确拒绝陈述或者以其他方式拒绝陈述，导致庭审无法进行，经法庭释明法律后果后仍不陈述意见的，视为放弃陈述权利，由其承担不利的法律后果。最高人民法院制定该条款的目的就在于规范当事人的诉讼行为，明确拒绝陈述的法律后果。本案的判决与该条款的规定精神是一致的，体现了对诉讼行为的司法规范，任何当事人及其代理人都必须依法行使诉讼权利，遵守诉讼秩序，在庭审中听从法庭的统一指挥，否则应承担相应的法律责任或不利的法律后果。

（三）依法规范、监督行政机关的行政执法行为

案例3：焦作市山阳区人民法院编报的"崔某某、史某某诉某市公安交通管理支队行政赔偿案"认为，行政机关在行使法定职权的过程中应当履行充分的注意义务，由于未能履行充分的注意义务而导致非执法对象的第三人损害的，应当承担行政赔偿责任。本案被告在指挥涉嫌违章车辆停靠时，没有选择不妨碍道路通行和安全的地点进行，也没有在来车方向设置分流、避让标志，其行为客观上增加了查车地点过往车辆和行人通行的危险性，最终导致交通事故的发生，造成受害人当场死亡的严重后果，故被告应当在其责任范围内对第三方受害人进行赔偿。法院对行政行为加强了审查力度，有

利于促进行政机关文明执法、合理执法，对行政机关的执法方式提出了更高、更严格的要求。

案例4：卫辉市人民法院编报的"周某某、胡某某诉某市不动产登记和交易中心行政赔偿案"认为，信赖保护原则是行政机关应当确保管理活动的明确性、稳定性和连贯性，从而树立和保护公民、法人或者其他组织对行政机关及其管理活动的真诚信赖。被告的不动产登记及颁证行为为具有法律效力，对公民产生行政信赖的法律后果，因被告登记行为违法，原告持有的产权证书被注销收回，其行政信赖利益应当得到司法救济。需要指出的是，该案例认为，原告信赖利益损失赔偿应当从被诉不动产登记行为被最终确认违法之日时起算，赔偿范围应当以信赖事故发生时原告财产实际减少和可期待利益必然减少为标准进行确定，赔偿仅限于国家赔偿法规定的直接损失，对精神损害则不予赔偿。

案例5：郑州铁路运输中级法院编报的"李某某诉某区政府信息公开告知书违法案"认为，被告聘请律师的费用属于政府采购范围内法律服务类项目，涉及公共财政支出，应当接受社会公众的监督，属于应当公开的政府信息，而非被告所称的涉及第三人隐私而不能公开的政府信息。被告以第三方不同意提供信息为由作出的信息公开答复，属于适用法律法规不当，依法应予撤销。行政机关向申请人提供的政府信息，应当是现有的，一般不承担为申请人汇总、加工或者重新制作的任务。原告申请的政府信息是个案的聘请律师费用，因被告的法律服务类支出针对的是律师事务所全年的整体费用，而不是对个案进行的单独结算，原告申请公开的政府信息需要被告进行加工制作，故被告不需要对原告重新作出答复。《政府信息公开条例》第23条规定，行政机关认为申请公开的政府信息涉及商业秘密、个人隐私，公开后可能损害第三方合法权益的，应当书面征求第三方的意见；第三方不同意公开的，不得公开。但在实践中该条款很容易被行政机关滥用，成为其不公开相关政府信息的借口，违背了条例保障公民知情权的法律精神。

案例6：南阳市卧龙区人民法院编报的"周某某诉某市公安交通警察

大队不履行车辆检验合格标志核发职责纠纷案"认为,《大气污染防治法》第 53 条第 1 款规定,在用机动车应当按照国家或者地方的有关规定,由机动车排放检验机构定期对其进行排放检验。经检验合格的,方可上路行驶;未经检验合格的,公安机关和交通管理部门不得核发安全技术检验合格标志。《大气污染防治法》与《道路交通安全法》均为法律,关于对车辆安全检验合格标志颁发的规定具有同等效力。不能机械地理解为公安交通管理部门执法要适用《道路交通安全法》,环保部门执法要适用《大气污染防治法》,行政执法及法院行政审判必须考虑整个法制统一。本案中,原告的车辆虽然经过机动车安全技术检验机构检验为合格,但是车辆排放环保检验不合格,被告拒绝为其核发安全检验合格标志于法有据。

以上四个典型案例,无论是从维护公民人身权益、信赖利益、知情权等合法权益角度出发,判决行政机关败诉,还是从法制统一角度出发,支持行政机关依法行政,都体现了对行政机关执法行为的规范和监督,有利于推进法治政府、责任政府建设,促进行政机关依法行政。

(四)对复杂疑难法律问题充分运用司法智慧作出司法裁判

案例 7:郑州铁路运输中级法院编报的"王某某诉某省工商局、某省人民政府信息公开案"一案的焦点是,在公务员招录过程中,录用人员的个人信息是否完全属于个人隐私而依法免于公开,当涉及社会公共利益的公众知情权、监督权与录用人员的个人隐私权两者发生冲突时如何处理。公务员招录直接涉及社会公共利益,录用公务员应当坚持公开、平等、竞争、择优的原则。涉及录用人员的出生年月、教育程度、政治面貌、健康状况等相关个人简历方面的信息是公务员招录要求必须提供的基本信息,录用人员应当向相关政府部门主动提供,接受相关政府部门的审核。在公务员招录考试过程中,未获得公务员录用资格就意味着机会利益的减损。当涉及公众利益的知情权、监督权与录用人员的个人隐私权发生冲突时,应当将公务员招录的公共属性放在首位,从而有利于社会公众对公务员招录行为进行监督,促进公务员招录工作的公开、公平、公正。因此，从尊重和保障原告作为公务员招录利害关系方的知情权、监督权角度出发，原告要求被告公开相关政府信息的请求应当得到支持。同时，应当注意的是，需要公开的录用人员个人信息仅限于公务员招录所要求的基本信息，而与此无关的个人信息则不属于公开的内容。通过对不同法律价值的司法衡量，当个人的隐私权影响到社会公共利益的实现时，就应当对个人隐私保护本着比例原则有所限制，优先保护社会公共利益。

案例8：郑州铁路运输中级法院编报的"某某公司诉某区人民政府确认拆迁行为违法案"一案中，原告的部分房屋围墙遭到强拆，但被告并不承认该强拆行为是其所为，原告也不能提供充分的证据证明是其所为。一般情况下，对强拆类案件，原告应当首先举证强拆行为是被告所为。但本案中考虑到是被告在该区域内实施城中村改造，也是被告的拆迁部门将拆迁公告张贴在原告的仓库大门上，并在报纸上进行了公告，在被告不能举证证明强拆行为系他人所为的情况下，生效判决运用举证责任倒置规则，认定是被告实施了强拆行为，符合行政诉讼证据规则的法律精神，保护了举证能力较弱的当事人的合法权益，这种做法值得肯定和借鉴。

案例9：洛阳市老城区人民法院编报的"张某某、刘某某、杨某甲、杨某乙诉某镇人民政府行政赔偿案"，在被告违法强制拆迁案件中，原告无证据证明其财产损失数额，被告实施行政强制拆迁时亦未依法形成公证笔录和公证清单，在原告举证不能、其实际损失难以准确认定的情况下，可以根据具体情况酌定判决由政府赔偿。该案例与2018年《适用解释》第47条的规定基本一致：在行政赔偿、补偿案件中，由于被告而导致原告无法就损害情况举证的，应当由被告就该损害情况承担举证责任。对于各方主张损失的价值无法认定的，应当由负有举证责任的一方当事人申请鉴定，但法律、法规、规章规定行政机关在作出行政行为时依法应当评估或者鉴定的除外；负有举证责任的当事人拒绝申请鉴定的，由其承担不利的法律后果。当事人的损失因客观原因无法鉴定的，人民法院应当结合当事人的主张和在案证据，遵循法官职业道德，运用逻辑推理和生活经验、生活常识等，酌情确定赔偿数额。在本案中，法院运用法官自由裁量权，酌定原告财物损失为70万元，但对于酌定赔偿的认定标准、定案证据、损失价值是否应当评估和鉴定等相关情况没有交代清楚，说理不够充分，这是在今后处理类似案件时应当注意的问题。

法官不能拒绝办理案件，特别是遇到一些疑难复杂案件，更需要运用司法智慧作出司法裁判。以上三个典型案例涉及不同法律价值的司法衡量、举证责任倒置规则的运用、行政赔偿数额的酌定等方面，其中有的司法裁判结果与2018年《适用解释》有关规定的精神保持一致，充分彰显了人民法院司法为民的责任与担当，闪烁着人民法官司法智慧的光芒。

（五）在裁判方式上注重实质性解决争议

案例10：内乡县人民法院编报的"郭某某诉某县社会医疗保险中心履行报销医疗费用法定职责案"认为，对于加盖公章的医疗收费票据复印件是否应当给予报销这个问题，在没有明确法律规定的情况下，被告应当结合社会医疗保险立法的目的，从保护参保人员合法医疗保险权益的角度出发，妥善为参保人员解决实际报销中出现的问题。本案中，被告以原告提供的收费票据非原始票据为由拒绝为其办理报销业务的行为明显缺乏合理性，一定程度上反映了行政机关执法方式过于僵化的问题。在医疗费用报销过程中，如果出现医疗费用票据遗失的情况，只要原告能够通过其他途径有效证明实际医疗花费，被告就应当核准报销。行政机关不应当仅仅机械地要求申请人提供原始票据，在申请人确因客观原因不能提供票据原件的情况下，盖有公章的票据复印件亦可证明案件事实。法院判决直接责令被告在判决生效后30日内为原告报销医疗费用，可以一步到位解决争议。

案例11：平舆县人民法院编报的"陈某诉某县人民政府、某县国土资源局履行行政协议案"一案中，被告某县国土资源局经被告某县人民政府同意，与原告陈某签订的土地出让合同，系双方的真实意思表示，没有违反法律、行政法规的强制性规定，应当认定为合法有效，对双方都具有法律约束力。原告在合同签订后立即按照合同约定全面履行了土地出让金缴纳义务，二被告多年来却一直未按照约定履行向原告交付已经出让的土地、为原告办理国有土地初始登记手续并颁发国有土地使用权证的合同义务，应当承担相应的违约责任。根据《行政诉讼法》第78条的规定，对被告不依法履行、未按照约定履行或者违法变更、解除行政协议的，法院可以判决被告承担继续履行、采取补救措施或者赔偿损失等责任。但实践中，如果行政协议存在继续履行的可能，履行协议就应当是首先要考虑的违约承担方式。本案中，原被告双方签订的土地出让协议能够继续履行，故法院直接判决二被告按照约定履行合同义务：向原告交付已经出让的土地，为原告办理国有土地初始登记手续并颁发国有土地使用权证。

上述两个典型案例中，生效判决直接责令被告作出一定的行政行为，相比一般判决被告重新作出行政行为，更加直接有效，更能从实质上解决争议。如果被告不履行判决，原告可以直接申请强制执行。如果法院仅仅判决被告重新作出行政行为，原当事人就可能对被告作出的新的行政行为不满，再次提起新的行政诉讼，引发新的争端，这样翻来覆去无疑会增加当事人的诉讼负担。法院在进行裁判时，不仅要注重结案，更要追求通过司法裁判从根本上彻底化解矛盾纠纷，提高行政审判效率，真正实现案结事了。因此，这种裁判方式值得提倡。同时，应当注意的是，这种直接责令被告作出行政行为的裁判方式的适用范围有一定的限制，其适用前提是：被告应当履行该具体行政行为而没有履行，且法律法规对被告履行该行政行为没有设置其他前置程序，不需要其他单位或部门协助，被告可以独立实施。

（六）善于利用个案判决发挥司法裁判的社会价值导向作用

案例12：洛阳市高新技术产业开发区人民法院编报的"钱某某、张某某诉某县公安局、某市公安局确认见义勇为行为案"一案中，原告之子一行四人外出游玩时，其中一人不慎落水，原告之子在参与施救的过程中不幸溺亡。原告向被告某县公安局申请要求认定其子救助落水同伴的行为系见义勇为，被告某县公安局以其子作为民间自发活动的组织者对被救助人负有安全保障义务、更有救助义务、不符合见义勇为的主体为由，认定其子救助落水同伴的行为不属于见义勇为。原告申请复核，被告某市公安局亦认定原告之子的行为不属于见义勇为。法院认为，作为民间自发活动的组织者，不是出于牟利的目的，仅仅是进行了组织行为，在不存在故意或者重大过失的情况下，只要对参加活动的人员尽到适当的安全保障义务即可，不宜对民间自发活动的组织者要求过高的安全保障义务。因此，民间自发活动的组织者牺牲自己的生命救助参加活动人员的行为，应当被认定为见义勇为。

2018年最高人民法院工作报告明确提出了司法裁判的价值导向作用，曾经引起广泛关注并且争议较大的"医生电梯内劝阻吸烟案"和"朱振彪追赶交通肇事逃逸者案"被写入报告。最高人民法院工作报告明确："让维护法律和公共利益的行为受到鼓励，让见义勇为者敢为，以公正裁判树立行为规则，引领社会风尚。"司法裁判不是机械的，而是承担着社会效果和价值导向。本案判决就体现了司法裁判的这种社会价值导向作用，对于弘扬社会主义核心价值观无疑具有积极作用。

三　案例编报反映的问题

总体而言，行政案例亮点很多，质量值得肯定。但是，案例中一些常见问题、突出问题依然存在。

（一）案例编报还不能完整反映行政审判现状

一是案例编报数和结案数比例过低。河南全省2017年度编报的行政案例只有54件，只占全年结案数27963件的0.19%。大量具备新颖性、典型性和普适性的案件没有转化为案例，导致当前行政审判中的典型问题不能完全通过案例反映出来。二是三级法院的编报案例数和收案数不成正比。2017

年度全省法院新收一审行政诉讼案件19235件，居全国第一位，基层法院、中级法院和省高院平均收案数分别为77件、614件和5321件，基层法院、中级法院和省高院的案例编报数分别为42件、10件和2件。案例编报的主体集中在基层法院和中级法院，省高院案例资源丰富的优势没有充分发挥出来。

（二）审判一线法官编报的案例较少

在编报的行政案例中，大多数都是各级法院研究室的人员编写，真正审理案件的主审法官却很少参与。研究室人员仅仅根据一纸文书很难厘清其中的关系和焦点，归纳的裁判要点往往不够准确，难以发挥案例对于审判实践的指导价值。究其原因：一是近年来行政案件一直呈激增态势，案多人少的矛盾尤为突出，行政审判法官的审判业务繁重，没有时间和精力编写案例；二是缺乏有效的激励机制，调动不了法官编写案例的积极性和主动性。

（三）编报的案例格式和内容仍存在不规范的问题

在格式上，案例编报有多种格式，不同的格式侧重点不同。格式不规范主要是由于编写人员没有严格按照规定的格式进行编报，在体例等方面存在问题。内容不规范主要体现在裁判要点概括的不精简，基本案情叙述不清，裁判理由说理不充分，案例注解没有分析到位。其中一个重要原因就是编写人员不具体办理案件，缺乏审判的亲历性，导致提炼裁判要点不准确、评析不到位。

四　建议及对策

近年来，最高人民法院制定了案例指导制度，建立了中国裁判文书网和中国司法案例网，成立了中国司法案例研究院，中央高层和最高人民法院对案例工作重要意义的认识日益全面深刻，并已形成普遍共识，再加上当前信息技术和人工智能的深入推进，案例工作出现了前所未有的良好发展形势和发展环境，具有广阔的发展空间，案例工作一定大有可为。因此，应当采取积极措施，不断完善案例工作机制，提升案例工作水平，提高案例编写质量，持续推进这项工作取得新进展、再上新台阶。具体建议如下。

一是扩展案例的发现渠道。河南省行政案件数量庞大，案例资源丰富，全省法院除了坚持开展常规、零散的案例编报工作外，一是可以通过开展专题案例征集活动等形式及时发现行政审判中的常见疑难问题；二是可以围绕《最高人民法院关于适用〈中华人民共和国行政诉讼法〉的解释》施行后出现的新情况、新问题收集和整理案例，掌握行政审判的最新动态；三是可以进一步发挥大数据平台作用，优中选优，遴选出法律适用指导价值高的案例。

二是加强案例编写培训。案例编写工作的专业性较强，需要编写人员具有较高水平的法学理论和丰富的司法实践。而现实是一线审判法官实践经验比较丰富，但是写作技巧不足，在写作格式和语言的提炼与润色上存在问题，无法准确把握案例撰写的重点和要点。研究室专职案例编写人员的理论水平较高，但是司法实践不足，很难将理论和实践密切联系起来。因此，要加强案例编写的培训，扩展培训人员的范围。对研究室人员的培训，要侧重要点提炼和案例分析。对一线法官的培训可以侧重发现具有参考价值案件的敏锐性。

三是建立有效的激励机制。案例撰写是审判执行工作的延伸和提升，需要花费时间和精力，需要付出心血和思考，领导和同事的鼓励支持必不可少。一个法院越重视案件研究和案例编写工作，这个法院法官的业务素质和办案质量提高得越快，这是已被实践证明了的宝贵经验。法院可以实行典型案例通报考评制度，定期通报经本院确认的典型案例以及各部门的报送情况，并将这项工作纳入审判质效和法官业绩考评范畴，对于被采用的典型案例可以给予作者一定的物质奖励和精神肯定，来激发写作人员的动力。

四是进一步完善案例工作制度。最高人民法院已发布 18 批共 96 个指导性案例，河南省也已发布 4 批共 29 个参考性案例，为审判类似案件提供了参照的标准。下一步要探索建立指导性案例、参考性案例适用备案制度，对指导性案例、参考性案例适用中存在的问题进行跟踪调研，进一步细化适用规则；对编报案例中发现的疑难问题，及时组织行政审判业务部门、专家学者召开研讨会，分析相关问题，提出对策及建议；切实发挥案例指导审判实践、统一裁判尺度、维护司法公正的功能。

B.11
泉州法院"网格化统一送达"调研报告

福建省高级人民法院课题组*

摘　要：　为进一步破解"送达难"的问题，泉州部分法院在构建法院内部"小网格"，形成队伍集约化、流程信息化、管理一体化、约束制度化的跨域协作委托送达平台的基础上，大力尝试运用网格化服务管理体系支持法院送达工作，实现泉州法院"统一送达全域通平台"升级为"网格化统一送达平台"，为基本解决送达难提供更加丰富的泉州经验和制度样本。

关键词：　网格化　司法送达　泉州经验

一　"网格化统一送达"工作的探索历程

长期以来，"送达难"问题一直是困扰法院工作、严重制约司法效率和司法公信力提升、影响当事人权益和司法权威的瓶颈问题。近年来，由于经济压力增大、诉讼案件猛增和社会诚信体系建设缺位，"送达难"问题更为突出，成为摆在法院面前亟须解决的诉讼难题。2015年泉州市"两会"上，"送达难"成为代表、委员热议和关注的问题，强烈呼吁法院采取有效措施，切实破解送达难。为啃下这块硬骨头，泉州市中级人民法院秉

---

　*　课题组成员：段思明，福建省高级人民法院党组成员、审判委员会专职委员；石志藩，福建省高级人民法院研究室主任；林坤，福建省高级人民法院研究室法官助理；郑玲玲，福建省泉州市中级人民法院研究室主任。执笔人：林坤。

承"遵循司法规律、破解工作难题、惠及人民群众"的原则,思考司法创新,解决实际难题,于2016年初成立送达工作改革项目组,经深入一线听取意见、调查分析、研究论证,于同年5月13日正式推出"统一送达全域通平台",并先后出台《全市法院建立统一送达平台的工作方案》《全市法院协助送达名册登记管理办法》《关于全市法院办理委托送达工作的实施意见》《关于规范全市法院送达工作的意见(试行)》等四份规范性文件,保障平台的运行。该平台紧紧围绕和依托泉州市中级人民法院2015年初首创的"跨域·连锁·直通"式诉讼服务平台建设的理念、经验和成果,坚持"法院一盘棋、协作一体化"思路,并辅以法院系统内部信息技术手段,构建泉州两级法院内部的"小网格",实现跨域协作委托送达。该平台运行以后,借助内外各方资源力量,取得了明显成效,在一定程度上缓解了送达难。

泉州市中级人民法院在持续推进统一送达全域通平台建设的基础上,根据泉州市综治网格化工作起步较早、发展较快,已经形成较为完善的网格化队伍资源、信息平台和管理机制的特点,充分借助、不断总结全市法院运用城乡社区网格化服务管理资源助力司法送达的经验,积极向市委、政法委汇报送达工作改革情况,并在政法委、综治部门大力支持的基础上,提出运用网格化服务管理体系支持法院送达工作的设想,并协调泉州市综治委把基层综治组织协助法院送达工作纳入综治考评体系和网格化服务管理体系。2017年3月1日,泉州市综治委下发《关于人民法院司法送达工作纳入全市城乡社区网格化服务管理体系的通知》,正式以规范性文件的形式从综治制度、网格队伍、信息技术等方面全面支持人民法院司法送达工作,泉州市委政法委还将"网格化统一送达平台"纳入2017年度全市政法系统十大创新工程,并列为三项重点建设项目之一。至此,泉州法院的"统一送达全域通平台"升级为"网格化统一送达平台",有效提升了司法送达的效率,基本实现了送达服务水平和送达治理水平的"两提升",赢得诚实守信当事人和一线办案人员的"双满意",在践行司法公正与效率这一永恒主题中提效换挡,迈出了坚实的一步。

二 "网格化统一送达"工作的前期基础

如前所述，泉州各地所大力推进的"网格化统一送达平台"之所以能够形成"街巷定界、无缝覆盖，法院主导、网格支持，名册登记、动态调整"的"网格化＋送达"服务管理机制，是由于其借鉴吸收了 2016 年 5 月泉州市中级人民法院在全市法院推行的"统一送达全域通平台"四个方面的创新内容。

（一）队伍集约化

针对审判庭、合议庭、书记员在送达上各自为政、单打独斗的低效模式，以及向被告司法专递送达高达 70% 左右退件率的困境，依托全市诉讼服务中心及部分人民法庭成立 32 个专门送达机构、配置近百名专职送达人员，将送达事务从审判庭剥离出来，由专门送达机构集约化、专业化办理，优化资源要素配置，极大减轻审判部门辅助事务工作负担，缓解送达资源分散与送达任务剧增不相适应的矛盾。

（二）流程信息化

针对送达工作长期以来线下运作，信息不透明、缺乏有效监管的问题，按照福建省高级人民法院 2016 年司法改革工作要点提出的"建设信息化条件下全省法院司法送达信息平台"，在全省率先建成跨法院、跨层级应用的统一送达信息系统，逐步将直接送达、邮寄送达、委托送达、电子送达、公告送达纳入信息化服务与管理，实现送达事务从登记、发出、办理到结果反馈全程网上进行，当事人送达记录、送达地址全市法院共享管理，超期送达、异常送达行为实时监控，填补了运用信息技术服务及管理送达工作的空白，同时也为送达工作的持续发展提供了技术保障。

（三）管理一体化

针对当前异地诉讼、异地送达多发、高发的态势，以及委托送达中普遍存在的消极、怠慢、推诿、缺乏监督考核等问题，按照全市法院一盘棋、共享协作的理念，完善委托送达制度，依托信息化支撑，全市 32 个专门送达机构按区域负责、不分本院他院、一个标准一体办理，网络实时传送文书、专门机构就近直接送达、中院通过网络实时监管，有效破解异地送达难、成本高的问题。

（四）约束制度化

针对一些被告故意在送达环节玩失踪、"躲猫猫"以拖延或妨碍诉讼等不诚信行为，按照最高人民法院及福建省高级人民法院关于建立送达地址约束机制的要求，完善了送达约束机制，紧紧抓住"首次送达"这一"牛鼻子"，在首次送达中同步送达"提供送达地址告知书"，全面、简洁、明确地向当事人告知不提供确认送达地址的法律后果，首次送达成功后，第一审的其他送达，以及第二审、发回重审、再审、执行等程序后续全部送达按当事人确认的送达地址或者法院推定的送达地址邮寄即视为送达，构建"一次送达、次次送达"的约束机制，从源头上、制度上让恶意规避后续送达的失信行为彻底失效。截至 2017 年 10 月份，全市两级法院共协助送达14630 件，完成送达 12890 件，成功送达 6537 件，成功率 50.7%，较以往以邮寄送达为主的送达模式成功率提高近 30 个百分点。

三 "网格化统一送达"工作的基本情况

为借助资源，借力送达破解"落地查人"的送达难题、推进社会诚信体系建设，泉州市中级人民法院要求晋江、德化等网格化服务管理基础较完善的地方法院率先尝试将基层综治组织协助法院送达工作纳入网格化服务管理体系，充分利用综治网格资源"星罗棋布"、人地两熟的优势，有效解决对受送达人住所、去向及作息时间定位、对受送达人及其同住成年家属身份辨识等难题，逐渐摸索出"网格化＋司法送达"的新路径，实现了人民司法与群众路线相结合、司法送达与社会综治相促进、法律效果与社会效果相

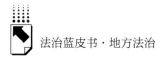

统一，与社会治理的社会化、法治化、智能化、专业化要求高度契合，具有显著的综合效益。

（一）德化法院模式

德化县人民法院自 2017 年初开展网格化集约送达试点工作以来，逐渐探索形成了"人在线上联、房在网上找、案在格中送、事在区中办"的网格化统一送达工作新格局。截至 2018 年 4 月，网格员共协助送达 412 人次，送达成功 356 件，全院送达工作呈现"三升三降"发展趋势，即直接送达率（72.7%，同比上升 30.6 个百分点）、首次送达成功率（70.3%，同比上升 33.5 个百分点）、送达信息准确利用率（71.7%，同比上升 36.3 个百分点）呈现上升趋势，送达周期（平均缩短约 11.3 天）、邮寄（公告）送达率（两者同比分别下降 61.5%、45.8%）、重复送达率（EMS 总运费下降约 61.5%）呈现下降趋势。司法送达成功率的有效提升，缩短了办案时间、提升了办案速度、提高了办案质量、促进了清案结案，全院一审服判息诉率、一审判决改判发回重审等指标呈积极向好态势。

一是内外连锁互动。为解决司法送达中"人难找""人难认""房难找""门难开"等问题，德化法院充分利用县委政法委根据"小县大城关"特点建立起的覆盖全县的"县—乡镇—村（社区）—单元网格"四级网格管理体系，以该网管体系所形成的 107 个城乡社区单元网格，配备的 111 名网格长、166 名专职网格员（一名网格员管理 500 ~ 700 户、1500 ~ 2000 人）为基础，在诉讼服务中心设立网格送达工作室，指定专人担任联络人，并下设 5 个送达小组负责对接由城乡社区单元网格划分而来的 5 个网格片区的案件送达事务，形成"1 + 1"连锁链条。同时，网格送达工作室对外负责联系网格服务中心并确定受送达人所在的网格片区，对内负责接收各业务庭的送达材料后统一向 5 个送达小组派发送达材料。

二是网格跨域助力。德化法院不断加强与基层网格组织的"跨域"深度合作，促进网格员积极主动协助法院开展送达工作。例如，提供其所在村（社区）受送达人的居住情况和去向线索，协助联系受送达人或指引法院送达人员抵达受送达地址，协助确认受送达人及其同住成年家属身份并在当事人拒绝签收送达文书时依法作为见证人在相关文书上签字，协助开具受送达人不是本村（社区）居民或长期不在本村（社区）居住的相关证明材料，积极协调本村（社区）其他掌握相关信息的人员共同协助法院开展送达，协助在送达过程中调解和普法，有效缓解受送达人的对立情绪，等等。

三是数据直通提效。德化法院创新"网格员＋司法送达＋信息化"工作方法，通过数据、信息的"直通共享"提高直接送达成功率。例如：以传真、电子邮件、录音电话等即时收悉系统作为送达媒介，由网格员以电话或者短信形式及时提醒当事人接收材料；在当事人提供准确手机号码的情况下，利用手机实名制到城乡社区网格化管理系统或当地通讯公司查找当事人的准确住址；加入网格员微信群，在线咨询网格员受送达人的身份住所等信息或是在网格员帮助下获取当事人住所的准确水电表数字，并通过相关途径查询当事人联系方式。

四是信息共享利用。法院送达人员在网格员协助送达成功后将当事人确认的送达地址等信息及时登记，并由网格送达工作室统一登记在册，形成首次送达成功案件当事人资料库，供全院使用。严格按照推定地址或确认地址进行邮寄送达，积极适用"推定送达"，受送达人信息得到有效利用，显著提升送达的成功率。

五是推动送达工作制度化规范化。建立绩效考评机制、业务培训机制和履职保障机制等"网格送达三机制"。推动县综治委将网格员协助送达工作纳入乡镇综治考评项目，定期开展送达业务培训并指导网格员依法依规办理司法协助送达事务；通过购买社会服务的方式向网格员支付工作补贴并建立履职保护制度，依法保护他们参与协助送达工作，以制度化推动机制建设、以机制建设促进规范化、以规范化提升综合效率。

（二）晋江法院模式

晋江市人民法院自 2016 年 9 月引入城乡社区网格化服务管理体系协助送达后，送达成功率显著提升，送达周期大幅缩短，案件审判质效明显提高。截至 2018 年 4 月，送达组共收件 2981 件、成功送达 2687 件、出具送达说明 824 份；接受其他法院委托送达 1026 件、成功送达 803 件、出具工作说明 388 份。其中，1789 个案件借助网格化管理综合信息平台所提供的信息成功送达，1462 个案件经由司法送达联络员协助成功送达，送达联络员接受委托独立完成送达 210 件，经联络员协调后受送达人或其家属自行前来签收材料 79 件。与此同时，送达周期也由原来的 18.5 天缩短为 7.8 天。

一是依托统一送达全域通平台，打通法院系统内部的纵向阻隔。以往法院送达工作大都是各审判业务庭自行送达，各自为战。2016 年 5 月，晋江法院成立送达工作小组，隶属于诉讼服务中心，配置专人专车负责本院民商事案件在晋江、石狮辖区内的诉讼文书直接送达工作，并以送达工作组为中枢，充分发挥枢纽作用，统一协调各庭室的送达工作。同时，对接泉州市中级人民法院统一送达系统，将送达工作组的人员全部纳入全市协助送达名册库，统一受理其他法院的送达委托，不断强化与其他法院跨域送达的线上线下合作。此外，注重发挥信息技术便捷、公开、共享等优势，提升送达效率，第一时间配齐相关设备，并自 2015 年 11 月起在法院外网及微信公众平台设立专栏用于公告送达诉讼文书，2016 年通过网络媒体进行公告送达共1973 件。

二是线上线下构建网格化机制，打通法院与基层组织的横向阻隔。针对"地难找""人难寻""同住家属难确认"等问题，首先，推动晋江市综治委出台《关于加强基层组织协助做好人民法院司法送达工作的通知》，正式将协助法院开展送达工作列入基层综治部门的工作考评内容，推动基层组织更加积极地协助做好法院的司法送达工作；其次，出台《关于借助司法送达联络员及网格化信息平台做好送达工作的若干规定》，组建队伍，建立以各村、社区治保主任为主要对象的司法送达联络员名册并聘请 392 人为"司法送达联络员"，负责该村（社区）的协助送达工作，形成"村村有送达员"的大格局，同时通过明确送达联络员的职责，建立绩效考评制度等对司法送达联络员协助送达工作情况进行量化评价，形成以工作量为基数的绩效表彰奖励机制，及时对司法送达联络员消极、怠慢、推诿、弄虚作假的情况通报相应镇（街道）综治办，挂钩综治考评，力促协助送达机制有效运行；再次，法院统一送达系统与网格化服务管理系统实现对接，在城乡社区网格化服务管理信息系统开通司法送达模块，打造人民法院司法送达与司法送达联络员协助送达工作的实时对接沟通平台，将需要司法送达联络员协助送达的受送达人身份信息、具体协助要求、协助送达期限等信息通过网格化服务管理信息平台推送给司法送达联络员，同时借助微信、短信平台，将协助送达内容实时推送到司法送达联络员手机端，司法送达联络员通过手机或者到现场为法院送达人员提供受送达人住所、去向等线索，实现法院送达人员依权限在办公室就能够通过网格化服务管理信息平台准确定位受送达人住所地址方位、辨识受送达人及同住成年家属身份及照片信息，提升了司法送达效率。

四 "网格化统一送达"工作的现实困难

作为一种在党委领导下的社会治理创新机制，泉州法院"网格化统一送达"模式在不增加法院送达人员和成本投入的情况下，充分借助遍布城乡、村居、社区的网格资源，不仅有利于提高人民法院首次送达成功率，也为更多的后续送达扫清障碍；不仅有助于提高送达效率，也可借助司法联络员就地开展调解和解等工作，及时息诉解纷；不仅有助于破解送达难，也为基本解决执行难夯实了送达基础、增强了基层力量；不仅有助于提高司法效率，而且有助于打击逃避送达、妨碍诉讼等不诚信行为，促进司法公信和社会信用体系建设。与此同时，"网格化统一送达"模式也存在以下几个方面的问题。

（一）整体工作开展不均衡

在泉州市中级人民法院的大力推动下，泉州部分法院，如德化、晋江等地法院的"网格化统一送达"工作开展较好，成效显著。但是，还有部分县、区（市）自身的网格化服务管理体系建设尚未完善，当地法院和党委、政法委沟通协调并不顺畅，整体工作推进的程度稍显不足，未实现在党委、政法委支持下将"网格化统一送达"工作与基层综治平安考评相挂钩，不同程度地存在网格化信息平台网络不互通、信息共享问题较为突出，部门之间数据汇聚、共享的阻力依然较大等问题。此外，由于对网格员（司法送达联络员）性质还存在不同理解，即便在"网格化统一送达"工作开展较好的部分县、区（市）法院，其送达模式各地也存在差异。德化法院主要采取的是法官带案件入社区（村居）咨询网格长相关当事人情况，并由网格员带领法官一同送达的模式；而晋江法院主要采取的是法官利用系统查询当事人相关情况并亲自送达，若送达不成功再委托司法送达联络员协助送达的模式。在这两种模式中，网格员（司法送达联络员）主要仅起到协助送达功能，实质上没有把法院人员完全解放出来。故两种模式均有不足之处，尚需进一步完善。

（二）队伍建设发展不平衡

由于网格员（司法送达联络员）是一个新兴机制的产物，泉州各县、区（市）法院对其认定并没有统一的标准，彼此之间对于网格员（司法送达联络员）的选任、管理等标准并不一致，网格员（司法联络送达员）的个人素质也差异较大。以"网格化送达工作"开展较好的德化、晋江法院为例，德化法院所依托的社区网格员为县里统一招录，具体要求为45周岁以下、高中学历、本地户籍，招录考试采取电脑测试加面试的方式进行；晋江法院所聘请的司法送达联络员多是村、社区的治保主任。这种相对较高的任选要求保证了网格员（司法送达联络员）能较好地配合法院开展"网格化统一送达"相关工作。而有的县、区（市）由于各种原因，存在网格员（司法送达联络员）队伍尚未组建或虽有队伍但人数较少、素质参差不齐等问题，制约了"网格化统一送达"工作的推进。

（三）经费保障落实不到位

《民事诉讼法》及相关解释未能在法律上对网格员（司法送达联络员）

的身份进行清晰界定，导致了泉州部分县、区（市）法院无法充分保障网格员（司法送达联络员）的劳动报酬。德化法院虽然借助网格员开展协助送达工作，但对于网格员的劳动报酬始终未能很好地解决。现在采取的是以政法委发文的形式，明确法院通过购买社会服务的方式来支付网格员协助送达工作的劳动报酬，但该项经费未落实到位。晋江法院虽然聘请了大量的司法送达联络员并支付给司法送达联络员一定的劳动报酬，但是这些报酬并不高，如由司法送达联络员独立送达则每件为 50 元，协助法官一同送达则仅为每件 20 元。在这种情况下，部分网格员（司法送达联络员）因为担忧协助法院送达会影响其与网格内居民的人际关系或是其本身身兼多职、事务繁多等，对协助送达的积极性并不高。

五 推进"网格化统一送达"工作的建议

德化和晋江两家法院在"网格化统一送达"工作方面进行的有益尝试和取得的相关经验，为福建省高级人民法院在全省范围内推进这项工作提供了样板。为更好地解决"送达难""执行难"等问题，全省法院应以两家法院的司法实践为参考，试点开展"网格化统一送达"工作，继续探索新模式新路径，实现法院内部"小网格"和综治力量"大网格"资源优势的融合，扎实推进"跨法院、跨层级、跨系统"的"网格化统一送达"平台建设。

（一）加强组织领导，开展试点工作

省高级人民法院要加强与省综治办的协调配合，在梳理和分析全省综治系统网格化服务管理平台建设工作情况的基础上，以开展试点工作为契机推动规范制度的设计，拟通过下发通知的形式，要求全省各中院根据辖区内的实际情况，选取 1~2 家法院开展"网格化统一送达"试点工作并及时反馈试点工作开展情况，为适时出台全省法院开展"网格化统一送达"工作的指导意见提供相应的素材。同时，试点法院应加强对"网格化统一送达"工作的组织和领导，借鉴泉州两级法院将"网格化统一送达"工作列为

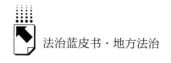
"一把手工程"的经验，根据实际情况建构送达机构和配置送达人员，精心谋划和细致部署相关工作，并尝试将"网格化统一送达"工作纳入责任状考评和综治考评工作，确保工作落到实处，做出成效。

（二）强化沟通协调，推进制度建设

试点法院应根据辖区内以"格"为工作基础、以"网"为运行依托的城乡社区服务管理体系的建设情况，不断加强与当地党委、政府等相关部门的沟通协调，争取在机构设置、人员编制、队伍建设、经费保障等方面获得更大的支持和帮助，探索建立和完善符合当地社情民意的"网格化统一送达"工作机制路径。同时，试点法院应重视法院内部"小网格"和综治力量"大网格"的融合，积极与相关部门协商，在网格化管理信息系统中设置和完善司法送达等模块的接入窗口，强化与相关部门的数据汇聚共享，共同推进互联互通网格化服务管理信息平台建设，发挥网格化平台扁平化、精细化、信息化的优势。另外，试点法院还应加强"网格化统一送达"工作的宣传力度，让更多的群众了解、尊重、支持协助送达工作，为开展送达工作营造更好的法治环境。

（三）注重队伍建设，完善奖惩机制

试点法院应重视网格员（司法送达联络员）队伍建设，逐渐形成流程清晰、权责明确、运行顺畅的运行机制。对于选择采用司法送达联络员协助法院完成送达工作的试点法院，应注重加强司法送达联络员的选任、管理和培训工作，通过择优选聘、集中培训、强化管理等方式切实提高他们的责任意识和能力水平，同时合理运用绩效考评、退出机制等手段，及时解聘不合格的司法送达联络员。对于选择采用网格员协助法院完成送达工作的试点法院，应与各地综治办做好网格员的审核、登记、指导等衔接工作，并以协助送达管理台账为依据，继续推动综治办对网格员协助送达情况进行综合考评，将绩效表彰奖励机制落实到位，对存在消极、推诿、拒不配合等情况的网格员采取必要的惩罚措施。

（四）推进智能应用，实现多元协助

试点法院应利用"智慧法院"建设的契机，梳理送达工作的业务流程，量身定制符合当地实际情况的送达辅助系统，完善送达管理、业务辅助、数据统计三大模块功能，并通过开发移动终端 App 将零散的信息资源统一汇集，让送达人员能够及时掌握关键信息，实现送达现场照片、视频实时回传等功能，减少事务性工作的负担，提高送达效率，实现司法送达的专业化、集约化和社会化。同时，试点法院还应依据法律规定，逐渐尝试扩大送达平台的适用范围，将网格员（司法送达联络员）协助司法事务延伸扩展到执行、调解、普法等领域，在不增加法院送达人员和成本投入的情况下提高执行法律文书的送达成功率，推动调解及时息诉解纷，促进司法公信和社会信用体系建设，推进构建全方位、多领域、常态化的"网格化 + 司法事务"合作机制。

B.12
上海检察机关知识产权刑事案件
办理与展望（2016～2017）

上海市检察院、市检三分院联合课题组*

摘　要：　本文系统分析了2016～2017年上海地区侵犯知识产权刑事案件情况，总结提炼区域内知识产权刑事犯罪的特质和发展趋势，归纳当前知识产权刑事司法保护存在的问题，如假冒专利罪的司法实践适用难题、知识产权权利人损失挽回的阻碍等。本文还从立法完善、新型知识产权行刑衔接机制、加强社会综合治理、强化对权利人的诉讼权益保障等方面提出有针对性的刑事司法保护对策。

关键词：　知识产权犯罪　实证分析　刑事司法保护

　　近年来，上海检察机关立足检察职能，积极发挥刑事打击知识产权犯罪的震慑作用，依法全面保障科技创新主体的合法权益。为继续深入推进知识产权司法保护，更好地服务保障上海科技创新中心和亚太知识产权中心城市建设两大目标，维护公平竞争、诚信守法、创新发展的营商环境，上海检察机关系统梳理了2016～2017年上海检察机关办理的知识产权犯罪案件，深

---

* 课题组成员：肖凯，上海市人民检察院金融检察处处长；陆川，上海市人民检察院金融检察处检察官助理；房长缨，上海市人民检察院第三分院知识产权检察处处长；潘莉，上海市人民检察院第三分院知识产权检察处检察官；王世涛，上海市人民检察院金融检察处检察官助理；戴丽，上海市人民检察院第三分院检察官助理。

入分析犯罪特点、趋势及成因，并就进一步完善上海知识产权司法保护体系提出相关建议。

一 知识产权刑事犯罪的发展趋势

（一）基本情况

1. 案件受理概况

全市检察机关 2016~2017 年累计受理侵犯知识产权审查逮捕案件 279 件 472 人。其中，假冒注册商标罪 60 件 100 人，销售假冒注册商标的商品罪 183 件 308 人，非法制造、销售非法制造的注册商标标识罪 21 件 37 人，侵犯著作权罪 14 件 26 人，侵犯商业秘密罪 1 件 1 人（见图 1）。逮捕案件自 2015 年起始终处于增长趋势，2016 年案件数及人数分别增长了 23.15%、0.87%，2017 年继续增长了 9.77% 和 4.33%。

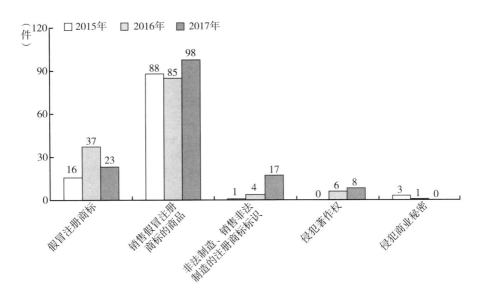

图 1 审查逮捕案件情况

全市检察机关 2016～2017 年受理侵犯知识产权审查起诉案件总计 425 件 800 人，其中假冒注册商标罪 80 件 177 人，销售假冒注册商标的商品罪 296 件 524 人，非法制造、销售非法制造的注册商标标识罪 20 件 50 人，侵犯著作权罪 23 件 41 人，侵犯商业秘密罪 6 件 8 人（见图 2）。公诉案件近两年呈现减少趋势，相较 2015 年，2016 年案件数和人数减少了 33.64%、27.46%，2017 年进一步下降了 2.33% 和 5.83%。

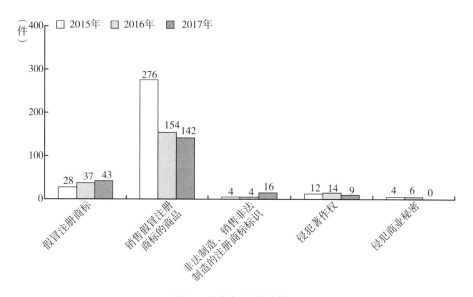

图 2　审查起诉案件情况

2. 案件罪名较为集中，侵犯商标权类的案件量占据首位

在知识产权刑事案件中，占比最高的是销售假冒注册商标的商品（以下简称"销假"）罪，两年的审查逮捕和审查起诉案件中该类案件占比分别为 65.6% 和 69.6%。位居第二的是假冒注册商标罪，占比分别为 21.5% 和 18.8%。非法制造、销售非法制造的注册商标标识案件占比分别为 7.5% 和 4.7%，侵犯著作权案件占比分别为 5% 和 5.4%，案件数量几乎持平。侵犯商业秘密罪仅占全部案件的 1% 左右。假冒专利罪尚无具体案件发生。侵犯商标权案件数量远高于其他类知识产权案件的原因之一，就在于商标犯罪的成本相对较低，通过简单复制标识即可大量生产假冒的商品。侵犯商业秘密

案件在侦查取证、案件定性上存在相当大的难度，2017年公安机关共撤回该类案件2件2人。

3. 知识产权刑事案件中过半数为共同犯罪，缓刑率高

两年内受理的全部知识产权犯罪案件中，有215件案件为2人以上共同实施的犯罪，占比高达51%。2016～2017年全市知识产权犯罪一审生效判决的公诉案件共有131件184人，二审生效裁判案件有10件19人，其中被判处缓刑的有62人，缓刑率达30.5%。

4. 知识产权刑事案件罚金判处率高达92%

一审生效判决中并处或单处罚金的共有168人，二审生效裁判并处罚金19人，占全部生效裁判案件人数的92%。以市场中间价认定犯罪金额的案件中，罚金占比①从0.1%到81.4%不等，但大部分都在20%以下。以实际销售价格认定犯罪金额的案件中，罚金占比从0.5%到96.9%不等。涉及食品、药品等民生类案件，罚金略有上升，66.67%的案件罚金占比在20%以上。

5. 知识产权犯罪活动区域分布变化

2016年全市知识产权刑事案件发案量前五位的区域是闵行区、虹口区、长宁区、普陀区、奉贤区。2017年闵行区知识产权发案数继续居全市首位，且案件量是第二、第三位长宁区、杨浦区的两倍，浦东新区、虹口区案件量位列第四、五位。区域知识产权刑事案件量的涨跌，除了与该区域司法资源配置有关，也与所在区域科技创新、技术竞争环境有关。

6. 权利人在刑事诉讼中获得赔偿情况

上海检察机关高度重视知识产权权利人合法权益的司法保障。通过制发知识产权权利人权利义务告知书，确保权利人依法参与相关案件的刑事诉讼程序。2017年起，全市积极推动知识产权刑事案件认罪认罚从宽程序的开展，通过被告人与被害人达成和解、取得被害人谅解、退赃退赔，尽量弥补被害人损失。2017年知识产权认罪认罚案件共21件32人，占审结案件的17.5%。

---

① 罚金占比，是指罚金数额与犯罪金额（包括已售金额和待售金额）之比。

（二）犯罪特点

1. 销假类案件中，线上线下销售模式并行，网络刷单促销假货情况严重

其一，线上销售模式主要包括通过国内大型电商平台（C2C 或 B2C①）对外销售，或者借助社交工具如微信、微博等进行售卖，一般涉及奢侈品。线上销假案件中存在大量为提升店铺销量、信誉而刷单的情况。其二，线下销售模式既包括搭建售假窝点集中经营，如"淘宝城"特大销假案中某服饰礼品市场，也有零售店铺、地摊等分散型售假。线下销售中搭建窝点模式，在经过司法机关多次集中惩治之后，逐渐有向巷子弄堂分散式发展的趋势。

2. 被假冒的注册商标普遍具有较高的知名度

被假冒的注册商标往往是知名注册商标，涉及多种商品类别，并不局限于高档消费品。一些知名饮食、护肤品品牌也成为知识产权犯罪的目标，如农夫山泉、茅台、五粮液等。尤其在出口贸易中，中国知名商标知识产权被侵犯的刑事案件时有发生，如被告人假冒美加净的"maxam"注册商标的美发产品，出口至也门共和国时被上海海关查获。

3. 初犯、偶犯情况较多

犯罪分子大部分为初犯和偶犯，有知识产权犯罪前科的仅有 6 件 6 人。大部分被告人系首次实施知识产权犯罪。再犯的知识产权犯罪分子往往集中于销售领域。

4. 由共同犯罪形成的产业链化趋势明显

不少案件中，多个被告人在整个犯罪活动中分别负责运输、批发、零售等不同环节，有固定的联系交接方法，形成了一条明确的犯罪产业链。人员层级分布复杂，上至商城管理者、商铺房东，下到批发商、商铺老板、营业员、黄牛，互相抱团形成制假售假的网络。譬如，在假冒某化妆品注册商标

---

① C2C 和 B2C 是电子商务的专业术语。C2C 即 consumer to consumer，是个人与个人之间的电子商务。B2C 即 business to customer，指企业对消费者的电子商务模式。

系列案件中，王某等十余人经事先共谋，从偷盗香精到研制、包装、运输及销售假冒产品，形成完整的制售产业链。在著作权犯罪中，这种共同犯罪方式表现尤为明显。

5.经销商成为知识产权犯罪高发人群

经销商获得知识产权权利人的授权，本应在授权范围内合法销售权利人的产品。但从部分案件来看，一些经销商打着合法授权的幌子，实施侵犯知识产权犯罪活动，甚至在失去经销商资格后，仍以授权之名销假。某公司作为联想官方授权经销商，以部分假冒零配件替换原装零配件，再将整机出售。又如，曾经获得韩束公司授权的某公司，在失去代理资质后继续通过不正当途径购入假冒韩束品牌的化妆品对外销售。

6.滥用互联网技术已成为侵犯著作权犯罪的主要方式之一

2017年成功办理的7件著作权案件均运用了互联网技术。譬如，在一起利用手机应用商店App侵犯信息网络传播权的案件中，被告人通过云存储侵权电子书籍，利用用户点击量赚取广告收入，涉案金额高达637万元，所有犯罪环节均在网上实施。又如，在郑某等五人侵犯著作权案中，被告人通过私自架设《航海王》游戏服务器，供玩家使用并从中获取收益。再如，在段某侵犯著作权案件中，其未经著作权人许可，利用搜索爬虫技术，对知名视频网站的影视作品设置加框链接，并通过收取广告费的方式牟利。利用手机App、云存储等互联网技术侵犯著作权的行为日渐突出。

7.部分知识产权犯罪案件还危及民生安全

侵犯商标权案件的犯罪对象有相当部分为食品、酒水饮料、保健品等与民生相关的商品。这类犯罪不仅侵犯知识产权，还可能危及人民群众健康和生命安全。因此，应考虑其严重的社会危害性，依法从严、从重处罚。

（三）检察保护情况

1.加强知识产权刑事保护，典型案件频获表彰

上海检察机关每年以"3·15"消费者权益保护日和"4·26"保护知识产权宣传周为契机，开展多次集中公诉，办理了一批涉案金额高、专业性

强、社会影响大的案件，打击成效显著。多起知识产权典型案件获得最高人民检察院、国家版权局的表彰和肯定。普陀区人民检察院办理的"吴华刚侵犯著作权案"被评为当年全国打击侵权盗版十大案件。另有多起案件入选上海知识产权十大典型案件和上海版权十大典型案件。

2. 完善行刑协作，知识产权两法衔接平台显成效

在已有两法衔接平台的基础上，上海检察机关进一步推动建立专门的知识产权保护平台，畅通上海市行政执法和刑事司法在知识产权违法犯罪惩处方面的沟通衔接，为权利人查询涉及其权利的行政执法、司法案件进展情况提供便利。市检三分院与市版权局、市文化执法总队共同搭建版权领域"两法"衔接平台，签署工作协作备忘录，建立工作联络、协同研究、专家平台共享、人员培养培训等机制，形成工作合力。浦东新区检察院与该区知识产权局签订相关合作协议，启动知识产权行政执法和刑事司法工作平台建设，设立知识产权案件检察官办公室，拓宽检察监督线索来源。

3. 创建上海科创检察平台，服务科技创新最前沿

2017年上海市人民检察院将检察职能与科技创新深入融合，建立上海服务保障科创中心建设统一平台（Shanghai People's Procuratorate Online Platform for IP Protection）。该平台立足"专业"和"服务"两个关键，将检察职能与科技创新深入融合，平台服务形式为集中与分散相互结合、线上线下同步推进，通过完善专业化科创检察保护机制，打造线上科创检察平台，在上海科创重要承载区设立检察官办公室，使司法保护深入科创最前沿。与平台运转相关的浦东、徐汇、杨浦、闵行、嘉定区检察院已逐步开展具体法律服务保障工作，其中浦东区检察院、徐汇区检察院已经在科创重要承载区设立了检察官办公室，杨浦区检察院成立了创新创业司法服务基地。

4. 优化权利人诉讼权益保障，凸显刑事司法保护效应

为进一步提升知识产权刑事办案专业化水平，依法保障知识产权权利人的程序性权利，全市金融知识产权检察部门对一审侵犯知识产权犯罪公诉案件，在审查起诉节点启用"知识产权刑事案件被害人（单位）诉讼权利义

务告知书（审查起诉阶段）"（中英文版本），告知被害知识产权权利人相关权利和义务，英文版本作为参考文本向外国知识产权被害权利人提供。同时，市检察院继续完善与中国外商投资企业协会优质品牌保护委员会的合作机制。市检三分院、奉贤检察院等积极与相关行业协会、企业构建检企对接机制。

二 知识产权刑事司法保护面临的问题

（一）刑罚威慑力仍有待提高

大量案件表明，知识产权犯罪成本较低，尤其是侵犯商标权、著作权类犯罪，通过复制标识、印刷出版物、架设服务器等简单投入，就能获取远远高于其实施侵权活动成本的巨额利润。知识产权犯罪刑罚相对较轻，司法实践中缓刑适用比例较高，即便被司法机关多次查处，仍存在不法分子继续再犯的情况，甚至出现销假类犯罪分子以侵权为业的情形。在食品药品、家庭暴力、性侵害未成年人等犯罪领域出台过司法解释，可以通过适用禁止令，禁止其在缓刑考验期内从事相关活动。而在知识产权犯罪领域，立法和实践均无适用禁止令的规定和案例。

（二）假冒专利罪难以实现司法适用

中国刑法仅设立假冒专利罪，对侵犯专利权的行为进行刑事打击，又通过司法解释对"假冒专利"的行为进行了细化，规定"在未经许可使用、标注他人专利号或者伪造变造他人专利证书等文件时"才能适用该条款。但对冒充他人专利、非法实施了他人专利的行为，在商品上以文字明确冒充专利号等行为，如何定性却没有相应明确规定，致使无法追究刑事责任。上海地区近10年均未发生一起假冒专利犯罪案件，随着中国每年专利量的快速增长，侵害专利权的犯罪活动日益增多，立法也应有符合犯罪规律变化的改变，务求在打击犯罪、促进创新发展、保障权利人权益三方面实现平衡。

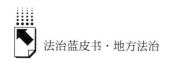

（三）权利人损失挽回阻碍较大

知识产权权利人投入了大量的人力物力财力，犯罪分子侵犯知识产权的行为，对其产品的市场份额和商誉造成了严重的损害。司法实践中，知识产权权利人作为被害人受到的损失难以在刑事诉讼中得到直接合理的赔偿。

主要原因在于，其一，鉴于知识产权的权利属性，权利人无法提起刑事附带民事诉讼。中国刑法规定，只有在被害人因人身权利受到不法侵犯或者财物被犯罪分子毁坏而遭受物质损失的情形下有权提出附带民事诉讼。知识产权刑事案件并不符合提起附带民事诉讼的条件。其二，在刑事诉讼中调解不是必经法定程序。特别是多数案件中被侵犯的权利人众多，在诉讼过程中进行多对一的调解工作难度较大。

（四）国内出口知识产权跨境保护难

随着中国大力推动创新战略实施，加强重点知识产权海外布局，国内出口商品品牌和质量不断提升，在出口环节知识产权保护也遇到新难题。国内通过利用相对低廉劳动力进行商品贴牌加工的典型"中国制造"模式成就了经济的快速发展，随之就产生了贴牌加工商品有可能侵犯中国商标权利人合法权益的问题。现已发现假冒知名品牌"美加净"的美发产品出口至也门的案件，如果"美加净"商标权利人在也门没有注册商标，则该案是否认定为犯罪将存在较大争议。出口环节中的知识产权保护问题在民事纠纷、行政执法乃至刑事犯罪领域时常遇到，但是否构成民事侵权、刑事犯罪在司法实践中仍然存在不同意见。

（五）尊重知识产权的法治文化环境仍需优化

知识产权犯罪的诱因往往与社会需求相关联。通过分析大量销假类案件可以发现，消费者知假买假的现象十分突出，尤其涉及箱包、眼镜、手表等奢侈品牌。在侵犯著作权案件中，网络用户上传、下载含有侵权内容的视频或者文学作品，有时被贴上互联网时代共享经济的标签，掩盖甚至助长了互联网违法犯罪行为。注册商标标识类案件中，印刷厂没有履行谨慎审查义务，非法印制注册商标标识的情况仍很突出。虽然社会初步形成了尊重知识产权的氛围，但受传统观念、法治意识、经济条件等因素影响，不少民众还未形成自觉保护知识产权的观念，社会综合治理需进一步健全和完善。

（六）权利人自身制度机制仍有缺失

知识产权犯罪屡禁不止，与权利人在保障自身权益方面的理念和能力不足也有关系。不法分子往往利用这一弱点实施侵权行为，在牟取非法利益后掩盖犯罪痕迹，逃避查处。以查办成功率较低的侵犯商业秘密案件为例，取证困难的根源在于权利人自身知识产权保护方面存在漏洞。一是一些企业与商业秘密形成、管理、运用相关的岗位员工从未签署保密协议，或者虽然签订保密协议，但是协议内容约定不清，协议有效性存在较大瑕疵。二是部分创新企业知识产权管理制度明显缺失，商业秘密保密措施流于形式，企业在报案时甚至无法提供明确的被侵权商业秘密载体（纸质文件、电子介质等），直接导致相关刑事案件证据基础薄弱。

三　加强知识产权保护的建议

（一）结合刑事司法实践，推动知识产权立法完善

国务院于 2017 年 3 月发布了《关于新形势下加强打击侵犯知识产权和制售假冒伪劣商品工作的意见》，提出要加快法规和标准的制定和修订。推动修订完善刑法或相关司法解释有关知识产权犯罪的条款，加大处罚力度，完善定罪量刑标准，加强刑法与其他法律之间的有效衔接。检察机关应当立足司法实践，提出具有可行性的立法建议。一是建议在知识产权刑事处罚中增加禁止令，作为惩罚和震慑不法分子的有力武器，通过建章立制，规范禁止令在知识产权刑事案件判罚中的具体适用、操作执行，加大犯罪成本，降低不法分子再犯的可能性。二是针对假冒专利罪在司法实践

中使用受限的情况，建议通过修订或增补罪名条款的方式，扩大刑法保护专利权的范围。

（二）以"大调研"为契机，构建新型知识产权行刑衔接机制

根据国务院机构改革方案，知识产权行政职能部门格局将有重大改变，专利、商标的管理和执法职能由不同监管部门承担。虽然地方知识产权部门还未作相应的调整，但上海检察机关将以"大调研"为契机，时刻关注相关机构和职能的变化，运用多种调研方法，加强与相关职能部门的沟通，从有利于知识产权良性发展、符合刑事司法规律的角度，创新信息线索交换、案件查办协作等已有工作机制，尽快适应新情况新变化，探索新形势下知识产权行政执法与刑事司法衔接的新路径。

（三）加强社会综合治理，突破知识产权保护瓶颈

2018年最高人民检察院工作报告中特别提出要优化科技创新法治环境，上海科创中心的建设迫切需要尊重创新、保护知识产权的社会生态环境。检察机关须开拓思路，紧密围绕当前知识产权犯罪风险点和维权难点，依托知识产权职能部门、行业自律性组织在查处违法活动、日常监管方面的科学方法和技术优势，创新合作机制，共同开展治理工作。

一是督促电商平台落实知识产权保护机制，重点治理刷单行为。电商平台作为卖家集聚的平台，负有对卖家监管的义务，理应建立起一套强化知识产权保护的具体规则。但从当前来看，网上销假犯罪活动仍比较突出。对此，可通过违法情况通报、定期走访、强制上传平台交易数据等方式，督促电商平台切实承担起监管义务，在商户入场、销售等多个环节设置有效的监管流程。

二是持续监测、集中整治销假区域和窝点。对于销假活动相对突出的区域，通过日常执法、违法犯罪信息交换等机制，动态跟踪监测并及时予以遏制。譬如，2017年静安区的销假刑事案件大幅减少，就得益于2015年、2016年行政、司法机关携手对该区域"淘宝城"商厦的销假行为进行集中

打击，清除了上海地区一个较大的销假窝点，处置了一批销假不法分子以及为销假活动提供经营场所的人员。

三是对出现犯罪新风险点的行业加强监管。2017年上海市商标标识刑事案件大幅增长，这与一些中小微印刷企业在知识产权保护上存在漏洞隐患密切相关。这一行业犯罪风险点应予高度关注，司法机关可以携手职能部门、行业协会，结合案件情况，开展行业整治活动，协助中小微印刷企业加强知识产权保护，促进印刷行业健康有序发展。2017年产品回收行业也出现了知识产权犯罪新的风险点。譬如，在销售假冒"青岛"牌啤酒案中，犯罪分子利用啤酒瓶符合一定条件可以回收的特点，回收青岛啤酒瓶后私自灌装自行生产的啤酒，加贴与青岛啤酒非常相似的商标予以销售。还有相当数量的假冒品牌硒鼓案件中，犯罪分子回收旧硒鼓，自行灌装碳粉后，加贴品牌标签后出售。显然，对回收产品的合法利用有待进一步加强监管。

四是关注网络服务商不作为带来的知识产权犯罪隐患。网络服务提供商得益于互联网的分享理念不断发展，但技术中立不代表行为合法。从已有案例看，借助网络服务商，大量知识产权侵权犯罪行为聚集在同一平台上，形成规模效应，对互联网公共秩序以及知识产权人的合法权益造成巨大损害。因此，网络服务商在信息传播中的巨大作用不容忽视，对于云网盘、视频网站等进一步加强监管，使其承担相应的法律责任和社会责任。在落实避风港原则、红旗原则的前提下，由于网络服务商未履行应尽义务而形成的知识产权违法犯罪结果，应当及时通过法律手段予以规制。

（四）结合刑事诉讼制度改革，进一步强化保障权利人诉讼权益

一是继续深入开展知识产权案件认罪认罚从宽工作。2017年上海检察机关在销假案件认罪认罚试点工作中效果突出。对知识产权刑事案件开展认罪认罚工作，旨在解决知识产权权利人在刑事案件中损失赔偿的难题。通过司法机关依法审查并居中调解，被告人积极赔偿损失，取得权利人谅解，司法机关在定罪量刑时可以将此作为酌定情节考虑从轻或减轻处理，既提高了被告人赔偿的积极性，也有利于被告人和权利人之间社会关系的

缓和修复。

二是进一步优化和延伸上海检察科创统一平台功能，真正实现科创检察的智慧服务。全面落实知识产权权利人权利义务告知制度，形成"全流程、全覆盖"，从案件审查逮捕到审查起诉各环节，凡是涉及知识产权权利人利益受损的案件，都制发告知书，依法扩大权利人在知识产权刑事诉讼中的参与度，有效保障知识产权权利人的合法权益。

（五）拓展多层次知识产权法制宣传教育，理念普及与司法引导相结合

法制宣传教育是知识产权司法保护的重要组成部分。根据对象的特点，检察机关有的放矢地开展宣传教育活动。其一，在面向社会公众进行理念普及和法律宣讲时，尽可能拓展宣传途径，扩大宣传范围。除走进社区街道、学校等公共场所进行实地宣讲、发布案例等传统方式，还可以与各大网络运营商、新媒体合作，在不同的互联网平台以灵活多样的形式（如微博专栏、微信公众号、网络剧、网络课堂）传播法律知识和司法保护政策，加大理念普及的频率和覆盖面，使得知识产权"平等保护、全面保护和依法保护"的理念普及做到"润物细无声"。其二，回应科技创新主体、企业等相对专业群体的需求，依托专业检察官办公室、司法服务基地等组织，提供宣传和引导。紧扣知识产权战略布局、知识产权管理运用、规避刑事司法风险等现实重要议题，组织专题讲座、面对面咨询等为企业、知识产权权利人答疑解惑。其三，知识产权权利人必须强化权利保护意识，提升保护措施。知识产权本质上是一种私权利，如果权利人自身不予以重视，在缺乏合法清楚充分证据的情况下，司法机关也很难提供司法保护。

（六）强化知识产权检察人才建设，提升办案专业化、精细化水平

一是通过条线培训、业务能手比赛等多种形式，推动知识产权人才库建设，拓展知识产权人才交流锻炼渠道，形成知识产权检察业务专家、办案能手等人才梯队。积极开展对知识产权检察实务和理论的调查研究，鼓励检察人员特别是一线办案检察官对知识产权犯罪领域出现的新情况、新问题进行关注和研究，推动理论成果的实践转化。深化知识产权"智库"建设，继续完善知识产权检察咨询专家委员会建设，为知识产权检察工作发展提供智力支持和理论支撑。

二是进一步完善知识产权"三合一"办案机制。在已有实践基础上，加强对知识产权民事、行政、刑事办案思路、执法尺度的差异性研究分析，集中攻克知识产权民行刑交叉案件中的难点，争取形成相对独立、彼此互补的"三合一"办案思路，提高重大案件的办案质量和成效。

B.13
四川省营山县以智慧检务打造
"群众家门口的检察院"

王小茵 王自成 吴波 张明江*

摘　要：　四川省营山县检察院认真贯彻落实习近平总书记和中央指示精
神，在省市领导关心和南充市检察院的指导下，通过建设"群
众家门口的检察院"法治服务品牌，打造智慧检务，走"网上
群众路线"，促进了法治良序的形成，推进了南充肃清"贿选
案"余毒、政治生态"灾后重建"与法治崛起，成为互联网背
景下"相信群众、依靠群众、服务群众"的法治服务品牌。

关键词：　智慧检务　法治良序　群众路线

郡县治，天下安。保障县域稳定平安，是学习贯彻习近平新时代中国特
色社会主义思想治蜀兴川"四川篇"的基础卷。四川省营山县人民检察院
认真贯彻落实习近平总书记和中央指示精神，在省市领导关心和南充市检察
院的指导下，倾力打造"群众家门口的检察院"法治服务品牌，得到最高
人民检察院、四川省人民检察院的充分肯定，中央和四川省主流媒体多次宣
传报道。建"群众家门口的检察院"是贯彻落实习近平总书记坚持以人民
为中心的执政理念、走"网上群众路线"、化解基层矛盾的"减压阀"、维
护一方平安的"稳定器"，是推进南充肃清"贿选案"余毒、政治生态"灾

---

* 王小茵，中共四川省直机关党校副教授；王自成，四川省南充市人民检察院办公室副主任；吴波，
四川省营山县人民检察院信息技术部副主任；张明江，四川省南充市创意产业研究会秘书长。

后重建"与法治崛起的创新举措,成为互联网背景下"相信群众、依靠群众、服务群众"的法治服务品牌,其经验值得推广借鉴。

一 建设背景

党的十九大报告提出,"打造共建共治共享的社会治理格局。加强社会治理制度建设,完善党委领导、政府负责、社会协同、公众参与、法治保障的社会治理体系,提高社会治理社会化、法治化、智能化、专业化水平"。习近平总书记在对政法工作的重要批示中指出,"坚持以人民为中心的发展思想,增强工作预见性、主动性。努力创造安全的政治环境、稳定的社会环境、公正的法治环境、优质的服务环境,增强人民群众获得感、幸福感、安全感"。中央政法委强调,"要运用科技创新的理念走群众路线,创新公共服务方式,让人民群众在家门口、掌心里、指尖上就能办成事、办好事"。中央、四川省、南充市在安排部署脱贫攻坚、乡村振兴等工作时也将社会治理能力现代化列为重要内容。自2017年开始,南充市检察院党组安排部署"一院一品"建设,要求县(市、区)检察院结合本地实际贯彻落实习近平总书记重要讲话精神,因地制宜打造法治服务品牌。

营山县检察院认真分析本地经济社会发展所处的历史方位,深入研究新时期群众对社会治理与公共服务的新要求,针对互联网时代群众喜爱网络、喜爱视频聊天、喜爱新媒体的实际,聚焦群众对美好生活的向往,按照"将办公桌搬到群众家门口、将公平正义放在群众手心头"的要求,倾力打造"群众家门口的检察院"这一法治服务品牌。为进一步巩固国家政治安全和社会大局稳定,提高服务和保障经济社会发展大局能力,提升维护社会公平正义水平,找到了改革的切入点,增添了改革的新动力。

二 实践路径

针对传统检务在法治服务中的缺位、错位、越位现象,营山县检察院主

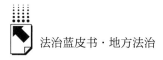

动变革，充分利用"互联网＋"、人工智能、大数据等现代信息技术打造
"群众家门口的检察院"，并争取组织、县纪委监委、宣传、法院等部门支
持，整合资源，合作共建，打破时空界限，搭建起一个全时全域覆盖、干群
共建共治的公共法治服务平台。

（一）搭建共享平台

建设一个集信息集成、动态分析、综合研判、风险预警、多端融通等功
能为一体的大数据云平台，编制综合软件，实现数据储存、运算和应用，提
供公共法律服务和法律监督产品。

视频接访咨询平台简介

在县纪委监委、法院、群工局、扶贫移民局等单位和全县乡镇、社区、
村、居委会建立近800个视频接访咨询平台。该平台的控制终端设在县检察
院视频接访中心，由专人负责维护和接访，并统一归口、处理、分流，可实
现各类视频会议下发至乡镇和行政村，还可实现视频听证、信访分流转接、
普法宣讲、法律咨询、视频控告举报、申诉及答复、律师预约、案件信息查
询、视频听取当事人及其诉讼代理人和辩护人意见等。该平台的建立不仅有
效减轻了当事人信访诉累，提高接访效率，而且实现了上访群众和有关部门
"面对面"交流。

（二）布设共享网络

利用广电光纤、互联网在市、县、乡、村分层分级布建信息采集、数据
应用、综合服务网络，联通相关单位，实现数据交互共享。

（三）建设共享终端

搭建分层分级管理、形式多样、分布面广、便捷实用的信息终端。

信息终端简介

（1）远程视频咨询接访 PC 终端同步接入县纪委监委、法院、群工局、扶贫移民局等单位和全县乡镇、社区、村、居委会。

（2）在重大项目现场设检察官服务站，安装可视远程服务终端；结合社区平台建设，在重点社区设立示范点，实现社区矫正法律监督工作；开展"知心姐姐"进社区帮教涉案未成年人工作；受理群众举报、控告、申诉、投诉、咨询；对基层法庭、派出所进行监督；开展法制宣传，化解社会矛盾，参与社会治安综合治理；广泛征求人大代表、政协委员、人民监督员、社会各界对检察工作的意见和建议，满足群众的不同要求，真正实现便民、利民、为民执法。

（3）建未成年人观护帮教基地。在营山中学、营山第二中学、营山职业高级中学和四川通旺农牧业集团有限公司建立青少年观护基地，所有观护基地可为涉罪未成年人提供平等保护的机会，为检察机关、司法机关、共青团开展监督考察、观护帮教工作提供场所。同时，"知心姐姐"工作室同步进入社区、进入校园、进入企业，还将吸纳志愿者团队加入，开展常态化帮教和涉案人员全覆盖矫正工作，帮助失足未成年人重归正道。

（4）建检察直通车。进一步延伸法律监督触角，变固定场所为流动站点，打通服务群众最后一公里，购置一台检察直通车。该车可实现预防讲座、信访接待、案件办理、控申接待等集成化功能，真正实现送法上门，化解矛盾纠纷，真正将检察工作普及到田间地头。

（5）开发检察手机 App。随着手机网民持续增长，开发检务通检察手机 App，可让广大网民更直观和快捷地了解检察机关，网民可及时全面了解办案及流程，群众可利用手机实现以控告申诉、预约行贿档案查询、法律咨询、律师预约阅卷、案件信息查询、掌上视频信访等，实现以科技服务群众，真正将公平正义送到群众手心头。

（6）网上服务大厅。在全县 54 个政务中心安装了网上服务大厅（LED 查询平台），该网上服务大厅涵盖了检察机关日常窗口服务的全部内容，实现新型检察服务，将网下服务变为网上提供，变来访为"来网"，有效保障

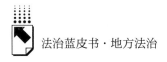

群众表达权。

（7）研发智慧案管。自主研发掌上管理系统和涉案财物管理系统两个软件，掌上管理系统包括微信公众平台、内部应用及后台处理和移动OA办公平台，实现自动抓取各类数据信息、自动分配案件、掌上主动告知、链接查询环节；涉案财物管理系统主要用于对涉案财物出入库进行现场动态管理，每一件赃证物都有独立的身份编码，通过交接视频全程录制、法律手续拍照录入等，使各类涉案财物信息更加丰富和立体。该系统还可实现对当事人及其诉讼代理人、辩护人发送案件受理、权利告知、流程查询方式等通知短信，其可在掌上、网上关注"营山检察"微信公号查询案件，亦可链接服务大厅视频预约会见、阅卷等。

（8）完善立体司法救助。完善民政、残联、卫生、教育等部门关于建立国家司法救助与其他救助衔接机制的意见；借助"两法衔接"平台及党政网，实现网上互联互通，多单位信息共享；实现网上甄别，网上受理，新增网上调查，网上签名；联合公益团队等单位开展立体式主动上门救助等工作。

（9）利用公共资源建立流动或固定的政务公开、普法宣传、警示教育平台。通过平台后台控制和管理规范，根据直通车、出租车下乡入村、走街串巷、流动性强、宣传面广的特点，在直通车、出租车上安装LED滚动显示屏，让每一辆出租车都成为"撒播法治文化的种子"，发布动态、引导舆论、掌控舆情。流动到哪里，法治文化传播到哪里。

三　解决的问题

"群众家门口的检察院"利用互联网技术，缩短了检务工作与群众的空间距离，节约了时间成本，获得了各方支持、一事多赢的最大公约数。

（一）缩短了检务工作服务群众的空间距离

"从前办事腿跑断，现在只需一按键"，群众朴实的话语里，反映的是效率提升。营山县检察院按照"数据多跑腿、群众少跑路"的思路，视频接访必须全覆盖、满辐射的总体要求，在政务中心、全县 54 个乡镇（街道）、729 个村（社区）建立独立专线视频咨询接访平台，安排专人进行接访、服务和维护，并对上访者反映的信息实行统一汇总、分流、归口、送达处理和后台存档。通过使用视频接访系统，实现检察官与诉求群众"面对面"交流、多方"会诊"解决问题、统计分析提供研判等功能，彻底打破传统接访时间、地点的限制，第一时间回应群众利益诉求，受理群众监督投诉和控告举报，提高了检察服务工作质效，提升了群众满意度。2017 年以来，全县共视频接待群众咨询 1185 人次，视频接访 126 件次，解决群众诉求 178 件，转交相关单位答复 43 件次，自行答复 75 件次，答复满意率100%。

（二）加强了检务工作服务群众的精准对接

"烧香找错庙门"一度是群众反映诉求常见的现象。营山县检察院按照"一网多能、一网多用、一网共享"的建设思路，把全县远程视频咨询接访PC 终端同步接入县纪委监委、法院、群工局、扶贫移民局等单位，初步建成了"信息共享、平台共用、问题共解"的矛盾纠纷化解新体系。按照职能分工各司其职、各尽其责，达到了"接访、答复、协调"统一标准、统一平台、全程监督，真正实现了"将办公桌搬到群众家门口、将公平正义放到群众手心头"，实现群众诉求精准送达、精准办理、精准回复，真正将问题矛盾发现在初始、解决在当地、控制在萌芽。同时，在 3 所学校和 1 个企业设立观护基地和"知心姐姐"工作室，并利用视频咨询接访系统和心理预警、帮扶、矫治云平台等针对未成年人开设心理咨询服务，经网上预约受理，"知心姐姐"团队成员可在线对未成年人进行心理疏导、心理矫正和法治辅导，为青少年答疑解惑，帮助青少年树立正确的世界观、人生观和价值观。近年来，"知心姐姐"团队线上开展未成年人法治宣讲 64 场次，覆盖万余名未成年人，法律援助 100 余人，帮教 129 人，提供司法救助 12 人，心理疏导 30 余人，极大地减轻了群众"盲目奔走"之苦。

（三）节约了检务工作服务群众的时间成本

"一大早出门，几天才能办事"是欠发达地区，特别是山区群众过去办事的常态。为解决这一问题，营山县检察院立足线上服务与线下查询无缝衔接，深入推进多端融合，着力打造"全时服务"。通过在乡镇（街道）便民中心触摸查询平台加载网上服务大厅，在村（社区）PC端加载营山检察门户网站网址，在手机微信公众号上加载网上检察官等系列服务功能，实现平台线下查询、人机对话、网上"面对面"咨询无缝衔接，全天24小时提供法律政策咨询，检察服务效能大幅提升。2017年，线上提供法律咨询500余人次，仅法治扶贫提供线上法律咨询服务就达300余人次。

（四）提升了检务工作服务群众的质量效率

"碎片查访"是传统检务的工作形态，从查访、研判到结果，间隔时间长、变数多、存在诸多偶然性。"群众家门口的检察院"统筹全县乡镇（街道）便民中心和县政务中心的网上服务大厅（即LED查询平台），接入检务公开、举报申诉、律师预约、视频接访、案件查询等功能，群众通过便民中心的网上服务大厅一站式受理服务平台，即可实现远程登录办事、视频问检一步到位。同时，为最大限度地服务群众、方便群众，该院还将检察公开、举报申诉、视频接访等检察服务延伸拓展到营山检察院微信公众号和门户网站上，群众只需在微信公众号和门户网站上轻轻一点，即可享受指尖上的检察服务。2018年1~3月，网上共送达权利义务告知书385份、案件程序性信息152条，网上受理并开展立体司法救助10余人次，受理举报和监督线索58条。互联网视频接访平台对大量群众关心的问题和矛盾的调解，有了"电子记录"，形成"历史档案"。在实践中，该院进一步升级系统，实现集信息集成、动态分析、综合研判、风险预警、多端融通等功能的大数据云平台，编制综合软件，实现数据储存、运算和应用，提供公共法律服务和法律监督产品，"一事多果""久拖不决"的现象得到有效解决。

四 取得的成效

营山县人民检察院通过"家门口的检察院"这一民心品牌的创立和实践，实现司法为民的服务思想"更新换代"、服务方式"提质增效"、服务成效"换挡升级"，让民生检察由"实体店经营"模式向"网店经营"模式转变，让司法阳光普照百姓的心田，促进了全民尊法、学法、懂法、守法、用法良好局面的形成。

（一）提升检务生产力，调动了全民学法、遇事找法的主动性

有了"群众家门口的检察院"，群众可以做到小事不出门——举手之劳解疑问，大事不出村——抬腿之间明结果，凡事不怕蒙——不懂就找检察官。

在调研中，尝试过该服务的群众均表示，有了"家门口的检察院"再也不用担心不懂法，对法制的学习了解和参与法治共建充满了信心，还不用"花时间、花路费"到处奔波。该县城南镇云雾村村民蔡××表示，他自己就是该村第一个"尝新鲜"的村民，因为扶贫中的某一项政策疑问产生了矛盾，他只用了十分钟时间就得到了专业的法规和政策答复，问题得到了实实在在的解决。如今，在他的宣传带动下，全村村民只要有法律或政策疑问，都主动到视频接访站"聊聊天"，主动学习相关法律法规和国家的涉农政策。该村村委会主任也表示，自从有了"群众家门口的检察院"，群众咨询和解决问题更快了。

（二）提升检务执行力，保持了全民依法、遇事用法的矢量性

有了"群众家门口的检察院"，群众形成了按照法治思维的习惯去化解身边矛盾、排查糊涂案件、杜绝造假违规。

构建法治良序，与基层社会治理和人民群众日常工作生活息息相关，引导基层干部依法治理村务、村民依法保护自己的生命财产安全离不开法治思维、法治意识。该县城南镇文峰村党支部书记非常感慨地说，村

干部过去多数情况下处理村务是"凭着感觉走"，难免出现不公、引发不满情绪，现在就方便多了，有事不明白的立即"视频连线"，与村民一起准确地依据法律法规和相关政策行事，有效地解决了"糊涂案"现象。建成视频接访站一年来，该村有效地解决了十多起积案，村民和村干部相处也更和谐了。

（三）提升检务公信力，养成了全民敬法、遇事靠法的自觉性

有了"群众家门口的检察院"，群众自觉养成了学法知法、有事用法、遇事靠法、守法敬法的良好习惯。

营山县绥安街道书院桥社区党支部书记对"群众家门口的检察院"品牌感触良多。该社区是涉及多个重大项目的新建社区，因项目落地、群众拆迁等繁多事务，对政策法规和法律监督的需求特别多。自从 2017 年建成视频接访站后，县检察院又设立了"检察官服务站"，定期对社区群众和落户企业面对面开展宣传、讲解工作，协调相关法律咨询，一年时间里顺利化解各类矛盾、纠纷和提供相关咨询 120 余件，对社区工作给予了极大的帮助。如今，社区群众和落户企业无不守法、靠法、敬法。很多居民认为，一般事情"手机解决"、疑难问题"视频咨询"、重大问题"当面协调"已经成为他们日常处理问题的习惯，因为有检察院的监督，对不正之风产生了有效遏制，"法治观念"已深深地印在居民和企业主的心里。

五　实践经验

人民至上是法治实践的核心要义。四川各级党政机关认真贯彻落实习近平新时代中国特色社会主义思想和习近平总书记对四川工作的重要指示精神，把依法治省作为全局性的战略任务和关键性工程来抓，着力构建办事依法、遇事找法、解决问题用法、化解矛盾靠法的法治良序。营山县人民检察院以现代信息技术为切入点，建立"群众家门口的检察院"，真正做到了对人民群众"零距离"服务，破解了服务群众"最后一公里"难题，形成了

一整套化解矛盾、维护平安、构建法治良序的实践经验。

经验一：搭建了全民共建的服务平台。以习近平同志为核心的党中央，一再强调法治服务要坚持人民立场，坚持人民主体地位，坚持以人民为中心。法治良序的形成，广大人民群众既是参与的主体，又是服务的对象。"家门口的检察院"既做到了全面履行检务职能，把法治服务为群众送上门，又做到了让群众积极主动参与，谁都不缺席，实现了法治服务平台与全民共建。其经验表明，法治建设必须充分发扬人民群众的主人翁精神，参与共建、推动实践，不断释放法治在经济社会发展中的正能量，形成经济持续健康发展、社会和谐稳定、人民安居乐业的良好局面。

经验二：构建了全民共治的监督机制。法治社会没有旁观者，依法监督是公民的权利。只有人民群众在表达主张、释放诉求中认同法律、信仰法治，才能充分发挥良法与善治的双重效应。"群众家门口的检察院"为群众实现监督权提供了平台，为群众了解司法程序、法律常识提供了渠道，是法律维护公民合法权益的生动实践，不仅发挥了教育警示作用，而且让法治国家的理念更加深入人心，提升了群众对执法、司法环节"看得见、摸得着"的获得感。其经验表明，法治建设必须充分调动人民群众投身法治监督实践的积极性和主动性，只有方便人民群众参与法治监督，才能构筑法治建设的强大合力，真正形成全民监督的法治氛围，使法律获得强大的生命力。

经验三：形成了全民共享的建设成果。加快建设法治服务平台，是解决群众最关心最直接最现实问题的需要。营山县人民检察院通过打造"群众家门口的检察院"，建立"大数据"平台，把说话的机会、权利赋予了人民群众，一定程度上解决了长期以来"久拖无果""重复缠访"等社会现象，形成了良好的全民共建法治服务平台。营山县人民检察院通过互联网平台，通过有效链接让检务服务于广大群众，做到了普法向民心、执法顺民心、司法服民心，始终把维护人民的尊严、保障人民的合法权利、促进人民的全面发展摆在首位，实现了法治服务让全民共享。其经验表明，法治建设必须坚持以人民为中心，必须让人民群众看得见、摸得着，有实实在在的获得感、安全感，广大人民群众才会主动、积极、自觉地参与到法治社会建设中来。

六　结论与展望

党的十九大报告提出，"深化司法体制综合配套改革，全面落实司法责任制，努力让人民群众在每一个司法案件中感受到公平正义"。营山县"群众家门口的检察院"从基层实践中来，需要到基层实践中去，切实把深化司法体制改革和现代科技应用结合起来，坚持借助先进信息技术提高社会治理能力现代化水平，进一步丰富内涵、创新形式、优化集成，让人民群众从"家门口的检察院"得到实实在在的获得感、幸福感、安全感。

一是在不断创新中拓展巩固成果。智慧检务本身就是一个不断创新、适应创新、运用创新的过程，因此，要持续深化对已经建成项目和成果的使用，用好用活各类平台资源，将成果转换为成效，使其成为检察服务的好"帮手"。同时加强对九个项目内容的深入研发，利用大数据、"互联网＋"、现代人工智能等构建起更全、更大的服务体系和格局，从而实现上下一体、各级联动、左右融通的功能，为决策提供支撑，为发展提供保障。

二是在促进职能中升级智慧手段。在深化检察服务的同时强化与检察职责的高度契合，与时俱进用好现代信息技术，并坚持不断更新升级，把"群众家门口的检察院"切切实实建成法律监督的"千里眼"、社情民意及监督线索搜集的"顺风耳"。特别是要利用信息技术加强对法律监督信息的收集、分析研判，加强立案侦查、行政行为、公益诉讼、社区矫正、刑事申诉、未成年人权益法律保障等法律监督。

三是在不断探索中总结完善推广。组织相关部门、科研机构开展"群众家门口的检察院"理论研究，为进一步推广提供法律依据和理论依据。同时深入分析已经取得的成效，总结实践经验，争取更多支持，把品牌中的精品项目做成典范，纳入推动社会治理现代化体系推广。特别是对影响社会和谐稳定、长治久安和治理能力现代化的项目向全省乃至全国推广。

基本解决执行难

Judicial Execution

B.14

信息化建设助力法院执行的宁夏实践

张秉俊　沙国强　谢亚楠　撒世虎*

摘　要： 在最高人民法院庄严宣布"用两到三年时间基本解决执行难"的背景下，宁夏高院加速推进执行信息化建设，助力解决执行难。随着法院执行办案流程信息管理系统、法院执行指挥管理平台系统、法院执行指挥应急调度服务平台系统等的建成并投入运行，依托信息化执行办案、管理、指挥的格局已经形成。由此，执行工作不断走向规范化、公开化、高效化。

关键词： 信息化　司法管理　执行难

---

* 张秉俊，宁夏回族自治区高级人民法院执行局执行一庭庭长；沙国强、谢亚楠、撒世虎，宁夏回族自治区高级人民法院执行局执行员。

实现公平正义是人民法院工作的生命线。根据法律规定，当义务人不履行生效法律文书确定的义务时，权利人可以申请法院强制执行。法院强制执行是保障司法裁判得以落实、当事人权益得以实现的最后环节。然而，在中国经济高速发展、社会深刻转型的历史背景下，受制度、环境、社会信用体系、公众诚信意识、执行体制、工作机制等综合因素的影响，"执行难"已然成为长期困扰人民法院发展的瓶颈，司法确认的权利得不到落实，不仅严重影响胜诉当事人的合法权益，而且严重影响司法公信力。如何准确把握司法工作的新形势，更好地实现好、维护好、发展好人民群众利益，在案多人少矛盾日益突出的情况下，切实解决"财产难查人难找、信用惩戒难见效、执行失范难约束、人民群众难认同"等执行难题，成为宁夏法院执行工作面临的新课题。

一 法院执行信息化建设的必要性与紧迫性

2016年3月，最高人民法院在十二届全国人大四次会议上庄严宣布，"用两到三年时间基本解决执行难问题"，有效化解执行难成为法院势在必行的一项重要工作。但是，传统执行工作模式下的执行工作不容乐观。

一是被执行财产难查、被执行人难找。受限于申请执行人财产查询能力、诉讼保全意识以及律师调查制度的欠缺，绝大多数案件到执行阶段，申请执行人及其代理人无法提供有价值的被执行人财产线索，需要执行法官想方设法地查找。而被执行人多数不如实申报财产，隐匿、转移财产以规避执行的情况更是普遍存在，如通过转移银行存款、低价或无偿转让不动产隐藏对价款、夫妻双方搞"假离婚真赖账"，以虚假诉讼、公款私存、开设多头账户等方式进行规避，等等。被执行人在败诉之后往往匿藏行踪，转移住所，加之部分被执行人在外地、外省，传统的"登门临柜"式查询方式费时费力，导致法律文书难以送达，财产状况难以查明，执行措施难以采取。

二是消极执行、选择性执行、乱执行的问题难杜绝。从内部成因分析，执行案件存在流程长、节点多、管理难等问题，加上"重审判、轻执行"

观念的影响，执行队伍素质参差不齐，重程序结案轻实际执结，滥用"终结本次执行"程序，合议庭功能缺失，合而不议、虚假合议现象严重，疑难案件、重大节点缺乏合议庭内部监督制约，极易导致工作失误。监督管理薄弱，节点监控和流程管理效果欠佳，外出调查、查封冻结、评估拍卖等行为仍不规范，导致消极执行、拖延执行、乱执行等问题仍然存在，成为制约执行工作长远科学发展的主要因素之一。

三是失信被执行人信用惩戒难以见效。中国社会信用体系建设起步较晚，企业和个人信用信息分散，执行人员在案件办理中查询成本大、难度系数高；缺乏信用惩戒立法和健全的工作机制，惩戒效果差，失信者利用各地、各部门之间信息隔阂的漏洞，变换身份逃避惩罚的情形屡见不鲜。由于联合惩戒工作是一项系统工程，需要整体推进，任何一个方面有短板就会影响联合惩戒机制整体效果的发挥。正在推进的信用联合惩戒机制尚存在需完善之处，机制的系统性、协同性、规范性还有待进一步提升，联合惩戒工作的常态化运行还不健全，惩戒领域范围需要进一步拓展，惩戒措施的具体实现方式也要进一步完善。

四是社会公众不理解、不认同执行的状况难改变。近年来，随着信息化技术的发展，信息传播规律发生深刻变化，公众对法院工作知情权、参与权的需求越来越多，对司法公开的全面性、及时性、准确性提出了更高要求。同时，媒体的迅猛发展，尤其是自媒体、新媒体的发展，一方面活跃了民主法治建设的舆论环境，为法院发展提供了强大动力，另一方面也对法院的司法能力提出了更高的要求。任何程序上不规范、实体上有瑕疵的问题都可能在公众视野中被放大，成为司法舆情事件。如何在法院工作中把握新闻传播规律，实现执行案件全流程、全角度、全天候公开，让当事人和社会公众更多地了解、理解执行工作，进而推动社会形成认同执行、信任执行、尊重和主动配合执行的氛围，是破解执行难面临的重要课题。

五是人案矛盾越发凸显。随着社会经济不断发展，民事案件不断上升，执行案件急剧增加。2013 年，宁夏法院受理执行案件为 30000 件，至 2017 年已增加到 69266 件，增长率为 130.89%。然而，入额法官人数由 2013 年的 202

人下降至 2017 年的 120 人，同比下降了 40.59%。"人少案多"的矛盾十分突出，如何缓解人案矛盾，提高案件执行效率成为亟待研究解决的难题。

二 宁夏法院执行信息化概述

（一）信息化系统简介

宁夏法院执行信息化系统自 2012 年下半年开始建设，初期主要围绕本法院执行案件录入、管理、点对点查控等模块建设，功能单一、网络查控方法途径少、信息化实效不明显。

发展至今，宁夏法院执行信息化体系建设已基本完成，主要由人民法院执行案件信息流程管理系统、人民法院执行指挥管理系统以及人民法院执行指挥应急调度服务平台系统构成，已形成动静结合、相辅相成、缺一不可的执行信息化体系。人民法院执行案件信息流程管理系统是以一线法官为服务对象，包括执行案件收案、立案、分案、启动、实施（财产查控、财务处分、执行裁决、款物分配）、结案和归档等 37 个节点；针对有财产和无财产案件适用不同的流程进行分流，有财产案件根据财产的性质分别采取措施，加快处置速度；无财产案件在穷尽各类措施后也没有财产时终结本次执行，进入终本案件管理；对执行流程节点进行时限控制，一般节点超期进行预警、关键节点超期进行警示提醒；贯穿在执行流程的每个节点，提供快速文书自动生成功能，提高法官工作效率。人民法院执行指挥管理系统是推动全国四级法院执行业务开展协调与管理的重要管理平台，该平台整合执行案件、执行信访、网络查控等业务数据进行统计分析，并在主要业务点和管控点设定监控指标，通过预警、提示等方式及时发现执行工作的难点和问题。以可视化流程控制、信息查询及管理为核心，以沟通、协调、监管、控制为工具，凝聚先进的执行业务管理经验，提高了执行工作效率，增强沟通与协作，不断完善和规范执行工作，为解决"执行难"提供有力保障。人民法院执行指挥应急调度服务平台系统是在现有执行信息化的基础上，依托大数据、互联网、云计算技术，部署上线的一体化综合性指挥调度平台，包括执行值守系统、GIS可视化管理系统、内网服务支撑系统、执行单兵系统。

（二）信息系统的实现价值

1. 法院执行办案流程信息管理系统

法院执行办案流程信息管理系统为确保执行实施案件在依托最高人民法院案件管理平台37个节点管理的基础上实现科学、有序管理，提高执行案件办案效率和质量，实现执行案件节点动态管理。在案件执行启动、财产查控、强制措施、财产处置款物发放、结案管理等阶段实施节点管控，进一步规范执行行为，确保所有执行案件网络可视化监管。可通过系统开放式接口，集失信限制高消费系统、网络司法拍卖系统、文书直报系统、总对总查控系统、档案管理系统、信用惩戒系统于一体，实现了多元化办案，大大提高了案件的执行质效。

2. 法院执行指挥管理平台系统

执行指挥工作管理平台系统以实现全方位执行指挥为目标，通过大数据界面显示当前执行案件的节点数据，以执行督办为抓手实现执行全业务四级贯通管理；以执行会商、即时通讯、远程指挥为辅助，推动执行全业务管理工作的落实；以值班巡检为依托规范执行指挥值班制度，以通知公告、事项请求为工具打通四级之间的沟通渠道。

3. 法院执行指挥应急调度服务平台系统

执行指挥应急调度服务平台系统实现了业务和指挥的有机结合，全面提升指挥可视化、实时化、科学化，充分发挥指挥中心的监督功能，实现四级法院"统一管理、统一指挥、统一协调"，确保政令畅通、令行禁止。通过执行值守系统，可以实现千院值守、环环相扣、一通到底，最高院、高院、中院和基层院形成四级联动，上级法院可以随时查看其所辖区域下级法院的执行数据，值守情况及案件督办，通过数据驱动、服务到人、督办到事，全面实现执行扁平化、可视化和集约化。实现指挥中心的全天候值守，保证每个执行案件在任何时间、任何地点都可以在执行指挥中心进行跟踪查看和指挥调度。通过值守系统的大数据分析，可以实现让消极执行无处可逃、选择执行无处可辨、粗暴执行无处可匿、暗箱执行无处可藏。通过 GIS 可视化管理系统可以围绕执行指挥中心职责，使指挥中心具备对人、事、案实时的态势感知和数据分析能力。为推进执行指挥中心常态化实体化运行，切实发挥指挥中心的服务法官功能和监督功能，通过智慧执行单兵系统的"智能手机＋移动 App"模式，为执行法官提供更多智能服务，从而提高执行工作效率、业务能力和综合素质，加强执行规范化管理。

三　执行信息化助推基本解决执行难各项工作

（一）规范内部管理

1. 规范了终本案件的管理

宁夏回族自治区高级人民法院（以下简称"宁夏高院"）针对本地区终结本次执行程序案件的管理在办案系统相应功能完善前，一直采取实地抽查案卷或通过办案系统抽查电子卷宗的方式进行抽查式管理。自 2018 年 1 月起，宁夏高院经与运维公司协调，在执行办案系统对以终结本次执行程序方式结案的案件设置校验功能，将是否满足包含传统查控节点信息、是否采取限制高消费措施、结案前三个月内是否进行总对总查控、是否进行终本约谈设置为结案校验功能的必要条件，从技术上管控，从而避免终本案件结案不规范的情况发生。

宁夏高院严格落实《宁夏回族自治区高级人民法院关于严格规范民事无财产可供执行案件办理工作的规定（试行）》，充分运用执行案件信息管理系统每 6 个月对终本案件的被执行人进行一次财产调查，一旦发现财产，立即通过执行指挥系统终本案件管理模块的"统查有财产线索需核实"功能进行反馈，从而实现对终本后案件通过网络查控系统查找到被执行人财产而承办人不予及时恢复执行的情况进行监督管理。避免因恢复执行不及时导致申请人利益损失。

2. 规范了信访案件的办理

为规范执行信访案件化解与监督管理，最高人民法院以信息化为抓手，不断完善执行信访工作体制机制建设，上线了人民法院执行指挥管理平台信访模块。

执行信访是执行工作的晴雨表，在统一上线运行平台办理信访案件之前，宁夏高院对执行信访案件实行了归口管理，统一由执行局负责全区法院执行信访案件督办工作。宁夏高院对当事人来信来访、其他部门转办的信访案件，统一实行纸质化台账登记，每个信访案件立执"督"字号通过邮寄或法院内网向办理相关执行案件的法院督办。同时，宁夏高院制定了《宁夏回族自治区高级人民法院执行申诉信访案件办理流程（试行）》，对全区法院办理执行申诉信访案件流程进行了规范和明确。

执行信访工作的成效是检验全国各级法院落实"用两到三年时间基本解决执行难"工作目标的重要依据，最高人民法院于2016年9月，在全国统一上线运行的人民法院执行案件流程信息管理系统中设立执行信访办理模块，该模块将来信来访情况全部纳入了案件办理流程。宁夏高院通过该模块向下级法院督办执行信访案件，实现了全区法院执行信访案件的统一管理与监督办理。

2017年8月，最高人民法院为实现全国四级法院在同一数据平台办理执行信访案件，在执行指挥管理平台中统一上线运行执行信访模块，这一模块实现了案件交办法院直接交办涉案法院，摒弃了人民法院执行案件流程信息管理系统中执行信访模块的网上逐级交办案件的办案方式，实现了执行信访源头把控。按照最高人民法院要求，宁夏全区法院严格落实执行信访案件由专人登记、统一规范录入的办理要求，指定专人登记、录入，办理甄别案件，按照流程节点办理，对每个节点办理时间进行明确规范。该平台有对信访案件的节点管控、超期提醒、及时督办等功能，实现了全程留痕、透明办理。对办理完毕的反馈，实行逐级上报，由中级法院对基层法院办理执行信访案件进行审核把关，高级法院对中级法院案件进行审核把关，有效促进了上级法院对下级法院执行信访案件的监督管理。同时，该平台实现了同级法

院的数据对比、上级法院的数据统计分析等以往无法达到的统一管理模式，也为执行信访案件考核、执行质效分析提供了有力的数据支持。

最高人民法院主要领导对信访案件办理提出了明确要求，"紧盯尚未办结的案件，加大力度限定期限办结。同时对已经办结的进行回头看，对反映属实、确实存在违法执行或消极执行的，要严肃追责"。宁夏高院为落实这一要求，制定了《宁夏回族自治区高级人民法院关于建立执行约谈机制的实施办法（试行）》，对执行信访案件实行层层传导责任，实现源头治理，不断强化执行信访案件的网上办理规范化。

执行信访案件网上办理，将人民群众反映的问题全部纳入系统可视化管理，实现了执行信访工作机制责任化、管理案件化、流程规范化、监督常态化。宁夏高院将通过执行信访网上规范办理，努力做到对人民群众反映的问题件件有落实、事事有回音。

3. 规范了执行案款的管理

2016 年，最高人民法院在全国开展"全国法院基本解决执行难暨执行案款清理工作"，宁夏高院在全区法院进行了为期半年的执行案款清理工作，通过工作的开展，全区法院对执行暂存款全部进行了分类管理、分类处置，清理了一大批执行案件暂存款。

对未发放的执行案件暂存款的基本情况和未发放原因，宁夏高院进行了全面分析，认为全区法院执行案款管理存在以下问题。一是在执行案款管理存在执行账户"专户不专"的问题，部分法院将罚金、赔偿款、拍卖保证金等非执行案款也存入执行专户。二是法院自身存在财务管理和执行管理不规范问题，执行案款滞留执行专户时间较长而未及时发放等，导致部分执行案件暂存款无法查明、核实和发还。三是由于当事人自身原因、法定事由、案款信息缺失等问题未能及时发还。执行案款的不规范管理直接影响当事人合法权益的实现，影响了人民法院的司法公信力，也使执行人员的廉政风险加大。

为进一步规范人民法院执行案款的管理，充分利用信息化手段实现执行案款管理的科学化、规范化、信息化、高效化，根据《最高人民法院办公厅关于执行案款集中清理情况的通报（四）》的要求，"各地法院务必在2017年年底完成'一案一账户'管理机制建设"。宁夏高院依托信息化手段，用时一年，在全区法院建立了"一案一账户"执行案款管理系统，并于2018年1月1日在全区法院上线运行。

"一案一账户"案款管理系统，旨在将每一笔执行款与执行案号相对应，使执行款和诉讼其他款项精准分离。每笔新缴款项，由案件承办人在办案系统内走完网上层级审批流程后，在流程节点时间内发放给当事人，杜绝了承办人接触现金、私自办理执行案款收支的现象。宁夏高院每季度发布《全区法院案款情况通报》，对"一案一账户"案款管理系统上线运行以来的全区法院案款收发情况、不明款情况进行排名通报，确保各院认领不明款督促发放。每日的案款通报，由各院负责人员每日认领工作任务，确保全区法院案款系统运行顺畅、发放及时。

（二）提高工作效率

1.网络查控提高财产查控效率

执行难，关键难在查人找物。法院过去多以人工查询方式调查被执行人财产线索，随着社会经济发展，互联网行业迅速兴起，被执行人财产在网络时代更加分散化和多样化，继续采取传统方式调查被执行人财产线索已难以为继。加之近年来执行案件收案数持续高位运行，"案多人少"问题已成为困扰全国法院执行的普遍问题。

最高人民法院意识到执行工作要依靠信息化手段提高工作效率，破除"案多人少"困境。全国法院纷纷响应，积极建设本地查控系统。宁夏法院自2013年起开始建设本地"点对点"网络查控系统，2014年上线宁夏范围内各家银行被执行人账户信息查询功能。2016年最高人民法院提出以最高人民法院牵头建设"总对总"网络查控为基础，各地高级法院建设"点对点"网络查控为补充的查控体系。网络查控范围从最初的银行存款一类信息，发展至今，法院可通过"总对总"网络查控系统查控信息，包括中国人民银行的开户行信息、银行的存款信息、公安部的车辆信息和出入境证件信息、农业部的渔船信息、交通运输部的船舶信息、工商行政管理总局的企业法人登记信息和企业的对外投资信息、中国证监会的证券信息、中国银联的银行卡消费记录信息、支付宝账户信息、腾讯财付通账户信息、京东金融平台账户信息等。通过宁夏法院建设的"点对点"网络查控系统，还可查询被执行人的不动产登记信息、酒店住宿信息、户籍信息、婚姻登记信息等。通过不断完善网络查控系统覆盖范围，被执行人规避法院执行的可能性逐渐变小，同时网络查控的应用，最直接的体现是法院的执行法官不用再亲自前往各协助执行单位窗口查询被执行人财产状况，足不出户，在办公室通过鼠标点击就可以轻松查询多个案件当事人不同种类的财产情况，节省了人工查询的在途时间，大大提升了执行办案效率。2014 年全区法院收案 33275 件、结案 22670件，2015 年收案 48646 件、结案 36544 件，2016 年收案 63274 件、结案 51470 件，2017 年收案 69266 件、结案 56050 件。近年来执行案件总量持续高位运行，新收案件数量大幅增长，每年结案数都不断刷新历史最高纪录。网络查控足不出户，在解决"被执行人难找、财产难寻"问题上取得重大突破，极大提高了查控效率，大幅提升了执行质效，执结案件中近三分之一的案件通过网络查控成功执结。

2. 网络拍卖提高财产变现能力

执行案件多是金钱给付类案件，主要表现为被执行人偿还申请人一定数额的钱款。但在执行过程中往往被执行人被查控的都是些动产或不动产，这就需要法院通过司法拍卖程序将查封物进行变现。传统的司法拍卖存在成交率低、溢价率低，还有暗箱操作、权力寻租等弊病。最高人民法院对接淘宝网、京东网、人民法院诉讼资产网、公拍网、中国拍卖协会网五家网络服务提供者，为全国法院提供网络拍卖平台。随后，2017 年宁夏高院根据最高人民法院相关要求出台了《宁夏回族自治区高级人民法院关于落实〈人民法院网络司法拍卖若干问题规定〉的实施意见（试行）》，要求全区法院坚持网络司法拍卖优先原则，并对网络司法拍卖流程进行了规范。网络司法拍卖较传统拍卖的优势主要体现在网络司法拍卖具有受众群体广、标的物展示清晰、交易流程公开透明、标的物溢价率高、节省拍卖佣金等。截至 2018 年 8 月 8 日，宁夏三级法院通过网络拍卖标的物 2182 件，成交 399 件，标的物成交率 34.07%，溢价率 19.61%，参拍人次 920 人次，为当事人节省佣金 1642.73 万元。网络司法拍卖正成为执行工作中解决执行标的物变现问题的主要途径。

3. 事项委托提高异地执行效率

最高人民法院于 2011 年出台有关委托执行司法解释，主要是为了解决当时协助执行不力、异地执行困难的问题，具有时代合理性。但是，随着执行信息化的发展和网络执行查控系统的完善，原本需要委托执行的案件，各地法院完全可以通过事项委托、协助执行的方式来处理。实践中出现了委托执行实践效果差，导致权责不清、管辖混乱等问题；很多案件委托出去如石沉大海，成为一些法院甩包袱、消极执行的借口。原本发挥重要作用的委托执行制度已经无法适应执行案件新的变化。事实上，很多原本需要委托执行的案件，各地法院完全可以通过事项委托、协助执行的方式来处理。最高人民法院在全国执行指挥中心系统中内嵌事项委托模块，充分发挥执行指挥中心统一协调、统一管理的功能作用，对一些区内跨市县、跨省区的案件可依托该平台协调解决。截至 2018 年 8 月 8 日，通过执行指挥管理平台，宁夏三级法院共委托外地法院办理事项委托 1968 项，办理外地法院委托事项 1879 项。通过信息化系统办理执行案件事项委托可以大大缩短邮寄事项委托材料的在途时间，大幅提高委托事项办理的效率，同时也能让委托法院及时跟进受托法院办理进度，避免消极协助等问题的发生。

4. 信息化办案克服人案矛盾

法院执行信息化系统的不断完善，有效解决了人案矛盾突出的问题。2013 年，受理执行案件 30000 件，结案总数 23645 件，结案率为 78.82%，执行法官 202 人，执行法官人均办案 149 件。2014 年，受理执行案件 33275 件，结案总数 22670 件，结案率为 68.13%，执行法官人数为 202 人，执行法官人均办案数为 165 件。2015 年，受理执行案件

48646 件，结案总数 36544 件，结案率为 75.12%，执行法官人数为 202 人，执行法官人均办案数为 241 件。2016 年，受理执行案件 63274 件，结案总数 51470 件，结案率为 81.34%，入额法官人数为 101 人，入额法官人均办案数为 626 件。2017 年，受理执行案件 69266 件，结案总数 56050 件，结案率为 80.92%，入额法官人数为 120 人，入额法官人均办案数为 577 件。纵观 2013 ~ 2017 年五年的执行案件数据不难发现，宁夏法院在案件数量大幅增长、法官人数同时下降的情况下，结案率由 78.82% 提高到了 80.92%。这些数据比对充分说明，执行信息化系统的不断建设发展，不仅解决了"人少案多"的问题，还提高了执行案件的效率及结案率。

（三）增强人民群众满意度

通过严格落实失信、限制高消费举措，人民群众满意度显著提升。法律规定对被执行人未履行生效法律文书确定的义务，人民法院应当将其纳入失信被执行人名单，依法对其进行信用惩戒。在实践中，法院原有的公布失信被执行人信息方式主要是在法院公告栏或被执行人居住地张贴被执行人失信信息，这样的发布方式对法院而言费时费力，对被执行人而言起不到应有的惩戒效果。在对被执行人采取限制高消费惩戒措施时往往需要向有协助惩戒失信被执行人义务的管理机关书面送达文书，惩戒时效性较差。为推进社会信用体系建设，对失信被执行人进行信用惩戒，促使其自动履行生效法律文书确定的义务，最高人民法院制定了《关于公布失信被执行人名单信息的若干规定》，面向社会开通"全国法院失信被执行人名单信息公布与查询"平台，将公布失信被执行人名单以及对被执行人限制高消费的发布功能嵌入执行案件信息管理系统，具体案件承办人只需在办案系统中通过与系统后台公安人口信息库中被执行人信息进行校验（为确保失信惩戒信息发布准确，被执行人身份信息校验通过是发布失信信息以及限制高消费信息的前置条件），通过后可一键提交公布被执行人失信信息以及限制高消费信息，经执行团队长审批后可直接发布在最高人民法院统一对外发布失信信息的公开网站中，同时被执行人的失信惩戒信息也将一并推送到所有失信惩戒协助单位的数据库中。信息化的应用将失信信息与限制高消费信息的发布带上发展快车道，随着信息化在各领域的应用，法院失信名单信息也将向更多部门进行推送，逐步在政府采购、招标投标、行政审批、政府扶持、融资信贷、市场准入、资质认定等方面，对失信被执行人予以信用惩戒，不断压缩失信被执行人的生存空间。宁夏法院除落实最高人民法院有关失信限制高消费规定要求外，还不断借助信息化手段创新公布失信惩戒信息。自 2017 年 6 月起，宁夏高院定期向中央新闻媒体人民网宁夏频道、人民法治网《法治宁夏》栏目推送失信被执行人信息，通过互联网进行失信公开；与宁夏回族自治区通信管理局协调，自 2018 年1 月起由中国电信、中国移动、中国联通三家电信运营商为宁夏法院提供失信被执行人的失信彩铃订制业务；银川市金凤区法院长期在人流量大的商场门前电子屏幕投放失信被执行人信息；全区各级法院建立微信公众号，通过公众号向社会公布各院列入失信名单的被执行人信息。通过全面的失信信息公布以及限制高消费措施，约 10% 的被执行人主动找到法院要求履行债务消除失信限制高消费惩戒。

四 执行信息化面临的困难与展望

近年来，宁夏法院大力推进覆盖全区地域及主要财产形式的网络执行查控系统建设，和掌握财产信息的政府部门、企事业单位进行网络连接，实现数据共享，查控被执行人及其财产的效率大大提升。与此同时，加强联合信用惩戒机制建设，大力推进联合惩戒措施，积极协调、推动将失信被执行人名单信息嵌入有关部门的管理、审批、工作系统，让失信被执行人"一案失信、处处难行"。但也要清醒地看到，执行信息化水平仍无法完全满足基本解决执行难的要求，存在一些突出的问题。一是执行联动机制建设有待加强。各家联动单位都有相对独立的业务系统，数据存储和传输格式不一，需要与法院系统一一对接，存在这样那样的技术障碍；有的联动单位观念保守，配合法院工作担心影响本身业务的拓展，不愿意积极推动执行联动机制建设。二是执行查控系统和联合信用惩戒机制有待完善。有的联动单位信息化建设进度较慢，自身系统内的数据都没有实现统一管理，信息和数据管理分散，更加无法与法院系统互联互通，存在重复建设、多头投入的问题，还存在部分互联网财产类型未能纳入执行查控系统的情况；联合信用惩戒的范围仍需进一步扩大，联合信用惩戒的效果有待加强。三是数据精度有待提高。主要是数据质量有待提高，尤其是基础信息自动提取机制还有较大的改进空间，实践操作中，执行人员很多节点内容均未录入甚至录入错误，导致系统分析数据时出现数据延迟或错误，甚至污染原有数据，造成一定差错。四是系统功能开发有待深入。由于数据来源尚且不足，数据分析系统有很多综合功能、组合功能尚需进一步开发，系统发挥的功能尚显不足，通过数据分析预测案件趋势的功能还有待发挥。五是技术人员保障有待加强。信息化建设需要投入大量人力，技术开发人员往往缺乏足够的审判执行工作经验，对法官需求理解不够深入，系统上线后，还需要投入较大人力进行系统调试、优化。

下一步，宁夏法院将坚持问题导向，攻克难关，进一步提高执行信息化水平。一是要大力推进大数据、云计算、人工智能等信息技术在执行领域的广泛应用。继续拓展完善网络执行查控系统，加强与监管部门和金融机构的合作，扎紧"制度铁笼"和"数据铁笼"，不断提高查人找物能力；要加强执行案件信息系统的应用，从立案到阅卷，从查询、查封、扣押、冻结、扣划到结案等等，均要达到网上办公要求，方便执行法官对一般被执行人的信息、执行记录、执行情况等事项的查询，提高执行效率。二是要加大联合信用惩戒力度和范围。没有惩戒就没有威慑力，信息化的发展为各部门之间实现信息共享共用、对失信被执行人实施强有力的联合信用惩戒提供了技术可能。应借助信息技术进一步扩大联合信用惩戒的部门和范围，不断创新信用惩戒途径，对失信被执行人信用惩戒落实情况进行跟踪分析，扩大失信被执行人名单制度的影响，使列入执行系统的失信被执行人受到社会各个行业的制约，拓展失信被执行人信息传播范围。三是要促进执行公开，让人民群众监督执行工作。完善执行案件信息平台，将执行流程全部公开，让当事人可以及时、全面掌握案件执行情况，还可借助信息平台与执行法院进行信息沟通，保障当事人知情权，确保执行过程"看得见、听得到、查得着"，实现"阳光执行"；继续推广应用网络司法拍卖系统，落实《关于人民法院网络司法拍卖若干问题的规定》等，推动网络司法拍卖向社会全程、全面、全网络公开。对确无财产可供执行的案件，要做到工作更严格、更规范、更公开，不断提升人民法院司法公信力，增强人民群众获得感。四是要将执行工作考评体系与信息化相结合，转变执行工作作风，推进执行工作规范化建设。根据执行信息化手段的要求，改变对办案人的考核标准，实行全方位的精细化管理，减少和杜绝消极执行、乱执行现象；加强人员保障，努力培养既懂计算机网络专业技术又懂法律业务的复合型人才。

司法权威的树立离不开公正的司法裁判，也离不开司法裁判被有效执行。要牢牢抓住信息化建设这个"牛鼻子"，大力推进各部门之间的联动机制建设，大力推进信息技术在执行领域的广泛应用，把执行信息化成果转化成实实在在的执行力，让执行攻坚如虎添翼。

B.15
唐山执行体制改革调研报告

中国社会科学院法学研究所法治指数创新工程项目组 *

摘　要： 在全国执行体制改革试点中，唐山打破传统行政区划局限，形成了"上统下分，裁执分离，人财物案统一管理"的"两分一统"垂直管理执行工作新模式。调研发现，唐山执行体制改革卓有成效，不仅初步建立了综合执行大格局，还加强执行规范化建设，并依托信息化提升法院查人找物能力和执行强制力。唐山执行体制改革所形成的扁平化和垂直管理模式，为全国执行体制改革探索了一条既符合科学规律又节约成本的路径，执行权保留在法院系统，有助于与审判的衔接，但又独立于审判，且纵向垂直管理凸显执行效率。未来，唐山中院应继续深化执行体制改革，强化执行分局的编制和财政保障，以充分发挥体制完善的价值和功能，分享执行体制改革红利。

关键词： 执行体制改革　扁平化　信息化　执行难

---

* 项目组负责人：田禾，中国社会科学院国家法治指数研究中心主任，法学研究所研究员；吕艳滨，中国社会科学院法学研究所研究员、法治国情调研室主任。项目组成员：王小梅、栗燕杰、胡昌明、刘雁鹏、王祎茗、田纯才、赵千羚、史玉涵、米晓敏、洪梅。执笔人：王小梅，中国社会科学院法学研究所副研究员；王祎茗，中国社会科学院法学研究所助理研究员。本报告在指标设计、优化、调研和写作过程中得到了许多学者、法官、律师的支持与帮助，在此一并致谢。

权力运行得好坏,很大程度上取决于是否有一套科学合理的体制。作为现行司法体制的一部分,执行体制是由现行法律构建而成的实施执行行为、调整执行活动的制度综合体。执行体制主要包括执行机构的组建与执行人员的组成、执行机构的管理体制、执行机构的上下级关系、执行权的运行(执行流程)等,核心问题是执行机构的性质与归属。长期以来,判决得不到履行成为困扰司法、损害司法权威、降低司法公信的老大难问题。执行难的产生有社会诚信体系不健全的原因,也有执行体制不畅的原因,因此破解执行难,推动生效法律文书得到有效执行,是执行体制改革的直接动因。执行体制改革作为司法体制改革的重要组成部分,受到党中央和全社会的高度关注,并在全国进行试点。在全国执行体制改革试点中,唐山的改革力度最大,也最为独特,形成了执行体制改革的唐山模式。中国社会科学院国家法治指数研究中心对唐山的执行工作进行评估,梳理和分析唐山执行体制改革的成效,聚焦改革过程中的深层次问题,为全国执行体制改革的顺利推进提供借鉴。

一 执行难:执行体制改革动因

执行难是指生效法律文书确定的权利义务经过强制执行程序仍未全部实现的客观状态,包括执行不力和执行不能两种情形,前者是指被执行人具备执行条件而法院没有及时执行到位,后者是指被执行人不具备执行条件法院无法执行到位。执行不力主要表现为:在金钱债权的执行中,被执行人有可供执行的财产,法院没有依法及时予以查处变现;在特定物交付类案件和行为类案件的执行中,被执行人拒不交付或做出特定的行为,法院不依法予以强制交付或做出特定的行为。执行不能包括两种情况:一是没有可供执行的财产,如在相当数量的交通事故、人身伤害赔偿等涉民生执行案件中,加害人大多经济条件差,除了维持生计的生活必需品之外往往没有其他财产,无法执行;二是财产无法处置,如作为被执行人的法人企业符合破产条件,但债权人、债务人都不申请破产,形成执行不能、破产不得的"僵尸案件"。

　　执行难问题由来已久，与中国社会转型期相伴而生，既是社会转型期变化的一个方面，也是其他社会变迁共同导致的结果，因此造成执行难的原因复杂多样。就外部因素而言，既有人的观念和经济形势的变化，也有人口流动和财产多样性的原因。首先，人的观念发生了变化。观念的变化实际上可以分为消极和积极两个方面。消极方面表现为社会转型期特有的无序化和个体化直接导致社会价值观的动摇，部分人群道德滑坡，拜金主义和侥幸心理支配下的道德失范使一部分人成为"老赖"。积极方面则是由于法治建设的卓有成效使得法治观念日益深入人心，运用法治手段、法治思维解决问题成为大多数人的选择，"打官司"作为定分止争的正常渠道被当作"平常"之事对待，客观上导致民商事案件数量激增的结果，给执行工作造成了困难。其次，经济形势发生了变化。社会转型期各种矛盾集中凸显，向市场经济过渡过程中的经济风险也从由国家承担转向由企业和个人承担，经济形势的波动往往引发债务问题，在破产等相关制度欠完善的前提下，债权人利益、债务人利益、负债企业职工利益等多方利益互不相让，执行不能却不能停止执行，将执行工作推向了尴尬境地。再次，人员流动性加大。随着户籍制度改革的持续深入，人员流动性加大，这是人口资源遵循市场经济规律进行合理配置的前提，但同时也给执行"找人"造成了困难。一般案件诉讼文书的送达已经成为困扰法官的难题，更不用提直接关乎被执行人利益的执行工作了。"老赖""上天入地"无所不用其极，执行法官面对堆积如山的案卷分身乏术只能望洋兴叹。最后，财产形式多样化。当今社会财产形式多样化，市场的开放和金融业的发达使得财产流转和财产形式的转换空前自由，在为市场主体提供了便利的同时，也为"老赖"提供了转移、隐匿财产的手段，再加上一些部门对执行工作不予配合，造成了执行"找物"难。

　　解决执行难是一项系统工程，涉及社会的方方面面，需要全社会的共同参与。但人民法院作为执行工作的领导者和具体落实者，在解决执行难系统工程中毫无疑问处于核心地位，理应发挥主导作用。人民法院民事执行体制缺陷是导致执行难的内部原因。首先，执行制度设计缺乏可操作性。执行问题起初并非司法工作面临的迫切需要解决的问题，其凸显经历了十余年的过程，因而并未推动执行制度设计的细化和进一步发展。当执行难成为困扰司法实践的首要问题时，制度设计与司法实践的距离已越拉越远，这对矛盾也集中爆发。以需求为导向的实践逻辑观之，这种制度设计上的缺陷是必然的，但同时也是可以避免的。其次，执行工作专业性不足。审执合一传统的影响并未随着审执分离体制的确立而消失，长期以来的审执合一体制造成了执行工作专业技能发展停滞，实践经验缺乏总结，理论层面鲜有创新，执行专门人才培养机制空白。再次，执行工作管理混乱。执行工作与审判工作混同的影响同样延伸至司法行政管理层面，执行工作管理体制难以获得清晰的、相对独立于审判管理体制的地位。最后，执行人员素质不高。执行专门人才培养机制的空白和执行工作管理体制的混乱导致了执行专门人才的断层，审判人员、执行员、书记员、司法警察等，甚至还有法院临时聘用的人员。这其中很多人既不熟悉法律规定，也不具备过硬的政治素质和业务素质，在复杂的执行工作中难免出现偏差，甚至行为违法，导致执行不能，引发当事人不满甚至就其执行行为进行举报或提起诉讼。

以上外部原因和内部原因共同导致了执行难问题的产生和日益严峻，解决执行难势在必行。1999 年最高人民法院以《最高人民法院党组关于解决人民法院"执行难"问题的报告》上书中央，坦陈执行难问题的严重性，将这一问题"摆上台面"。中共中央随后转发了这一报告，报告引起各级党委、人大、政府的重视，纷纷加大对人民法院工作的领导支持力度，各级人民法院亦有所行动，执行体制改革渐具声势。2003 年，党的十六大报告明确指出，要"切实解决中国的执行难问题"，从而在国家最高决策层面正视"执行难"问题的存在并突出解决这一问题的紧迫性。2005 年底，中央政法委下发《关于切实解决人民法院执行难问题的通知》，针对不同主题就解决"执行难"问题作出动员部署，如要求各级党委要加大对人民法院执行工作的领导支持力度，各级法院要积极推进执行体制和工作机制改革，要建立国家执行威慑机制，畅通执行工作信息渠道，各部门要加强执行工作协作，加强执行队伍建设，加大执行监督力度，建立健全多元化纠纷解决机制，等等。2007年中央政法委再次下发了《关于完善执行工作机制 加强和改进执行工作的意见》，提出完善由高级人民法院统一管理、"案事人"三协调的执行管理体制，从而推进执行体制改革走向深入。自2008年8月起，全国范围内法院开展长期积累的民事执行案件集中清理工作。2009年3月，最高人民法院印发《人民法院第三个五年改革纲要（2009～2013）》，将执行工作提升至与审判工作并列的中心地位，提出"改革和完善民事、行政案件的执行体制"的任务目标。2009年7月，最高人民法院发布《关于进一步加强和规范执行工作的若干意见》，进一步加大执行改革力度，加快建设执行工作长效机制。2011年10月，最高人民法院发布《关于执行权合理配置和科学运行的若干意见》，促进民事执行权规范行使，协调人民法院内部各职能部门之间的关系，推动民事执行管理体制的健全发展。

2013年党的十八届三中全会之后，改革进入全面深化阶段，执行体制改革也不例外。2014年10月，十八届四中全会通过《中共中央关于全面推进依法治国若干重大问题的决定》，专门提到要"切实解决执行难，制定强制执行法，规范查封、扣押、冻结、处理涉案财物的司法程序。加快建立失信被执行人信用监督、威慑和惩戒法律制度。依法保障胜诉当事人及时实现权益"。2016年3月13日，在十二届全国人大四次会议第三次全体会议上，最高人民法院工作报告宣布，"向执行难全面宣战，用两到三年时间，基本解决执行难问题，破除实现公平正义的最后一道藩篱"。2016年4月29日，最高人民法院印发《关于落实"用两到三年时间基本解决执行难问题"的工作纲要》，为各级法院落实基本解决执行难号召规划了清晰的路线图，并引入第三方评估机制，将评估指标体系广泛征求意见后向社会公开发布，接受社会监督的同时主动掌握了话语权。

基本解决执行难以执行体制改革为路径。执行体制改革始于20世纪80年代，发展至今已进入全面深化阶段，围绕执行权配置、执行机构设置以及执行管理体制等各个方面全方位展开。十八届四中全会提出，优化司法职权配置，推动实行审判权和执行权相分离的体制改革试点工作。2015 年上半年，最高人民法院先后批准浙江、广西、河北等地审执分离体制改革试点方案，同意各地分别在加强执行警务保障、设立专门执行裁判庭、强化执行实施机构上下级领导关系等方面开展深化内部分离试点工作。2016 年，最高人民法院在 2015 年四个试点法院的基础上，又批复同意青海、贵州、四川成都、海南、上海、江苏六个地区法院的试点改革方案，扩大了审执分离改革的试点范围，探索团队化执行模式，强化执行警务保障机制建设。2016 年 9 月，最高人民法院在河北省唐山市召开全国法院审执分离体制改革试点工作经验交流会，进一步推动了执行体制改革。

审执分离包括两个层面，一是法院的审判权与执行权的分离，二是执行权内部执行裁决权与执行实施权的分离。根据有关法院的梳理，民事强制执行中的主要权力有 125 项，其中，执行实施权有 61 项，执行审查权有 64 项。这就意味着，需要进行是非判断的审查裁判权约占执行权的一半，对当事人权利影响重大。因此，最高人民法院提出，现阶段审执分离改革的基本思路是"深化内分、适当外分"，并保证一定比例的执行法官。

为促进涉执行诉讼审判专业化，提高审判执行质效，保护当事人、案外人的合法权益，试点法院先后成立了执行裁判庭。2015 年 8 月，广西壮族自治区高级人民法院将执行局的一个庭改设为执行裁决庭，脱离执行局，划归审判机构序列，负责审理执行程序衍生的实体争议案件。执行局现有的综合管理处、执行一庭、执行二庭等内设机构保持不变，但主要职责作相应调整，实现执行裁决权和执行实施权内部分离。上海市高级人民法院在推进执行权与审判权分离的改革中，一方面，准确定位执行机构职能，将执行实施权由执行局统一行使；另一方面，科学设置执行裁判庭编制、职能，在全市三级法院设立独立建制的执行裁判庭，将执行裁决权从执行局分离出去，由新设立的执行裁判庭统一行使。新设立的执行裁判庭主要负责诉讼程序中的涉执行诉讼审判及执行程序中的执行裁决。2016年，四川省成都市中级人民法院深入推进执行裁决权与执行实施权的分离，强化审判权对执行实施权的制约和监督，将执行裁决事项完全从执行局内部剥离，另行组建执行裁判庭或与相关审判业务庭合署办理执行裁决案件，建立明晰的执行裁决权和执行实施权清单。在将执行实施权与执行裁决权进行彻底分离的基础上，四川省成都市中级人民法院还将执行局分成执行局和审执监庭两个部门，并将执行局部分执行员配置到审执监庭，办理执行异议、复议等案件。

二 扁平化：唐山执行体制改革

唐山法院的审执分离体制改革较为独特。根据2015年10月唐山市中级人民法院（以下简称"唐山中院"）印发的《唐山市法院审执分离体制改革试点方案》，唐山中院作为审执分离体制改革市级试点单位，打破行政区划，形成了"上统下分，裁执分离，人财物案统一管理"的"两分一统"垂直管理执行工作新模式。所谓的"两分"，一是指执行裁判权与执行实施权在唐山中院内部相对分离，二是指执行实施机构、职能和人员与基层人民法院彻底分离。所谓"一统"，是指唐山中院执行局对全市执行工作人、财、物、案统一管理，探索执行工作警务化模式。

（一）组建跨区执行分局，实现执行实施权与基层法院分离

根据《唐山市法院审执分离体制改革试点方案》，唐山中院执行局组建了5个跨行政区域的执行分局，作为其下设机构，同时撤销了基层法院执行局，将其改设为执行大队，从隶属关系上脱离基层法院。执行大队在执行分局的统一领导下，办理法律规定由基层法院管辖的执行实施案件。

经过改革，执行机构和职能从基层法院分离出来，上收到市中级人民法院执行局，实现了执行权与审判权的第一次分离。这种变"块管"为"条

管"的垂直领导体制，有效削弱了外界干预，克服了单个基层法院执行力量不足、威慑力不强的问题，化分散为集中，有效整合了执行资源，有助于形成强大的执行工作合力。

（二）设立执行裁决机构，实现执行裁判权与执行机构分离

执行机构和人员自执自裁，监督制约不力，是引发执行乱问题的根源之一。为强化执行监督，唐山中院将执行局内设的执行一庭改设为执行裁决庭，脱离执行局，纳入审判机构序列，负责审查处理执行行为异议和部分案外人异议案件，审理涉执诉讼一审、二审案件。执行局和执行裁决庭由不同的院领导分管。基层法院同时也设立执行裁决庭，归属审判机构序列，负责审查处理部分案外人异议案件，审理涉执诉讼一审案件。

两级法院设立执行裁决庭并脱离执行局，把执行裁判权分离出来，实现了执行权与审判权的第二次分离，在提升执行裁判专业性的同时，也强化了对执行实施权的监督。经过两次分离，审判权和执行权的配置更加合理，为执行权的规范、高效运行提供了更加有力的体制保障。

（三）强化执行指挥中心，构建一统到底的执行垂直管理新格局

为加强执行局对全市执行工作的统一领导、指挥、管理，唐山中院将原综合处改设为执行指挥中心，负责统一立案分案，统一管理经费、装备和案款，统一部署全市集中执行和专项执行行动，统筹安排综合性事务。为进一步明确职能定位，唐山中院继续优化执行局的内设机构：增设政治处，负责对全市执行队伍的统一管理、考核和培训；把原执行二庭改设为督导处，负责统一协调解决执行争议，督办、化解执行实施类申诉信访案件，查处违法违纪行为；将原执行三庭改设为实施处，办理法律规定由市中级人民法院管辖的执行实施案件。经过调整，唐山中院执行局内设一个中心三个处室，与执行分局和执行大队相互协调配合，形成了执行机构一统框架。

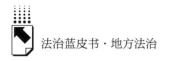
（四）加强执行人员保障，完善执行管理体制配套运行机制

1. 法官主导：团队化执行

执行案件有财产查找、控制、处分、异议审查、裁定决定、信访维稳、结案归档等流程，传统执行模式下由一人包办或分段执行，存在整体效率低下的弊端。为提升执行效率，唐山法院在实施法官员额制后积极开展执行工作模式的改革实践，探索完善以法官为主导，与法官助理、书记员、司法警察组成团队，进行团队化执行。唐山中院根据人员分类管理要求，结合执行队伍的实际和工作需要，实行了"1+N+1"团队化的执行工作机制，前面的"1"是指执行法官1名，"N"是指每个执行团队有法官助理、执行员、司法警察或协警人员至少4名，后面的"1"是指书记员1名。执行团队是执行实施工作的直接办案单位，执行法官是执行团队的主导，负责信息化系统的使用管控、团队内外的协调、案件的统筹办理以及团队建设和管理，负责决定采取财产调查、控制、处分、交付、分配、罚款、拘留等措施，负责签发裁定、命令、决定、通知等。法官助理、执行员或司法警察，根据法官的指令办理简易执行案件，负责执行实施及其他工作。书记员负责记录、录入案件相关信息，以及法官交办的事务性工作。"1+N+1"团队化执行工作机制，打破了一人一案一包到底的传统办案方式，充分发挥团队整体效能，实现执行资源的效用最大化。

2. 繁简分流：二次分案制

在执行体制改革到位后，如何发挥体制的作用，运行机制很关键，建立高效的机制，是对体制改革最好的回馈。唐山执行体制改革一个显著的特点是执行案件实现统管，即由分局统一立案，统一管理，人员亦由分局统一调配，打破了执行案件的属地分割，为"繁简分流"提供了良好的条件。根据执行案件难易程度，唐山中院执行局依托智能化办案平台和执行查控系统，创建了执行实施案件繁简分流办案机制。执行局和执行分局指挥中心设立了案管室，由两个或三个执行团队组成。执行案件立案后，首先全部分到案管室，由专门人员制作并集约送达执行程序类文书，统一进行集约查控；对集约查控到足额财产、被执行人主动履行以及申请悬赏执行、律师持令调查等简易案件或事项，由案管室法官或执行员径行办理，直至结案；对立案后 30 日内，经集约查控未发现足额财产、需要启动财产变现程序或有重大执行争议等复杂案件，通过智能化办案平台进行二次分案，交由各执行团队，重点负责搜查、强迁、变现、拘罚、移送追刑等工作。同时案管室对中止案件定期进行集中巡查，发现财产的按繁简分流机制办理。通过繁简分流，约 40% 的执行案件被消化在了案管室，基本实现了"简"出效率、"繁"出精品，有效避免了选择性执行和消极执行，提升了执行规范化水平。

3. 内部协作：立审执配合

审执分离后，立审执部门的协作配合面临新情况新问题。为此，唐山中院制定实施了《关于在全市法院实行主动执行制度的规定》。立案庭、审判庭在诉讼过程中主动向当事人送达"自动履行生效法律文书告知书"和"主动执行告知书"，引导当事人及时进行财产保全，尽可能及早查控财产。有执行内容的民事法律文书作出后，审判庭主动征求权利人是否授权法院主动执行，权利人同意的，审判庭在法律文书生效时，直接移送执行局执行；权利人不同意的，审判庭直接委托执行局送达法律文书，由执行局跟踪履行，主动查控义务人财产。

唐山的执行体制改革得到了河北省委的重视和支持，河北省委印发《关于在全省法院推广唐山审执分离改革经验解决执行难问题的意见》，在省内进行推广。为固定改革成果，2017 年 3 月，唐山市编办批复了唐山中院制定的《关于确定执行局机构、职能和人员编制方案》，进一步明确了执行局及各分局机构设置、主要职能、人员编制和管理体制。为进一步深化执行体制机制改革，加强执行分局队伍管理，唐山中院执行局结合全市执行干警队伍的实际情况，制定出台了《关于执行分局队伍管理的暂行规定（试行）》，对执行分局管理的主体责任、例会制度、考核制度、岗位交流等作出了具体规定。

三 显成效：唐山改革效果评估

唐山作为执行体制改革的试点单位，其执行体制改革与基本解决执行难工作同时推进，体制改革与基本解决执行难相互作用、相互促进，根据基本解决执行难的进度对体制进行实时调整。为客观评价唐山基本解决执行难的进展，梳理和总结执行体制改革成效，聚焦和分析改革面临的深层次问题，项目组对唐山法院的执行工作进行全面体检。

（一）指标体系

为检验唐山中院执行案件办理的规范度和透明度，是否建立相应的执行保障机制，以及执行工作质效，项目组从"规范执行""阳光执行""执行保障""执行质效"四个方面对唐山中院的执行工作进行全面评估。

（二）数据来源

数据来源强调客观性，项目组主要通过案卷评查、系统提取、网站观察和法院自报兼核查以及现场调研等途径获取数据。案卷评查主要是指调取法院一定时间段内一定数量的执行案卷，对照指标要求，评查案卷中相应指标的满足情况，如查询、冻结、评估、拍卖、案款发放的及时性以及终本结案的规范度等。所评查的案卷分为诉讼保全、终本和执行完毕等三类案卷，其中执行完毕的案卷会选取两种，一种是发生案款扣划的案件，一种是经过评估拍卖的案件。通过案卷评查获取数据的指标主要涉及规范执行类指标、阳光执行中对当事人的告知事项类指标等。系统提取主要是指从最高人民法院系统中提取各评估对象的执行统计数据，并进行分段赋值。网站观察主要是打开评估对象的官方网站以及司法公开平台，对照指标体系，查看网站是否公开相应的信息。网站观察主要适用于阳光执行指标，如执行法律文书公开、执行相关的规范性文件公开等。虽然第三方评估是独立于评估对象的外部评估，但是有些数据的获取还必须依靠评估对象的自报。为确保自报数据的客观性和真实性，项目组要求自报数据必须附有相应的证明材料，以便进行客观性和真实性筛查、甄别，有些数据（如人员编制信息）还会从最高人民法院的相关渠道进行核实。对于执行指挥中心相关的指标评估则主要通过现场调研和验证的方式进行。

基本解决执行难是一个动态发展的过程，为了客观评价法院的执行工作进展，评估尽量采集最新数据，因此，评估数据主要是 2017 年度执行统计数据，所抽取的案卷也仅限于 2017 年结案的案件，考虑到相关司法文件的生效时间，诉讼保全和终本案卷仅限于 2017 年结案的案件。

（三）评估结果

1. 初步建立综合执行大格局

执行是项系统工程，单靠法院的力量无法完成。随着 2016 年"用两到三年时间基本解决执行难"目标的提出，唐山法院的执行工作迎来前所未有的机遇，不仅受到党政机关的高度重视，为执行工作争取到了一些资源，还成为全社会共同关注的焦点，促进了执行工作的社会共治。党的统一领导是中国特有的政治优势，只有充分发挥党委总揽全局、协调各方的领导核心作用，才能汇聚全社会力量，形成解决执行难的强大合力，及时有效解决各种重大复杂问题。为此，唐山法院主动向地方党委汇报执行工作，争取地方党委的支持，与有关单位签署具有可操作性的合作协议。根据指标体系的要求，"综合治理执行难大格局"包括"定期主动向党委汇报执行工作""建立综合治理执行难大格局制度机制""定期召开执行联动联席会议、专门机构负责执行联动等""推动本级相关部门将失信名单嵌入该部门工作系统，联合惩戒失信行为"四个子指标。评估结果显示，唐山中院整合多方力量初步建立执行大格局：出台了《关于基本解决执行难问题的工作方案》；向唐山市委全面深化改革领导小组汇报基本解决执行难工作情况；提请市委、市政府组织召开失信惩戒合作联席会议；组织市发展改革委等 44 家单位现场签署失信惩戒合作备忘录，促进数据信息共享，由多个部门在多个领域对失信当事人共同实施惩戒，促进社会诚信体系建设；提请市委政法委协调财政部门增加司法救助专项基金预算额度，加大对涉执司法救助案件的救助力度，重点解决一批确需救助的涉民生小标的额案件；提请市委市政府召开专题会议并制发通知，对涉案党政机关执行法院生效裁判案件进行集中调度，敦促其尽快履行义务，将党政机关失信行为纳入各县（市）区考评系统，确保党政机关更好地履行义务；与市住房公积金管理中心、市公安局、市法制办、市文明办、市电子政务办联合印发协作意见，畅通了协作机制；与唐山市电视台合作开设《聚焦执行》专栏，并通过"攻坚克难看执行""代表委员话执行""失信惩戒合作访谈录""失信曝光台"四个子栏目，全方位实时报道执行工作举措和成效，引导社会各界理解、尊重、支持执行工作。

2. 建立较为完备的执行规范

法院消极执行、选择性执行和乱执行是导致执行难的重要原因，基本解决执行难的任务之一，就是要消除这种执行不规范现象，做到应为必为。为此，最高人民法院依托制度规范执行，一方面围绕执行出台司法解释和指导性文件，另一方面建立严格科学的执行管理制度，从而构建较为完善的执行工作规范体系，增强执行工作的制度刚性，把执行权的运行关入制度铁笼。最高人民法院关于法院执行的顶层制度设计需要地方各级人民法院实施落实。评估结果显示，唐山结合本地的实际情况对最高人民法院出台的司法解释、指导性意见和相关管理制度进行落实或细化，以便在办理执行案件中严格、准确适用相关制度。例如，唐山中院制定实施《无财产可供执行认定标准及终结执行程序规定（试行）》《悬赏执行规定（试行）》《律师持令调查责任财产规定（试行）》，坚持以穷尽现有查控手段为标准，以悬赏举报、律师持令调查为补充，以风险释明为重点，以终结执行程序为原则，建立健全无财产可供执行案件退出和恢复执行机制；制定实施《裁执分离与衔接规定（试行）》，着力厘清裁执分权界限、强化裁执协作，解决执行依据不明确导致的执行难问题；制定实施《执行督导工作流程管理规定（试行）》，进一步加强和改进执行督导工作，有效治理消极执行行为，提升执行工作规范化水平；制定实施《执行进展定期告知规定（试行）》，强化换位思维，落实信息公开，在过程公开、节点告知、程序对接、文书上网等方面下功夫，让权利人切实感受到法院为其尽职尽责的态度和行动，努力实现法院有行动、权利人有感动的互动双赢局面。

3. 信息化提升查人找物能力

基本解决执行难，查物找人是关键。在"案多人少"的压力下，随着被执行人的财产在网络时代愈发分散和多样化，以人工查询为主的传统执行模式不堪重负、难以为继。为提高查控效率和效果，缓解"案多人少"带来的压力，最高人民法院向信息化要生产力，在地方试点的基础上，于2014年12月正式开通网络执行查控系统，并不断扩展联动单位、丰富查询信息、强化查控一体化功能，实现了四级法院全覆盖。

唐山中院除了应用"总对总"网络查控系统和河北省高级人民法院的"点对点"查控系统进行财产查控之外，还与唐山市住房公积金管理中心联合印发了《关于建立住房公积金执行协作联动机制的若干意见（试行）》，畅通了住房公积金查、冻、扣程序。唐山中院还与唐山市公安局联合印发了《关于建立协助执行信息快速查询机制的意见》，通过公安系统查询被执行人和关联人员的身份证件、户籍登记信息、机动车辆登记信息、上网信息、住宿登记信息、出入境证照信息。唐山中院与唐山市法制办联合印发《关于在执行程序中协作调查被执行人财产线索的意见》，进一步增强申请执行人的举证能力，提高执行效率。

4. 对失信被执行人联合惩戒

基本解决执行难，除了要提升法院查物找人能力、规范法院执行行为之外，还要对失信被执行人实施信用惩戒，对失信者形成高压态势，逼迫其履行义务。在传统执行模式下，对失信被执行人进行信用惩戒，大多是在失信被执行人居住地或者法院张贴"老赖"名单，限制其高消费也只能依赖举报线索进行事后惩戒，手段单一、措施滞后、影响范围有限。随着信息化的发展和国家大数据战略的确立，信用惩戒的力度和效果将会增强，不仅在最大范围内对"老赖"进行失信曝光，还通过法院与相关部门的数据对接，限制失信被执行人从事高消费或其他受益性活动，并逐步建立依法追究失信被执行人法律责任的常态机制。

评估结果显示，唐山建立了以失信被执行人名单为基础和核心的社会诚信联合惩戒机制。根据唐山中院与相关部门签署的合作协议，唐山市实施联合惩戒的部门和单位须建立惩戒失信被执行人专用电子邮箱，每个部门和单位一个独立账号。唐山中院通过该专用邮箱向全市实施联合惩戒的部门和单位专用邮箱定期发送纳入失信被执行人名单和撤销失信被执行人名单。全市实施联合惩戒的部门和单位从专用邮箱获取失信被执行人信息，执行或解除执行本实施方案规定的惩戒措施（包括本部门和单位实施，或提请上级部门和单位实施），并须在3个工作日内将执行或解除执行情况通过该专用邮箱反馈给唐山中院。

唐山中院一方面强调失信曝光，将所有符合上失信黑名单的被执行人一律录入法院系统的失信被执行人曝光台，并且在唐山电视台、环渤海新闻网、市区主要街道交通警示牌、法院内外电子显示屏等公共媒体和场所予以曝光；另一方面，建立失信名单主动推送制度。2017年，向市文明办定期推送失信企业名单1184条，其中103家失信企业在文明单位评比中失去资格；向市电子政务办定期推送被执行人个人、企业，失信被执行人个人、企业四类名单信息，在电子政务审批上对这四种人员分类予以限制。

5. 对拒不执行加大制裁力度

长期以来，执行的强制性不足、震慑力不够，严重制约了执行工作的顺利开展。根据《民事诉讼法》的规定，被执行人有义务进行财产申报，为保障该项制度的落实，《民事诉讼法》还进一步规定了制裁措施，即人民法院可以根据情节轻重对拒绝报告或者虚假报告的被执行人予以罚款、拘留。被执行人对于自己的财产状况最为清楚，财产申报本应该成为提升执行效率最为有力的手段，然而长期以来财产申报制度形同虚设，原因在于人民法院很少对拒不申报和申报不实进行惩戒。为激活财产申报制度，项目组对法院因被执行人拒不申报或申报不实所采取的惩戒措施的情况进行评估，结果显示，唐山法院加大了执行惩戒力度，对于拒不申报或申报不实的，一律依职纳入黑名单，并视情节轻重进行罚款或拘留，甚至启动了刑事责任追究程序。

根据法律规定，对于拒不执行判决、裁定的被执行人，人民法院可以限制其一定范围内的民事行为，在情况严重时追究其刑事责任，但是，实践中司法拘留和拒执罪的适用率非常低，拒执罪甚至成为《刑法》中适用率最低的条款之一。为激活拒执罪等相关制度的适用，推动法院依法追究失信被执行人的刑事责任，项目组对法院定期发布拒执罪典型案例的情况进行评估，结果显示，唐山中院定期发布拒执罪案例。唐山中院联合公检法各部门用足用好公诉和自诉两种途径适用"拒执罪"，截至 2017 年底，在移送追究"拒执罪"案件过程中，被执行人自动履行 336 件，移送"拒执罪"案件 146 件，公安机关立案侦查 91 件，基层法院自诉立案 73 件。

6. 司法网络拍卖实现全覆盖

司法拍卖是执行中的关键环节，"执行难"很多时候表现为"变现难"。据初步统计，在查控到的所有财产形式中，存款只占 40%，其余都是有形财产或无形财产，要通过评估、拍卖等方式变现后才能向当事人支付。传统拍卖，不仅成交率低、溢价率低，还存在围标串场、暗箱操作、权力寻租等弊端。电子商务的发展为司法拍卖提供更为开放的模式，网络司法拍卖能够打破时空限制，全民随时随地皆可围观、参与、监督。2016 年 8 月，最高人民法院出台《最高人民法院关于人民法院网络司法拍卖若干问题的规定》，确立了网络司法拍卖优先原则，在全国范围内推广网络司法拍卖制度。评估结果显示，2017 年，唐山中院的司法网拍率为 100%。司法拍卖借助网络拍卖平台的公开、透明、高效特点，实现了拍卖程序的全程、全面、全网络公开，确保司法廉洁，并通过网上竞拍规则的创新，全面提高执行工作效率，促进当事人利益最大化，促进财产处置难问题的有效缓解，实现了财产变现方式的重大变革。

7. 过程透明倒逼执行规范化

对当事人而言，最为关心的是执行案件进行到什么程度、法院采取了哪些措施，公众对执行工作不满，部分原因是执行过程不公开透明，当事人对于执行案件的办理进展以及法院都采取了哪些执行措施不清楚。为提高执行透明度，赢得司法公信，唐山中院会在立案后 45 天内，制作并向申请执行人送达"执行进展情况及申请执行人提供财产线索告知书",列明已采取的执行措施以及已查明的被执行人的财产情况,如果经积极采取法律赋予的调查手段、穷尽对被执行人财产状况的相关调查措施后,仍未能查找到被执行人有可供执行的财产,则告知申请执行人应在接到本告知书30日内积极查找并向法院提供被执行人的财产线索,也可以依据唐山中院《悬赏执行规定》申请悬赏执行,或者依据唐山中院执行局与唐山市人民政府法制办公室联合下发的《关于在执行程序中协作调查被执行人财产线索的意见》申请律师持令调查。对于立案后已满三个月经审查属于执行不能案件,唐山中院会制定并向申请执行人送达"执行不能及化解措施告知书",将案件执行情况(概述该案在执行中存在的问题、采取的执行措施、被执行人的财产状况)以及拟采取的下一步措施(终结本次执行程序、执行转破产、申请司法救助)告知申请执行人,并征求申请执行人的意见(是否同意终结本次执行程序、转入破产程序或申请司法救助)。告知书的填写,有助于申请执行人了解案件的执行情况,同时倒逼执行法官应为必为,从而提升执行效果,赢得司法威信。案卷评查结果显示,执行完毕的案件,从财产保全的启动实施到拒不申报的处罚,从财产的线上线下查控到财产的评估拍卖处置,直至执行案款的发放,基本做到了及时、规范;对于执行不能的案件,严格终本程序,并根据具体情况开展执行转破产工作。

8. "案案见面"清理历史积案

人民法院的执行工作历史包袱沉重,清理积案是基本解决执行难的一项重要任务和要求。2016年11月,唐山中院执行局出台了《关于组织开展"案案见面"集中清积专项行动的通知》,要求各执行实施部门对已清理登记在册的2013年1月1日以来的所有执行积案,重点是长期未结的涉民生小标的额案件、涉金融债权案件、涉党政机关案件、涉执行信访案件、无财产(中止、终本)案件,每周筛选一批(原则上不低于清登在册积案总数的1/8),作为"案案见面"集中清积专项行动重点案件。

9. 执行指挥中心运行良好

建设高效灵敏的执行指挥中心,是确保执行工作快速反应、精准发力的现实需要。唐山中院按照设备一流、功能完善、有职有权的标准，在河北省率先建成了独具特色的执行指挥中心。唐山在执行局、执行分局、执行大队分别设立指挥中心、指挥室，形成了上下一体、内外联动、规范高效、反应快捷的三级指挥体系。为充分发挥执行指挥中心功能，唐山中院建立集约化执行工作机制，制定实施《关于完善执行实施工作机制的意见（试行）》，扩建指挥中心大厅，调整 30 名年富力强的执行干警组成立案分案组、网络查控组、财产处置组和调度考核组，赋予执行指挥中心统一登记立案、类案集中管理、集约网络查控、繁简分流调控、统一财产处置和统一调度考核等职能，同时将涉执行财产评估职能划转给指挥中心。唐山执行指挥中心搭建了智能化执行办案、网络化执行查控、实时化执行公开、规范化案款管理和可视化执行指挥五大平台，具备了远程指挥、案件协调、案件管理、决策分析、网络查控、信用惩戒、信访督办、案款监督八大功能。2016 年至 2017年，唐山市共组织集中执行行动 322 次，其中有 1/3 是通过唐山中院执行局可视化指挥系统组织实施的，共跨区整合警力 12301 人次，拘传拘留 4178人次，实施搜查 2123 件次。在强大的执行攻势下，被执行人主动履行案件达 2500 余件。

四　再出发：补齐短板深化改革

（一）补齐短板

执行不同于审判，更强调层级之间的监督管理，与现有的上下级法院所建立的指导关系存在一定的张力，从而对执行工作产生一定的掣肘。唐山执行体制改革将执行工作从基层法院剥离，打破行政区划建立执行分局，这种垂直管理体制，有利于整合和集中资源，将全市的执行工作作为一盘棋进行统筹布局，从而形成合力共同破解执行难。评估结果显示，唐山执行体制改革卓有成效，不仅初步建立了综合执行大格局，还加强执行规范化建设，并依托信息化提升法院查人找物能力和执行强制力。尽管如此，唐山仍面临一

些问题与挑战，表现在终本率偏高、终本裁定书内容不完备、财产调查手段
较为单一等。

1. 财产调查手段待加强

根据最高人民法院关于规范终本案件的司法文件精神，法院作出终本决
定之前，应穷尽财产调查措施。然而，从 2017 年终本案卷记载的情况看，
传统调查手段运用不够，应进一步加强搜查、悬赏调查、审计调查等多种调
查手段的运用。

2. 终本结案率尚需控制

2016 年《最高人民法院关于严格规范终结本次执行程序的规定（试
行）》为终本结案规定了严格的实质要件和程序要件，并对终本案件提出明
确的后续要求。最高人民法院之所以对终本案件进行严格规范，是因为实践
中终本率高位运行，"终本"成为人民法院提升结案率的一个"法宝"。虽
然评估指标体系未将终本率纳入测评，但是从统计数据来看，法院普遍存在
终本率偏高的问题，唐山中院 2017 年的终本率超过 50%。

3. 完备终本裁定书内容

按照 2017 年司法文件的要求，终本裁定书应列明申请执行的债权情况；
执行经过及采取的执行措施、强制措施；查明的被执行人财产情况；实现的
债权情况；申请执行人享有要求被执行人继续履行债务及依法向人民法院申
请恢复执行的权利，被执行人负有继续向申请执行人履行债务的义务。司法
文件之所以作这样的要求，一是倒逼法院进行规范结案，二是通过终本裁定
书可以完整回溯执行案件的办理过程。有法官认为执行过程中已经告诉申请
人相关信息了，执行裁定书没有必要重复，并且会加大文书写作的工作量。
然而，终本裁定书是要上网公示的，如果过于简单，公众会认为法院根本没
有付出工作量就草草结案了，影响执行的公信力。案卷评查结果显示，唐山
中院的终本裁定书均存在记载事项不全的问题，有的内容简单概括为经查发
现无财产可供执行而进行终本，如发现财产可恢复执行。有些案件，法院本
来已经付出很多工作量，甚至对被执行人采取了拘留等惩罚措施，但是终本
裁定书却寥寥数语，公众看到这样的终本裁定书会怀疑法院无所作为。

（二）深化改革

1. 唐山模式符合执行体制改革方向

执行权指的是国家采取强制措施保证生效法律文书所确定的内容得以落实的权力。执行权是国家权力的组成部分，派生于国家统治权。在国家通过司法权确定当事人的权利义务或法律责任后，就需要借助于执行权转化为现实。执行权是司法权的保障又是司法权的落实，具有主动性、命令性、单向性和强制性等属性。然而执行过程不单单是执行权，还需要审判权处理诸如对生效法律文书的实体性审查、案外人异议、债务人异议，以及变更、追加被执行主体等事项。唐山中院这种打破区划的扁平式执行体制符合改革的方向，突破了上下级法院指导关系的束缚，形成执行权的垂直管理模式，实现了执行事项行使的统一性。唐山执行体制改革所形成的扁平化和垂直管理模式，为全国执行体制改革探索了一条既符合科学规律又节约成本的路径，执行权保留在法院系统，有助于与审判的衔接，但又独立于审判，且纵向垂直管理凸显执行效率。

2. 进一步增强执行分局的保障机制

改革，不仅需要尝试与探索的勇气，更需要一定的容错机制，并辅以相应的配套和制度保障。在唐山执行体制改革中，执行分局作为市中级人民法院执行局的下设机构，不是一级预算单位，其经费和装备保障不能实现相对独立，会造成保障程序烦琐、效率不高，新体制机制的优势难以得到有效发挥。执行分局由于不具备相对独立的执法主体资格，难以适应执行工作强力、高效的规律和特点。未来，唐山中院应继续深化执行体制改革，强化执行分局的编制和财政保障，才能充分发挥不断完善的体制带来的价值和功能，分享执行体制改革红利。

3. 有效提升执行人员队伍建设水准

执行工作存在的上述问题，有顶层设计的原因，也有制度落实的因素，但是最不容忽视亟待解决的是人案矛盾。基本解决执行难离不开执行制度的完善、信息化程度的提高和全社会的支持，与领导的决心和执行人员的责任心也有直接的关系，但是最为关键的还在于执行队伍，没有足够的执行力量保障，各项工作机制和先进手段都难以发挥效用，直接影响执行案件的规范办理，即使在一段时间内取得突出的成绩，也不具有可持续效果。与审判相比，执行工作具有主动性、强制性特点，司法执行人员在执行过程中需要处理各种突发情况，还要对被执行人实施拘留、拘传等强制措施。提升执行队伍水准，一是要编制配备高素质执行人员；二是优化执行队伍构成，提升人员业务素质；三是加强司法执行警务化，让部分执行实施人员转为司法警察，让更多司法警察参与执行工作，有助于化解和遏制强制执行过程中的矛盾，增强执行威慑力。司法警察主要负责办理简易执行案件、送达法律文书、维护现场秩序、保障执行安全、看护责任财产、制止违法行为等。

B.16
宁波法院执行规范化第三方
评估报告（2017）

中国社会科学院法学研究所法治指数创新工程项目组*

摘　要： 最高人民法院承诺要"用两到三年时间基本解决执行难"。实现执行规范化，是提升执行质效和司法公信力、推动基本解决执行难目标实现的重要举措。评估发现，宁波法院2017年度执行规范化程度总体较高，特别体现在：执行现场执法记录规范完整、执行财产申报工作受到高度重视、执行案款管理严格、执行指挥中心协调有力、财产保全工作机制完善等。在未来，执行规范化仍受到案多人少矛盾、集约化执行服务水平不高、信息化手段辅助执行有待加强等的挑战。

关键词： 执行难　执行规范化　第三方评估

执行难是长期制约和影响法院工作的老大难问题，严重损害胜诉当事人的合法权益，也严重影响司法公信力。为此，最高人民法院作出"用两到三年时间基本解决执行难"的承诺。实现执行规范化，对提升执行质效和司法公信、推动基本解决执行难目标的实现，具有重大意义。

* 项目组负责人：田禾，中国社会科学院国家法治指数研究中心主任，法学研究所研究员；吕艳滨，中国社会科学院法学研究所研究员、法治国情调研室主任。项目组成员：王小梅、栗燕杰、胡昌明、刘雁鹏、王祎茗、赵千羚、刘迪、田纯才、王洋、王昱翰、葛冰、冯迎迎。执笔人：胡昌明，中国社会科学院法学研究所助理研究员；赵千羚，中国社会科学院法学研究所学术助理。

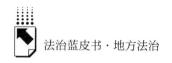

2017 年，中国社会科学院国家法治指数研究中心（以下简称指数中心）及法学研究所法治指数创新工程项目组受浙江省宁波市中级人民法院（以下简称"宁波中院"）委托，对宁波中院以及下辖 10 家基层法院的执行规范化情况进行第三方评估。

一 评估背景与意义

执行与审判是法院工作的两大核心内容，审判是法院通过适用法律对社会矛盾纠纷居中作出裁决的活动，执行则是法院依据权利人的申请强制义务人履行生效法律文书确定的义务的活动。审判和执行是保障和实现公民权益的重要途径，关乎社会公平正义的实现。然而长期以来，由于制度不完善、社会诚信环境不佳以及执行行为不规范等多方面的原因，有些生效法律文书未能得到有效执行，这严重侵害了当事人的合法权益，损害了司法权威，破坏了法律的严肃性，也对全面推进依法治国提出了严峻挑战。

为切实保障公民的合法权益，维护司法权威和公信力，2016 年，最高人民法院在向十二届全国人大四次会议所作的工作报告中庄严宣布，"用两到三年时间基本解决执行难问题"。为此，最高人民法院出台了《关于落实"用两到三年时间基本解决执行难问题"的工作纲要》（以下简称《工作纲要》），对执行工作进行系统部署，明确了基本解决执行难的工作目标。围绕该工作目标，全国四级法院结合自身的角色定位改进执行工作方式、加大执行工作力度，从顶层制度设计、执行体制机制改革、构建执行联动机制到办理具体执行案件等各个方面，提升了执行工作的强制性和规范化，并在全国范围内开展了各类卓有成效的专项执行行动。

为客观科学评估法院的执行工作以及基本解决执行难目标是否如期实现，最高人民法院在《工作纲要》中明确引入第三方评估机制，评估工作由中国社会科学院法学研究所承担，中国社会科学院国家法治指数研究中心具体负责。对宁波法院执行规范化开展评估既是全国法院"基本解决执行难"预评估的组成部分之一，也旨在通过此次评估对宁波法院执行规范化进行摸底，对好的经验做法加以总结，对不完善的地方提出意见建议，为宁波法院推进基本解决执行难提供帮助。

二 评估过程与方法

（一）评估对象及内容

本次评估对象为宁波中院以及下辖 10 家基层法院。项目组根据法律、司法解释及最高人民法院对于基本解决执行难的要求，参考《人民法院基本解决执行难第三方评估指标体系》，选择与执行规范化相关的重要内容设计本次评估的指标。以下简要描述本次评估的主要内容、具体评估指标体系（见表 1）及评估方法。

1. 财产保全

该指标主要从四个方面评估执行财产保全的合法性与规范性：一是是否建立财产保全保险担保机制；二是财产担保的比例是否符合《最高人民法院关于人民法院办理财产保全案件若干问题的规定》第 5 条的规定"责令申请保全人提供财产担保的，担保数额不超过请求保全数额的 30%"；三是保全申请与财产查控系统能否有效衔接；四是保全执行及时性，即保全裁定能否在提供担保后的 5 日内作出，并裁定 5 日内启动执行。

2. 财产申报

该指标主要通过抽查案卷和申报并核实的方式评估法院依法向被执行人发布财产申报令，以及对拒不申报或申报不实的，是否根据情节轻重进行过拘留、罚款等法律制裁。

3. 财产调查

该指标主要通过案卷抽查方式评估考察法院在执行案件立案后通过法院内部的"点对点"或者"总对总"方式进行财产查控的及时性。

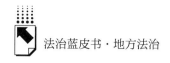

4. 财产控制

该指标主要是以案卷抽查方式评估考察法院发现被执行人的财产后查封、冻结、扣划的及时性，对能通过网络执行查控系统实施控制措施的，能否在48小时内采取措施；需要线下控制的，能否在10个工作日内采取控制措施。

5. 财产评估

该指标主要是通过案卷抽查方式评估考察法院开展评估的及时性，包括符合财产处置条件的，30个工作日内启动评估拍卖程序以及收到评估报告之日起，能否在5个工作日将评估报告及时发送给当事人。

6. 财产拍卖

该指标主要是通过案卷抽查方式评估考察法院对符合拍卖条件的执行标的，启动财产拍卖的及时性，即能否在30个工作日内启动拍卖程序。

7. 执行款发放

执行款发放情况的评估包括两个方面：一是通过考察评估法院账号验证的方式，评估新收的执行案件能否实现一案一账号；二是通过案件抽查的方式评估执行局收到执行款后发放给申请执行人的及时性。

8. 终本案件

该指标主要是通过案卷抽查方式评估考察法院是否严格按照《最高人民法院关于严格规范终结本次执行程序的规定（试行）》规定的六项条件对案件进行终本结案，即已经终本的案件是否：①已向被执行人发出执行通知、责令被执行人报告财产；②已向被执行人发出限制消费令，并将符合条件的被执行人纳入失信被执行人名单；③已穷尽财产调查措施，未发现被执行人有可供执行的财产或者发现的财产不能处置；④自执行案件立案之日起已超过三个月；⑤被执行人下落不明的，已依法予以查找；⑥被执行人或者其他人妨害执行的，已依法采取罚款、拘留等强制措施，构成犯罪的，已依法启动刑事责任追究程序。

9. 现场执行记录

该指标考察执法记录仪使用情况，即通过现场实地调研的方式考察法院进行强制腾空、搜查等执行行动时是否使用执法记录仪。

表1　宁波法院执行规范化指标体系

一级指标	二级指标
财产保全(20%)	财产保全保险担保机制(25%)
	担保比例(25%)
	保全申请与财产查控系统的衔接(25%)
	保全执行及时性(25%)
财产申报(10%)	依法发布申报令(50%)
	对于拒不申报或申报不实的,视情节轻重进行法律制裁(50%)
财产调查(10%)	网络查询及时性(100%)
财产控制(查冻扣)(10%)	查扣冻的及时性(100%)
财产评估(10%)	评估启动的时间(50%)
	及时发送评估报告(50%)
财产拍卖(10%)	合理时间内启动拍卖(100%)
执行款发放(10%)	新收案件一案一账号(50%)
	执行款发放的及时性(50%)
终本案件(10%)	是否符合终本的实质要件(100%)
现场执行记录(10%)	执法记录仪使用情况(100%)

（二）评估方法

2017年8月10～12日，项目组对宁波法院进行了实地调查，通过实地调研、案卷测评、自报及系统验证等几种方式获取资料和信息，并在接下来的几周内对这些资料进行了深入分析。

1. 实地调研：派出评估小组专程前往宁波中级人民法院，实际观测现场执法记录仪使用情况等。

2. 案卷测评：通过调取执行电子案卷的方式，分析执行案件各个流程办理的规范性和及时性；本次评估70%以上的数据都通过案卷评查的方式取得。

3. 自报及系统验证：通过各个法院自行报送相关数据、规定、案例，并通过提供书面证据，由项目组验证后进行评估。

三 总体评估结果

项目组根据上述指标体系和从宁波全市法院提取的数据、案卷，经过现场实地调研、查卷、验证、复查、计分、模块计算等环节，历时两个月，总体的评估结果如下。

第一，宁波地区 11 家法院 2017 年度执行规范化程度总体较高。宁波地区法院执行规范化平均得分为 86.63 分，得分在 90 分以上的 3 家，即宁海法院、海曙法院、余姚法院，占 27.27%；得分在 80~90 分的法院 7 家，占 63.64%，分别是宁波中院、江北法院、奉化法院、慈溪法院、象山法院、镇海法院、鄞州法院；得分在 70~80 分的法院 1 家，占 9.09%，为北仑法院；没有法院得分在 70 分以下（见表 2）。

表 2 宁波法院执行规范化评估结果

排序	法院	财产保全	财产申报	财产调查	财产控制	财产评估
1	宁海法院	95.00	100.00	100.00	90.00	100.00
2	海曙法院	95.00	100.00	100.00	100.00	58.35
3	余姚法院	95.00	100.00	80.00	70.00	100.00
4	宁波中院	95.00	100.00	83.30	100.00	25.00
5	江北法院	95.00	100.00	100.00	100.00	62.50
6	奉化法院	95.00	100.00	76.00	100.00	50.00
7	慈溪法院	95.00	100.00	100.00	90.00	50.00
8	象山法院	95.00	100.00	90.00	25.00	55.55
9	镇海法院	95.00	100.00	92.00	95.00	75.00
10	鄞州法院	95.00	100.00	100.00	87.50	30.00
11	北仑法院	95.00	100.00	96.00	100.00	20.00
	平均分	95.00	100.00	92.48	87.05	56.95

排序	法院	财产拍卖	执行款发放	终本案件	现场执行记录	总分
1	宁海法院	100.00	100.00	70.00	100.00	95.00
2	海曙法院	83.30	100.00	90.00	100.00	92.17
3	余姚法院	80.00	100.00	100.00	100.00	92.00
4	宁波中院	100.00	100.00	90.00	100.00	88.83

排序	法院	财产拍卖	执行款发放	终本案件	现场执行记录	总分
5	江北法院	50.00	100.00	70.00	100.00	87.25
6	奉化法院	100.00	100.00	40.00	100.00	85.60
7	慈溪法院	20.00	100.00	90.00	100.00	84.00
8	象山法院	100.00	100.00	80.00	100.00	84.06
9	镇海法院	60.00	85.00	60.00	100.00	85.70
10	鄞州法院	0.00	100.00	100.00	100.00	80.75
11	北仑法院	0.00	80.00	90.00	100.00	77.60
	平均分	63.03	96.82	80.00	100.00	86.63

第二，各法院规范化程度参差不齐。正如表2所示，宁波11家法院规范化程度不一，得分最高的宁海法院为95.00分，而最低的北仑法院得分仅为77.60分，两者相差17.40分。其中宁海法院、海曙法院、余姚法院、宁波中院、江北法院等高于平均分，执行规范化程度较高，北仑法院得分低于80分，特别是在财产拍卖、评估工作等方面得分较低，规范性有待加强。

第三，各测评指标之间差距较大。从测评的9个一级指标看，财产申报、现场执行记录、执行款发放、财产保全、财产调查5个指标相对规范，其中财产申报和现场执行记录得分均为满分，执行款发放、财产保全、财产调查得分多数法院在90分以上；而得分较低的指标分别为财产评估、财产拍卖以及终本案件等三项。

四　宁波法院执行工作整体上规范高效

（一）执行现场执法记录规范完整

在执行现场进行执法记录有助于规范执行行为，促进文明执行，提高执行的透明度，也有助于保留执行现场证据，保护法院执行干警。评估发现，宁波法院现场执行记录情况良好，每个法院执行局均配备了与执行工作需要相适应的单兵执法仪，并能够按规定进行正常使用。执行人员在执行活动中，能够使用执法记录仪进行全程录音录像，客观、完整、真实地记录执行办案全过程。重大执行活动中还使用执行单兵终端对执行现场情况实时上传至执行指挥中心，接受指令，服从指挥，对突发事件及时处置。此外，宁波中院还配备 3 台执行远程视频指挥车辆和 2 台无人机，各基层法院也在逐步配备。执行记录的使用收到了良好的效果。例如，根据有关记录，2016 年 11 月，宁海法院一名被执行人拒不履行义务，撕毁封条并企图逃跑，后试图否认，该院通过单兵系统在执行指挥中心进行情景再现，遂对被执行人处以司法拘留，并处 3000 元罚款。

（二）财产申报工作受到高度重视

最高人民法院《关于民事执行中财产调查若干问题的规定》明确，在执行过程中，被执行人应当如实报告财产。人民法院则应依申请执行人的申请或依职权责令被执行人报告财产情况的，应当向其发出报告财产令。评估发现，宁波各个法院对执行财产申报工作都高度重视，严格依法向被执行人发送财产报告令。有些法院还规定由执行指挥中心专管员在收到案卷后 3 个工作日内统一发送执行通知书、财产报告令等文书，最迟不得超过立案后五天。

此外，对于拒不申报或申报不实的被执行人，宁波法院还加大了法律制裁的力度。各法院严格落实财产报告制度，加强报告财产的调查核实，建立被执行人动态财产报告制度。责令被执行人限期申报财产，针对拒不申报或者逾期申报、虚假申报的，视情节轻重依法采取罚款或司法拘留等强制措施。2017 年 1 ~ 7 月，宁波全市因拒不申报财产或不实申报财产对被执行人罚款 548 次，进行司法拘留 1293 人次。另外，江北法院、余姚法院、镇海法院、慈溪法院还对拒不申报财产或不实申报财产的被执行人启动刑事责任追究程序（具体各法院情况见表3）。

（三）严格执行案款管理，实现"一案一账号"

执行案款发放是案件当事人实现其自身权利的最后一个环节，执行案款

表 3   2017 年 1 ~ 7 月各法院因拒不申报财产或不实申报财产被司法处罚人数

法院	罚款次数（次）	拘留人数（人）	是否刑拘（2016 年以来）
宁海法院	0	28	否
海曙法院	0	1	否
江北法院	82	73	是
余姚法院	8	197	是
宁波中院	32	2	否
奉化法院	0	478	否
镇海法院	2	80	是
慈溪法院	138	74	是
象山法院	10	31	否
鄞州法院	0	1	否
北仑法院	276	328	否
总计	548	1293	

数量大、来源复杂，只有对执行案款进行严格管理，才能切实保障执行案件申请人的合法权益。"一案一账号"是指在执行案件立案时，系统自动分配一个与该执行案件捆绑且唯一的虚拟银行子账号，该执行案件案款的收付全部通过这个账号进行，实现一个案件对应一个案款账号、一个案款账号只为一个执行案件所用。"一案一账号"管理能够有效堵塞执行案款管理漏洞，解决执行案款信息不全、底数不清、滞留法院等问题，是加强案款管理和监督的重要制度举措。

2016 年 12 月 8 日，宁波中院印发的《宁波市中级人民法院案款管理流程操作实施细则（试行）》要求，自 2016 年 12 月 19 日起，所有与案件有关的诉讼费、调解款、执行款等进出款项应通过案款管理系统的"虚拟账号"进行线上操作。评估发现，2017 年宁波 11 家中基层法院已经全部根据上述实施细则的要求实行了"一案一账号"，所有费用都经由案款系统的虚拟账号支付，全市法院范围内诉讼费、调解款、执行款等案款管理工作比较规范，"浙江案款管理系统"有效运用，案、款、人实现精准对应。

此外，各法院还要求及时发放执行案款，具备发放条件的，原则上要求在七个工作日内发放完毕。案件较为复杂的，一个月内予以发放，不能及时发放的，说明理由并交领导审批。开通执行案款到账通知服务，被执行人向法院缴款到账后，第一时间短信通知申请执行人与被执行人双方，最大限度促进执行案款的公开透明，切实增强群众司法获得感。

（四）财产保全工作机制比较完善

财产保全是法院在利害关系人起诉前或者当事人起诉后申请执行前，为保证判决的执行或避免财产遭受损失，对当事人的财产或者有争议的标的物采取限制其处分的保护性措施。完善的财产保全机制对促进执行工作、促进当事人最终实现财产利益具有重要意义。《最高人民法院关于办理财产保全案件若干问题的规定》（以下简称《财产保全司法解释》）规定，财产保全的担保数额不超过请求保全数额的30%，人民法院应当准许金融机构以独立保函形式、保险人以其与申请保全人签订财产保全责任险合同的方式为财产保全提供担保。

第一，宁波中院先后在2012年6月和2014年9月颁行了《关于担保机构开展诉讼保全担保业务管理办法》和《关于做好财产保全信用担保机构管理工作的通知》，规范财产保全保险担保机制，同时，确定28家保险公司作为财产保全保险担保机构进入法院名录，并在各法院的诉讼服务大厅公示。此外，奉化法院、宁海法院、余姚法院、海曙法院、北仑法院、象山法院、慈溪法院、江北法院等基层法院还制定了本院的财产保全保险担保机制，细化了上述规定。宁海法院等还在诉讼服务大厅设立财产保全窗口，由专人负责受理诉前、诉讼过程中的财产保全申请，告知和释明财产保全责任保险担保方式。

第二，2017年1月开始，宁波各法院全面实现保全申请与财产查控系统的衔接。保全裁定书未写明财产线索，申请保全人提出查询申请的，可通过各法院的执行查控系统在请求保全的数额范围内，查询被保全人的财产。以不动产、车辆、银行存款以及股权等为基本查控对象，逐步扩大延伸财产查控范围，降低申请门槛，不以提供完整财产信息为唯一条件，只要有较为明确的财产线索即可启动。并制作"网络查询被保全人财产告知书"，在立案时即引导当事人提出保全查控申请，充分发挥财产保全制度的风险防范作用。

第三，严格规范诉讼保全收费标准和担保比例。经抽查案卷，项目组发现，宁波各法院落实司法解释"财产保全的担保数额不超过请求保全数额百分之三十"比较规范，抽查的110件案件符合上述司法解释的108件，占98.18%。

（五）执行指挥中心协调有力

针对执行工作中存在的执行力量分散、效率不高、规范化不够等问题，宁波两级法院大力建设执行指挥中心，将执行指挥中心作为执行管理的中枢，建成执行工作的信息交换中心、指挥调度中心和决策分析中心，使之成为整个执行工作的"大脑"，重点实现执行案件统一管理、统一协调、统一监督三大功能。一是执行指挥中心对执行流程中的重点环节、重点事项进行靶向式跟踪管理。严格规范终结本次执行程序标准；对拍卖、变卖、以物抵债等财产变现的重点环节，统一内部审核；制定案款管理规定，形成动态的案款台账等。二是执行指挥中心搜集、整合各执行团队的阶段日程安排，对相同、相近的事项集约指派办理。将诉讼保全和执行实施案件进行统筹安排。对重大、敏感性、群体性执行案件或突发性事件实行统一指挥、统一协调，指导处置突发情况。三是执行指挥中心对执行团队的重点质效指标进行全方位监控，特别是对案款、强制执行措施等重要节点逐一跟踪。对消极执行和不规范执行，向团队法官和部门领导双向通报，督促整改落实。在全局范围内，对执行各项指标进行排名通报，促使执行团队间形成良性竞争。

（六）集约化提升执行服务水平

为有效提升执行信息的公开透明度，提高执行效率，方便当事人，充分体现"大服务"机制的内涵，宁波法院提出了集约化服务的理念，就是以执行办事大厅为依托，将案件查询、材料转交、执行款办理、执行线索反

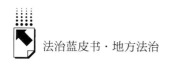

映、信访接待等事务性工作统筹集约办理。

一是集约启动。集中制作并发送执行通知、拒执风险提示、限制高消费令等法律文书,并完成案件信息校核、财产保全提示等工作。

二是集约查控。将网络查控等功能集中整合到执行办事大厅,充分利用最高院"总对总"、省高级人民法院"点对点"网络查控系统,主要是"四查",即房地产、银行存款、车辆、股权的查询,其中存款可以直接进行冻结、解冻。

三是集约通知。执行案件立案后,第一时间将案件承办法官、联系方式等信息通过短信平台告知当事人,方便当事人联系法官。后续执行环节信息或变更承办法官等应回告事项,均通过短信平台集中向当事人推送节点信息。

2014年6月,宁波市海曙区人民法院率先建成集"执行接待、释明告知、立案查询、流程公开、投诉信访"于一体的执行办事大厅。截至评估结束,包括宁波中院在内,宁波全市已全部建成执行办事大厅并投入使用。

五 少数执行案件存在不规范现象

(一)个别案件财产保全不规范、不及时

评估发现,虽然宁波法院财产保全整体比较规范,但是还存在个别案件办理不规范、不及时的现象,需要加以注意。一是个别案件没有体现《财产保全司法解释》要求的"财产保全的担保数额不超过请求保全数额百分之三十",表现为有的案件裁定书中明确以现金方式提供担保,但是其案卷中没有明确提供担保的数额。二是部分案件裁判保全执行不够及时。《财产保全司法解释》规定裁定采取保全措施的,应当在五日内开始执行。但是,评估发现,有的案件保全时间较长。在11家法院中,慈溪法院和江北法院所有抽查案件都在法定期限内保全完毕,其他法院有部分案件不能完全及时进行保全,其中宁海法院、奉化法院及时保全的占90%,余姚法院和海曙

法院及时保全的占 80%，象山法院 70%，北仑法院 60%，宁波中院 33.3%，镇海法院 20%，而鄞州法院只有 10%（见表4）。

表4　宁波法院执行保全及时性占比

单位：%

法院	保全执行及时性	法院	保全执行及时性
北仑法院	60	奉化法院	90
慈溪法院	100	海曙法院	80
镇海法院	20	江北法院	100
宁波中院	33.3	鄞州法院	10
宁海法院	90	象山法院	70
余姚法院	80	平均值	66.66

（二）财产调查时间差别较大

财产调查是执行工作的开端，能否及时开展财产调查将极大影响随后财产查控的及时性以及当事人权益能否最终实现。宁波法院大部分案件都能够及时启动财产调查，特别是有的法院财产查询非常及时，慈溪法院、海曙法院、江北法院、鄞州法院抽查案件全部在五个工作日内启动网络调查；有些案件在立案当天就启动了财产调查，如（2016）浙 0281 执 862 号案件、（2016）浙 0211 执 2234 号等；但与此同时，仍有少数案件财产调查不够及时，延长了整个执行流程。评估还发现，有些案件查询各项财产不同步，有些财产的查询比较及时，而其他财产查询又不够及时。例如，某一案件 2016 年 7 月 15 日立案，7 月 17 日进行了工商登记、车辆信息等的查询，但是直到 8 月 2 日才进行银行账户的查询，其间间隔了十几个工作日。

（三）案件拍卖评估及时性不够

评估发现，有的法院一些执行案件在评估、拍卖过程中存在不及时现象。一是评估启动时间不及时。评估发现，个别案件在立案两个多月后才做出评估决定书，评估启动时间长。二是评估报告送达不及时。评估发现，评估报告送达不及时的现象时有发生。有的案件在评估报告发出后 15~20 天，法院才将评估报告送达当事人，远远超出 5 个工作日。三是法院内部评估材料移送交接、委托事项办理不及时。评估发现，有些案件虽然及时启动了评估程序，但是在评估材料交接、委托时不够及时，从而导致评估时间过长。四是评估机构有时也未按照规定及时安排现场勘验、出具评估报告。五是启动财产拍卖不够及时。拍卖是申请执行人获得财产权益关键的一个环节。项目组通过抽查部分涉及执行拍卖的案卷发现，部分案件启动财产拍卖还不够及时。30 个工作日内开始拍卖的案件占比仅为 61.21%。

（四）部分法院发放执行款还不够及时

规范、及时地发放已经执行完毕的执行款是当事人早日实现诉讼权益的前提。评估发现，整体上，宁波法院执行款的发放比较规范，而且已经实现了"一案一账户"，但是还有少数案件执行款的发放不够及时，有必要引起注意。其中，宁波中院、宁海法院、慈溪法院、海曙法院、象山法院、江北法院、余姚法院、鄞州法院、奉化法院的执行案款发放及时率均为 100%，北仑法院执行案款发放及时率为 60%，镇海法院执行案款发放及时率为 70%。个别案件财产发放超期 2 个月时间，但是案卷中未见到超期发放的领导审批单。

（五）部分终本案件结案还不够规范

最高人民法院《关于严格规范终结本次执行程序的规定（试行）》明确提出，终结本次执行程序的案件应当同时符合以下六项条件：已向被执行人发出执行通知、责令被执行人报告财产；已向被执行人发出限制高消费令，并将符合条件的被执行人纳入失信被执行人名单；已穷尽财产调查措施，未发现被执行人有可供执行的财产或者发现的财产不能处置；自执行案件立案之日起已超过三个月；被执行人下落不明的，已依法予以查找；被执行人或者其他人妨害执行的，已依法采取罚款、拘留等强制措施，构成犯罪的，已依法启动刑事责任追究程序。该规定自 2016 年 12 月 1 日起施行。因此，项目组还对宁波法院2017年结案的部分终本案件是否严格执行了最高人民法院的上述司法解释进行了评估。

评估发现，宁波法院终本案件大部分比较规范，但是仍存在一些问题和不足。抽查案件严格执行最高人民法院司法解释的比例为84%，其中，余姚法院和鄞州法院的规范化率为100%，北仑法院、慈溪法院、宁波中院和海曙法院为90%，象山法院为80%，宁海法院、江北法院为70%，镇海法院为60%，奉化法院仅为40%（见表5）。

不规范主要体现在以下几个方面。一是部分案件没有向被执行人发出限制高消费令，未将符合条件的被执行人纳入失信被执行人名单，这也是终本案件不规范的主要原因；二是部分案件从案卷中没有体现出被执行人下落不明的，已依法予以查找的内容；三是部分案件离立案不到3个月就裁定终本。

表5 宁波法院执行终本案件规范性比例

单位：%

法院	终本案件规范性	法院	终本案件规范性
1. 北仑法院	90	7. 奉化法院	40
2. 慈溪法院	90	8. 海曙法院	90
3. 镇海法院	60	9. 江北法院	70
4. 宁波中院	90	10. 鄞州法院	100
5. 宁海法院	70	11. 象山法院	80
6. 余姚法院	100	平均值	80

六　进一步提升执行质效的对策建议

（一）强化对执行规范化的重视程度

基本解决执行难的关键是解决好法院在办理执行案件中查人找物能力弱、执行行为不规范的问题，只有切实规范执行行为、提升执行能力，法院才能逐步从执行工作的被动局面中走出来。规范执行又是其中的重中之重。

因为只有行为规范了，才能确保避免出现消极执行、乱执行的问题，才能逐步取信于民。有人认为只要把财产执行到位了，行为可以有所越界，这是十分有害的。因为依靠不规范的执行行为换来再高的执行到位率都难免会引发群众的质疑。所以，在基本解决执行难的过程中，一定要重视执行工作的规范性，通过制度、技术手段等使执行行为不断规范化。

（二）解决执行案多人少矛盾迫在眉睫

宁波法院执行工作在整体规范有序的前提下，仍然存在查控、评估、拍卖等环节、流程衔接不够紧密甚至比较拖沓的情况，降低了执行的效率。执行拖沓一方面是由于部分承办人执行工作效率尚待进一步提高，但在很大程度上也与宁波法院执行案件激增，案多人少矛盾日益加剧，承办人员、书记员工作任务繁重有关。2016 年，宁波市两级法院共受理执行案件 63995 件，办结 60834 件，同比分别上升 27.03%、34.49%。2017 年，全市法院共受理执行案件 81921 件，同比上升 28.01%；办结 74862 件，同比上升 23.06%；未结 18852 件，同比上升 60.35%。在案件量连年大幅增长的同时，受法院内部员额制改革等影响，执行人员不增反减，因此，亟待破解执行战线人案矛盾。一方面，要将查询财产、执行文书发送、案件归档等部分辅助性事务进行剥离，尽力保障执行法官专注于制订执行方案、财产处置、查找被执行人等事项；另一方面，要为执行工作配备足够的执行员、司法辅助人员，将配置必要的车辆、设备作为保障执行工作良性发展的基础性条件之一。

（三）做好内外部沟通协调，提高执行效率

虽然在法院内部由执行庭负责案件的执行工作，但是执行案件从立案、查询、查封、冻结、扣划到保全、评估、拍卖等环节需要立案庭、鉴拍部门、法警队等的配合和合作，在外部则需要评估机构、拍卖机构、金融机构及相关政府部门的协调，这些部门是积极配合还是消极怠工极大地影响执行案件的效率和效果。因此，做好执行必须做好法院内外相关部门的协调沟通工作。一是在法院内部做好流程衔接工作，通过办案流程节点系统尽量明确

和压缩各相关部门的处置时间，做到及时立案、及时选择评估机构、及时委托评估、及时拍卖、及时移送案件和相关材料；二是畅通与政府部门、金融机构的沟通机制，缩短网络财产查询的反馈时间；三是严格限定评估、拍卖机构的处置时间。例如，对于执行过程中通常用时较长的评估环节，可以出台"评估拍卖流程管理办法"，严控节点用时，明确规定委托后多少工作日进行现场勘验、多少工作日出具评估报告等，并通过对外探索以招投标方式确定鉴定、评估机构，根据收费标准、完成工作时限等，对中介机构实行计分考评，让效率高、佣金低的中介中标。

（四）通过案件繁简分流提高执行效率

面对执行工作案多人少的现状，提高执行效率还应当从变革执行机制、体制入手，提升执行工作的集约化水平，实行案件繁简分流。一是调整执行局内设部门，增设专门机构，由其负责在执行案件立案后，统一进行集约网络查控，确保第一时间进行网上查控。二是根据网络查控情况，综合执行案件财产查找、争议解决、拍卖处置、公告送达等环节的难易程度，对案件进行分类。三是将通过财产查控，银行存款、股票等可足额清偿债权的，被执行人愿意主动履行或者双方有和解可能的，可以简单处理的财产保全案件、追索诉讼费案件等几类简单易执易结的简易案件，集中交由一两个执行组快速办理，提高这类执行案件的效率。四是其他普通案件则严格按照处置流程和时限，进行精细化办理。

（五）借助信息化手段辅助执行工作

执行信息化是法院信息化的重要组成部分。通过进一步加强执行信息化建设可以提高执行的规范化水平和执行效率。一是通过网络提升查人找物效果。对执行工作而言，查人找物是关键。应当充分利用好最高人民法院建立的全国网络执行查控系统和各地法院建立的"点对点"查控系统，通过网络提升查、冻、扣的效率和力度。二是加强与其他单位的协作联动。执行难的出现主要不是法院造成的，解决执行难也不能靠法院"单打独斗"，应当通过信息化手段加强与公安、国土、工商、社保等部门的外部联动工作，由各法院指挥中心负责与协作单位、兄弟部门共享信息资源、加强联动对接、构建执行天网。例如，通过法院执行信息系统与公安相关部门信息系统联网，充分发挥公安机关"以大数据找人"的优势，运用电子信息化手段，从科技层面查找被执行人。三是充分采用技术手段提高在线办案能力。例如，可以将执行案件管理系统从办公电脑移植到手持平板电脑上，使执行法官在外出执行途中即可完成案件信息查询、流程节点录入。在充分激活"时间碎片"的同时，执行工作各环节的流程信息实现真正意义上的同步录入。四是用信息化手段规范执行行为。要基本解决执行难，规范执行权运行至关重要。执行工作流程多、案情各异、时间节点分散，在传统执行模式下，执行工作全部在线下进行，对执行权进行规范和监督殊为不易。因此，有必要借助信息化手段，将执行案件纳入流程管理系统，压缩执行人员的自由裁量空间，同时通过互联网平台，最大范围公开执行信息，实现阳光执行，并推广司法拍卖，将执行中的关键环节暴露在阳光之下，减少暗箱操作和权力寻租。

B.17
苏州工业园区人民法院执行标准化探索

摘　要：　本报告系统总结和梳理了 2016 年以来江苏省苏州工业园区人
民法院在基本解决执行难过程中，围绕自身案多人少矛盾突
出、原有办案模式效率低下等问题，以创新破题，借科技加
速，推机制革新，通过创建执行标准化运行体系打造全社会
协同、尊法、诚信的执行格局，探索出一条基本解决执行难
的"园区路径"，认为执行标准化是构建基本解决执行难长
效机制的必要途径。报告对标准化体系存在的问题进行了分
析，对进一步完善执行标准化进行了探讨，提出由单个法院
流程标准化向区域性标准化迈进、最终构建全局性标准化执
行的大胆设想。

关键词：　基本解决执行难　执行标准化　执行体制改革

2016 年 3 月，最高人民法院作出"用两到三年时间基本解决执行难问题"的庄严承诺，苏州工业园区人民法院在上级法院的统一部署下，将"基本解决执行难"作为破解"案多人少"矛盾、提升执行质效、强化司法权威、促进社会诚信的重大契机，对执行流程、执行模式、队伍管理进行了

---

* 课题组负责人：沈燕虹，江苏省苏州工业园区人民法院党组书记、院长。课题组成员：陈绮，江苏省苏州工业园区人民法院党组副书记、副院长；沈如，江苏省苏州工业园区人民法院执行庭庭长；赵淑雯，江苏省苏州工业园区人民法院审判管理办公室副主任；陈菁，江苏省苏州工业园区人民法院执行庭书记员。执笔人：赵淑雯、陈菁。

大刀阔斧的改革，创建了流程化、模块化、专业化的执行标准化体系，以执行指挥中心为"CPU"，以财产查控、财产保全、财产处分、快速反应、远程指挥、信用惩戒、终本管理为模块，有效实现了执行指挥中心的指挥、管理、调度、分析、决策等重要职能。彻底改变了执行工作的传统理念和方式，实现了以执行指挥中心为"最强大脑"，以实施团队为"最强团队"的有机结合，创新了流程作业的执行新模式，使执行工作效率大幅提升，探索出了基本解决执行难的一条"园区路径"。

一　执行标准化的改革背景

第一，执行标准化是新形势下执行理念转变的迫切需要。最高人民法院《关于落实"用两到三年时间基本解决执行难问题"的工作纲要》提出，必须严格落实"三统一"规定，要真正做到执行工作统一管理、统一指挥、统一协调，是基于执行工作面临的新形势作出的决策。随着经济社会的快速发展，人民群众司法需求的不断增长，执行工作面临更多新情况和新挑战，个人财产多样化、企业经营多样化、市场风险变化加快等现实使执行工作中被执行人难找、财产难查、协助执行难求等司法难题更为复杂。执行工作仅依靠法官个人的努力已经无法保证当事人的合法权益快速有效兑现。新形势下的执行工作理念必须实现从个人包案执行到流程化、专业化执行，从单个法院发力到协同上下级法院，从统筹司法资源到联动社会资源的转变。执行标准化是实现执行工作"三统一"的前提，是更新执行理念，满足人民群众司法需求的迫切需要。

第二，执行标准化是破解"案多人少"矛盾的必然选择。近年来，执行案件呈爆发式增长，工业园区法院5年内的新收案件数大幅上升，2017年执行收案数达到8627件，是2012年度收案数的5.4倍，但是执行法官仅有7人（5名员额法官），执行辅助人员、车辆以及装备等资源客观上无法实现同步增长，亟须创新改革执行机制，调整队伍结构，实现资源内部优化，以保障案件良性运转。

第三，执行标准化是革新一人包案旧模式的必要途径。传统"一审一书"办案模式中，所有流程均由承办法官负责到底，执行人员缺乏必要的配合协作，不仅存在大量的重复性劳动，而且在案件量巨大的情况下，事务性工作过于细碎，法官难免会顾此失彼，流程规范和案件质量容易出现问题。而书记员在法官的指令下工作，也无法有效发挥工作主动性和积极性。此外，旧模式导致执行权力的集中，执行人员孤军奋战，自由安排工作内容、工作进度，缺乏针对执行程序和期限的监督和制约，容易造成简易案件该快不快，疑难案件拖延不办，甚至出现消极执行、选择性执行、乱执行现象。建立执行标准化体系是提升执行效率、规范执行行为的必然途径。

第四，执行标准化是进一步提升执行能力的重要环节。习近平总书记指出，"没有信息化就没有现代化"，执行工作也必须从信息化引领的视野进行审视。旧有的执行体制存在严重的信息壁垒问题，传统线下查控等办案模式操作覆盖范围较窄、工作效率低下，无法应对日益增长的执行需求。互联网、大数据技术的发展为案件信息管理、财产查控、征信发布等工作提供了新的平台，建立执行标准化体系是对接信息化时代办案模式的重要环节。

第五，执行标准化是保障群众权利的客观需求。解决"执行难"的最终目标是保障当事人权益的兑现，但是"执行难"背后的原因不容易被群众知晓，大部分当事人认为法院有义务且有能力将执行款迅速找到，不理解商业风险、法律风险以及被执行人履行能力不足等客观因素，认为执行不能的原因是法院执行工作懈怠、不作为。因此，构建执行标准化体系，将执行程序流程化、节点化，辅之以执行公开，充分保障当事人的知情权，是让群众了解执行工作、准确理解"执行难"与"执行不能"的题中应有之义。

二 执行标准化体系建设的目标

首先，实现执行流程标准化。突破一人包案的模式，对执行全流程37个节点进行集约化、模块化、规范化设计，形成统一标准的全新执行流程，

以提升工作效率，实现资源的内部优化，保障案件良性运转。

其次，实现节点操作标准化。规范执行各节点操作，对立案、查控、送达、调查、强制措施实施、财产处分、结案审查、终本案件管理等关键节点出台规范性的操作细则，实现每个节点有章可循、每次实施有据可依。

再次，实现执行评价机制标准化。转变解决"执行难"以是否执行到位为唯一标准的社会评价导向，围绕"四个基本"目标，即被执行人规避执行、抗拒执行和外界干预执行现象基本得到遏制，消极执行、选择性执行、乱执行情形基本消除，无财产可供执行案件终结本次执行的程序标准和实质标准把握不严、恢复执行等相关配套机制应用不畅的问题基本解决，有财产可供执行案件在法定期限内基本执行完毕，建立一套标准化且阳光透明的评价机制，让群众对法院的执行工作看懂、看清、看明白，提升外部对法院工作的评价，提升司法公信力。

三 执行标准化体系构建的具体措施

（一）执行流程标准化

1. 流程再造，注重集约化

工业园区法院以执行指挥中心为执行"CPU"，对执行流程进行重新设计，建立财产保全、网络查控、现场查控、送达调查、财产处分、快速反应、终本管理7个工作单元，以统一信息管理、统一指挥调度、统一规范标准为三大核心任务，集约化实施各类辅助性事务，服务执行实施团队（见图1）。

（1）统一信息管理。一方面，立案阶段完成基础信息采集。例如，被执行人基本信息、申请人提供财产线索、送达地址确认书、退付收款账号确认书等，为后续格式化文书生成、财产查控的及时跟进实施奠定基础。另一方面，执行阶段由指挥中心集中信息采集，并反馈实施团队。一是集中网络查询，集合"总对总"、"点对点"、人口信息、不动产等四大网络查控平台，统一进行"信息梳理"，为案件的后期处理提供精确信息；集中制作文

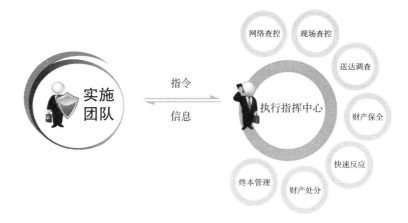

图1 苏州工业园区法院执行指挥中心职能

书，执行通知书、报告财产令、执行裁定书、限制消费令、传票等7类文书集中一键生成，大幅减少书记员手工制作的工作量。二是集中送达调查，根据实施团队的送达和调查指令，集中上门查找被执行人并送达，弥补网络查控的不足。三是集中排期实施财产查控，对大市范围内10家不动产登记中心、车管所和工商局等单位进行排班化查控，与中国工商银行、中国农业银行、中国银行等18家银行签订查、冻、扣一站式协议，苏州大市范围内的银行账户在法院就近网点即可办理查、冻、扣手续，大幅提高了账户保全的效率。2017年以来，平均财产保全天数仅为7天。

（2）统一指挥调度。建立执行110快速反应、凌晨执行和集中清场三项常态化机制，由指挥中心发挥"指令枢纽"作用，集约化调配人、车、装备以及与联动单位的协助。一是执行110实行24小时值班，市区范围内1小时出警，大市范围内2小时出警，节假日和重大案件由院庭长带队。2016年以来，共接听举报电话992次，快速出警339次，拘传112人。2017年9月上海交警协助查扣机动车一辆，实现了异地公法110的对接。二是凌晨行动和大型清场活动，由各实施团队向指挥中心提交请求，指挥中心统一安排行动计划，调配人员和车辆以及与公安、社区等相关单位的协助，行动当天通过远程指挥现场调度和发布指令，真正实现了"指挥得动，协调得了"。2016 年以来，开展凌晨执行 35 次，出动干警 1372 人次，拘传 291 人；开展集中清场 92 次，腾退房屋 105 套。

（3）统一规范标准。一是统一节点操作规范，通过制作执行运行流程图，固化操作步骤，明确操作规范，确定节点完成时间，对信息查控、快速反应、司法网拍、终本案件管理等出台 20 余项规章制度，实现了每个节点的操作步骤、操作时间、合格标准在统一的框架内进行。二是统一管理规范，专人专岗负责案件的审限管理、结案管理、超期退款审批、款项退付管理等，特别是全程把控案件进展，如案件处于停滞状态，则通过催办、督办等方式加快案件进程。

2.机制重构，注重专业化

通过实施团队和指挥中心互相配合，重新构建案件繁简分流、财产处分、终本管理、"执转破"等管理机制，严格规范流程，保障当事人权益兑现。

（1）财产处分专业化。打造专业化财产处分团队，配备工作人员 6 人，1 位助理审判员兼职负责，4 位辅助人员专司调查、定价，1 位辅助人员专司网拍管理，另有社会辅助机构派 2 位工作人员驻点办公。实现自主定价、评估、调查、拍卖、过户、交付等所有节点集约化实施，执行实施团队只需等待资金返还，并予分配。2016 年至 2018 年 6 月底，共成交拍品 1698 件，成交金额 42.05 亿元，拍卖成交率为 87.6%。一是集约化调查，对涉拍房屋的租赁、占有等权利瑕疵开展集中调查，不仅为承办法官省去烦琐的调查过程，而且保证了拍卖房屋的质量和顺利成交。二是引入"互联网＋"自主定价机制，通过评估业协会的房产评估 App，结合多家中介机构挂牌均价，确定拍品的拍卖保留价，将定价机制交由市场决定，不仅缩短了评估周期，将房产市场价的评估周期缩短为 7 天，而且实现了客观公正。三是专业化网店服务。定期发布拍卖指引和拍品推介，引导竞买人正确参拍，推广拍品信息；在省内率先引入拍 E 贷，累计发放贷款 2.96 亿元；引入第三方辅助机构优化拍卖服务，提供线上咨询、线下看样、VR 看样等多种服务。2017 年以来，共委托辅助机构拍卖 435 件、勘验 475 次、看样 596 次，大大减少了拍卖中的投诉现象。

（2）终本案件管理专业化。终本案件由指挥中心单独管理，为实施团队分流"老案"。一是创新全景式终本裁定，在案件进入终本程序之前，以日志形式完整记录个案的每个流程，将执行过程、采取的执行措施、查控到位的被执行人财产、财产无法处分的原因等事无巨细地载入文书，并向当事人送达，在文书网上公开，向当事人全面展示执行过程。二是集中动态轮查跟踪，系统每半年主动、集中对终本案件财产线索进行轮查，发现线索的及时发起恢复执行。2017 年以来，共计恢复执行案件 737 件，执行到位标的 6.29 亿元。对被执行人为苏州大市以外的一律事项委托属地法院调查，2018 年上半年发起事项委托 2127 条。三是集中接待终本案件来电、来信和来访，由执行指挥中心副主任专职管理终本案件的接待，为申请执行人提供倾诉渠道，减少上访缠访。2018 年以来，执行信访率为 0，终本案件合格率为 98.45%。

（3）"执转破"机制专业化。与破产专业合议庭对接，加快推进执行和破产程序的衔接和补充，2018 年初到 2018 年 8 月中旬，共受理"执转破"案件 8 件，消化执行案件 122 件。一是"立审执破"信息有效衔接，形成执行法官和破产法官会商机制，破产管理人充分利用执行网络查控系统、司法网拍平台调查处置财产，有机结合执行程序的强制性、效率性和破产程序的公平性、效益性。二是突出"执转破"高效原则，实现无产可破的案件 2 个月内审结；债权债务关系简单的有财产"执转破"案件 3 个月内审结，充分利用第一次债权人会议一次性通报信息，实现财产管理方案、变价方案、预分配方案一次性表决完毕。三是强化审执紧密配合，破产法官侧重破产程序的把控，紧盯各个破产流程，实现僵尸企业的快速出清，在资产清查、处置上，充分发挥执行法官熟悉破产企业资产情况的优势，助推资产清查、处置的快速处理，最大限度促使"执转破"案件快速处理。

3. 队伍重组，注重团队化

建立"单个节点固化岗位责任，单个团队固化人员配置，整体团队灵活组合"模式，打造三级团队化管理模式。

（1）岗位定责。每个岗位明确工作职责、质量和完成时间，克服了司法辅助人员流动性大、岗位不连续不稳定的弱点，实现"铁打的岗位流水的兵"。以指挥中心的岗位为例,共涉及 7 个岗位:网络查控 2 人,文书制作 3 人,财产保全 5 人,现场查控 3 人,送达调查 2 人,终本管理 4 人,财产处分 6 人,专岗专人皆明确工作职责和操作流程。例如,集中送达岗位的职责包括:对于被执行人下落不明的,或执行实施团队发出指令需要查找的,专职人员上门查找调查。调查的标准化流程包括:被执行人或其成年家属在家的,向其送达执行文书,并作相应的调查或搜查;如家中无人的,则在住所地张贴法律文书,并向周边群众或社区居委会调查其下落及财产情况,以上过程需要全程执法仪记录,并制作工作记录入卷。

(2)"1 + N + N + N"实施团队。工业园区法院根据执行案件中金融案件占比大、民生案件新类型多的特点,以专业化分工为基础,形成了一个执行指挥中心、两个实施小组(金融专业实施组和民生专业实施组)、七个实施团队的内部结构。执行团队采取"1 + N + N + N"模式,以法官为核心配备法官助理、书记员和司法警察等辅助人员,法官专注于分析、研判、决策,辅助人员负责实施,最大限度发挥人员个人优势和执行团队集体优势。

(3)重大行动团队协作。在凌晨执行、集中清场等重大集中行动中各实施团队"化零为整",通过指挥中心调配,各小团队之间相互协助配合,形成大团队开展行动。2014 年以来,每 1~2 个月开展一次凌晨行动。一方面通过团队力量拘传一部分被执行人,改变以往法官"单枪匹马"的状态;另一方面形成强大威慑力,以团队出击展现法院执行的力度和决心,增进人民群众对执行工作的理解和支持。

(二)解决"执行难"综合治理机制规范化

综合治理机制是执行流程标准化的延伸和拓展,是克服执行工作中信息盲区、实施软肋和协助执行孤岛的重要保障。工业园区法院以内部执行流程标准化为核心,对接外部规范化的综合治理机制,通过凝聚合力,打造全社会协同、尊法、诚信的执行格局。

1. 党工委高度重视

专门制定出台《关于支持人民法院基本解决执行难的实施意见》,构建党委领导、人大监督、政府支持、全社会参与的执行大格局。三年来，为缓解案多人少矛盾，工委管委会不断加大人员、经费和物质保障，强化执行救助资金保障，2016 年以来已救助 61 人次 118 万余元。不断强化大要案的"府院联动"执行，2018 年 7 月，在园区政法委的领导下，联动 10 个部门，出动 200 余人，对涉第二污水处理厂改扩建工程地块系列迁址纠纷开展了强制清场，多方发力，组合出击，形成强大震慑，为基本解决执行难创造了良好的社会环境。

2. 多部门联动

进一步规范与其他职能部门和单位的执行联动机制，联合园区 17 个部门制定出台《关于建立失信被执行人联合惩戒的实施意见》；与公安、检察院建立联合打击拒执罪联动机制，移送拒执立案 3 件 5 人；与公安、房产、公积金等多部门建立"点对点"网络查控机制，实现信息查询 1 日毕，不动产查封辖区内 2 日毕，车辆查封 7 日毕；与 18 家商业银行建立账户查冻扣"一站式"完成，线下银行账户扣划 2 日毕。与公安部门签订《协助执行实施意见》，公法 110 无缝对接，就近派出所提供第一现场的执行协助，借助公安交通卡口车牌识别，临控车辆 21 台，借助火车站、地铁站"人脸识别"系统，成功临控老赖 14 人。

3. 全社会参与

三年来，人大代表、政协委员现场监督执行 40 人次，召开专题交流座谈 4 次。失信被执行人名单纳入园区社会信用信息平台数据库，园区各街道社区、商业广场为老赖名单上大屏、进社区提供发布协助 29 批 1191 人。创新执行悬赏保险制度，发动全社会力量严惩失信，发布悬赏名单 3 期、被执行人 8 人，成功找到被执行车辆 3 台、被执行人 2 人。

四　执行标准化体系建设成效

1. 执行效率倍增

从宏观层面来说，2016 年以来，工业园区法院在执行法官未增加的情况下，实现了新收案件、执结案件和执行到位金额的突破。2016～2017年工业园区法院共新收各类执行案件16266件，同比增长91.1%，执结案件15833件，同比增长110%，执行到位金额73.9亿元（不含保全案件）。2018年1～7月新收各类执行案件5725件，同比增长18.2%，执结案件5447件，同比增长13.1%，执行到位金额22.35亿元（不含保全案件）。三年内整体执结率86.45%，2018年1～7月，有财产可供执行案件的法定执行期限内实际执结率97.87%，无财产可供执行案件终本合格率为98.45%，实际执行到位率32.66%。团队平均结案数从2014年的430件增长到2017年的1239件，连续多年名列全市第一（见图2、图3）。

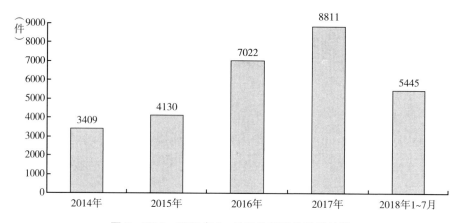

图2　2014～2018年1～7月执行案件结案统计

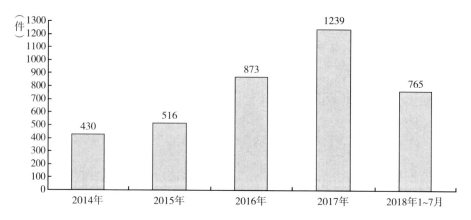

图3　2014～2018年1～7月执行团队平均结案数统计

从微观层面来说，案件流程的各个节点也实现了效率的大幅提升。保全环节，平均财产保全天数为 7 天，银行账户的查冻扣在 48 小时内完成，房产和车辆的查封在 7 天内完成；财产处分环节，不动产处置周期从 120 天缩短为 84 天，车辆平均处置周期为 40 天；网拍成交率是 2014 年的 2 倍。

2. 保障公平公正

集约化、模块化、专业化的执行流程保证了每一项执行行为均由专人实施，每一个工作环节均按照规范性标准推进，每一个案件均能得到公平的对待。一方面，从当事人的司法感受来说，有标准化的流程可参照，有明确的节点可预期，即使案件进入终本管理后，依然可以"全景式"还原案件执行过程，每一个当事人均对自己案件有一个合理的预期。另一方面，从内部管理的规范性来说，标准化流程各节点环环相扣、相辅相成，通过机制运行本身就对权力行使形成了督促和监督，从源头上压缩了权力寻租的空间，也杜绝了乱执行、选择性执行、消极执行行为。

3. 执行环境优化

近年来，围绕执行标准化建设不断加强宣传引导，在《人民日报》《人民法院报》等各级媒体刊发报道 170 篇次，召开 4 次执行新闻发布会，实现网络手机同步直播。制作《园法执行》《破局》《利剑》等微视频，全面展示基本解决执行难成效；制作"奉法于心，诚信于行"公益海报，在商业大屏、地铁站等滚动播放营造氛围。物业阻碍执行被罚案引入 App 直播，该案被评为"2017 年江苏法院十大典型案例"，《新闻联播》《焦点访谈》等 150 家媒体节目报道了"包包女"拒不执行被搜查案，该案获评全国"2017 年推动法治进程十大案件"。通过强化执行宣传，不仅传递了人民法院破解执行难的决心和勇气，也是向全社会发出号召，所有公民、法人均有配合法院执行的义务，诚信氛围的营造需要全社会的参与和支持。

五 存在的问题和困难

经过三年的改革实践，工业园区法院在现有法律框架和信息化水平下执行能力和效率提升已趋于极致，但是随着执行体制改革的不断推进，执行标准化打破了"一人一案一包到底"的旧模式，与其相配套的立法支持、信息化支撑、监督体系和绩效考核体系尚未建立起来，作为一项新生事物还面临诸多新问题和新挑战，主要表现在以下几个方面。

第一，执行流程的专业分工尚缺少立法支持。工业园区法院推进的流程化、模块化和专业化执行模式已完全突破了原来以承办人为核心的办案模式，执行流程的专业司法分工实际上是将法官、执行员的权力进行了重新分解和配置，是自发性的改革创新措施。因此，在执行制度的设计、执行权属性定义、执行人员角色定位方面尚无立法层面的支持。《民事诉讼法》第228条规定，执行工作由执行员进行，人民法院根据需要可以设立执行机构，但是对执行机构设置、执行人员配备和执行权配置并未作出规定。尽管在司法责任制改革过程中，江苏省高级人民法院对执行权力清单做了梳理，并在《关于全省法院全面落实司法责任制实施意见（施行）》中对执行权运行机制改革给予了政策性指导，但是落实到司法责任制的实践层面，由于缺少规范性法律指导，容易出现权力不清、责任不明的情况。例如，涉及财产的调查、控制、处分等流程都"挂名"于某一个承办法官，但标准化流程的实际操作中，查人找物等具体事项并非由法官个人实施，亦非由法官团队内部工作人员实施，很大一部分来自于更为独立运作的执行指挥中心，而法官的职责更多是根据指挥中心和辅助人员收集的信息作出判断和决策，一旦出现差错，按照现行法律规定，法官需要承揽所有的责任，承担过大的风险。

第二，执行信息化和执行实践的深度融合尚不足。由于法院信息化基础薄弱，运维管理与执行实践脱节等原因，执行信息化的速度无法满足执行标准化流程的现实需求。一是案件管理系统与标准化流程不匹配，案件管理系统的设计基于"一人一案一包到底"模式，但是标准化流程中案件的每个环节都是集约化操作。例如，保全环节专职保全人员一天需要处理30～40个案件的保全事项，但处理过程中产生的文书和材料必须登录不同承办人的账号，在不同案件项下进行信息录入工作。承办人的账号长期处于"公用"

状态不仅不利于集约化事项的处理，而且增加了责任风险和保密风险。二是信息化的应用尚停留在表面，在财产查控方面的"总对总""点对点"等，极大地提升了查人找物的效率，但是这些应用仅仅停留在信息的海量收集方面。例如，"点对点"查控囊括了车管所、公安、人口信息库、支付宝、不动产登记中心等11个职能部门、40多家商业银行，可提供80余项财产信息，但这些信息中80%为垃圾信息而非有效信息，执行人员仍需对这些信息逐项甄别和判断，浪费了大量时间和人力。

第三，长效性案件督办体系尚未建立。整个执行标准化流程的节点是环环相扣的，其高效运行有赖于各个节点的流畅、无障碍运作，一旦某一个节点"卡壳"或人员缺位，就会影响一大批案件的执行。工业园区法院实行人员"AB岗"制度，即一位工作人员必须熟练掌握两个岗位的操作规范，保证有某位人员缺岗时能迅速补位，但是"AB岗"的设置一定程度上增加了工作人员的负担，长期实施势必影响队伍的士气和凝聚力，因此必须建立更为有效的案件督办体系，保证任何时间任何情况下整个标准化流程的顺畅运行。

第四，长效性岗位绩效考核机制尚不完善。标准化执行的创建打破了绩效考核"以案件论英雄""以数据论高低"的模式，因此在岗位的绩效考核上无法沿用原来的模式。特别是各个流程节点采取集约化处理方式，在岗位的人员配备上采取"因岗设人"方式，即根据岗位需求配置人才填补该岗位。例如，文书集中制作须选配沉得下心坐得住、工作认真细致，又具备基本法律功底的人员，而集中送达调查的岗位须选配外勤能力好、沟通能力强的人员。然而，不同岗位的工作量并无统一的衡量标准，为将来进一步完善考核机制和激励机制带来了一定困难。

六 发展展望

执行标准化不仅大幅提升了执行效率，而且促进了执行规范化和专业化，是建立破解执行难长效机制的必要途径。但是从执行标准化实践走向执行标准化大格局的建立，还必须满足以下几个条件。

一是建立符合司法规律的执行标准化评价体系。2016 年以来，基本解决执行难的目标在社会上引起了强烈反响，许多执行案件的当事人简单地认为，解决执行难就必须做到个案的全部执行到位，而忽略了执行工作的客观规律，尤其是对"执行难"和"执行不能"混淆不清，导致了涉诉信访案件的增多。因此，必须消除当事人以"执行结果"为唯一标准的认识，综合考虑案件本身的商业风险、交易风险和法律风险等因素，建立以执行标准化流程为主线、执行节点规范为衡量依据、执行效率为重点的符合司法规律的社会评价体系，引导当事人和社会公众理性看待解决执行难问题。

二是建立适配执行标准化流程的案件管理体系。建立有别于审判案件的信息化管理系统，突破以"承办人为核心"的设计模式，建立以执行标准化流程为核心的案件管理系统，适应司法实践信息查控、财产处分、终本案件管理等集约化处理、模块化运行的特点，适应分权处置过程中"因岗设人"的岗位权限要求，适应新模式下职责明晰、权责统一的要求，为执行标准化提供"量身定做"的信息化系统支持。

三是丰富执行标准化内涵，建立区域执行标准化体系。工业园区法院的执行标准化是基于单个法院内部的标准化流程和机制，尚无法实现与上级法院、其他兄弟法院在流程上的标准化对接，在与上级法院的协同执行、与其他兄弟法院的联动执行和协助执行方面，只能局限于个案的合作，无法形成规模效应。如果建立区域性的执行标准化体系，在更大的范围内实现执行事务性工作的集约化处理，在更大范围内实现信息资源、人力资源、物资保障资源的统一调配，将极大地提高执行反应的速度。例如，执行 110 的标准化流程如果能扩展到区域，110 出警即可做到通过案件系统完成移送对接，就近调用人员装备，第一时间控制被执行人或车辆，形成更强的司法威慑力，极大地提升司法公信力。

四是拓展执行标准化外延，建立执行标准化大格局。解决执行难仅依靠法院一家的力量，必然独木难支，执行标准化体系建设应以统筹协调内部资源为核心，同时联动各方力量资源。一方面，在全社会凝聚起理解执行、尊重执行、协助执行的广泛共识；另一方面，建立执行标准化开放式平台，对接公安、民政、市场监督、税务、海关、金融机构等单位，在查人找物方面建立全社会协作体系；在送达、财产调查、司法拍卖等环节调动当事人、律师和专业辅助机构的力量，为其制定标准化操作规范，纳入执行标准化大体系，进一步节约司法资源，提高执行效率，进一步落实执行公开，提升司法公信力。从长远机制入手，广泛调动全社会力量，多方发力，组合出击，织严织密执行网，推动社会诚信体系建设，为执行工作效率的提升创造最优社会条件。

法治社会

Law-Based Society

B.18

雅安市法治扶贫"五个一"实践报告

四川省雅安市司法局课题组*

摘　要：　为落实中央和四川省委脱贫攻坚工作部署，推进"覆盖城乡居民的公共法律服务体系建设"，雅安市在全市261个贫困村中开展法治扶贫活动，将脱贫攻坚工作纳入法治化轨道，发挥法治助推精准扶贫、巩固拓展脱贫成果的重要作用，补齐依法治贫"短板"。由此，贫困村社会治理体系逐步完善，基层社会治理法治化水平稳步提升，贫困村发展内生动力得到增强。

关键词：　贫困村　法治扶贫　基层治理

---

* 课题组负责人：邹瑾，中共四川省雅安市市委副书记、政法委书记；马宏，四川省雅安市人民政府副市长、市公安局局长；程德辉，四川省雅安市司法局局长。课题组成员：陶炳忠、何金平。执笔人：何金平，四川省雅安市司法局法制宣传科副科长。

为贯彻落实党中央、国务院脱贫攻坚的部署和习近平总书记系列重要指示，打赢这场脱贫攻坚战，实现雅安与全国、全省同步全面建成小康社会宏伟目标，四川省雅安市针对中高山区农村贫困"量大、面广、程度深"，平坝、河谷等地带"插花式"贫困现象普遍存在，贫困地区基层社会治理体系不完善、治理能力薄弱、内生动力不足，特别是随着扶贫政策倾斜、加大投入，在扶贫领域产生精准识别对象、土地权益、劳动合同等各种社会矛盾纠纷的状况，如不及时有效预防、遏制、解决，将极大阻碍脱贫攻坚大业。雅安市将脱贫攻坚工作纳入法治化轨道，发挥法治助推精准扶贫、巩固拓展脱贫成果的重要作用，完善贫困村社会治理体系，补齐依法治贫"短板"。2016 年 6 月，雅安在全市 261 个贫困村中开展法治扶贫"五个一"活动。活动开展以来，贫困村社会治理体系逐步完善，基层社会治理法治化水平稳步提升，贫困村发展内生动力得到增强。

一 雅安在精准扶贫中运用法治手段补齐短板的实践

在推进依法治贫工作中，雅安市充分发挥帮扶单位和第一书记作用，利用帮扶单位和第一书记对贫困村底数清、情况明、关系亲等优势，结合司法行政部门专业法律服务资源集中等优势，由市司法局牵头，会同市依法治市办、脱贫办、组织部、直属工委等部门联合开展"五个一"法治扶贫活动，并组织专门力量对活动落实情况进行督导，纳入对各县区、部门依法治市目标考核；组织部门和直属工委将活动开展情况作为贫困村"第一书记"和帮扶单位述职评议考核的重要内容；司法行政部门将贫困村法律顾问履职情况纳入对律师、基层法律服务工作者年度考核，有力地推动了法治扶贫工作。

（一）为每个贫困村聘请一位法律顾问

在推进法治扶贫实践中，雅安要求市县对口联系帮扶单位将贫困村落实"一村一法律顾问"制度纳入具体帮扶内容，着力通过"一村一法律顾问"制度落实，推进贫困村形成以法治思维和法治方式管理村内公共事务、化解

基层矛盾纠纷、维护村民合法权益和社会和谐稳定的新格局，为推进精准扶贫提供良好的法治保障。

1. 法律顾问的配备运用

全市 261 个贫困村每个村都通过帮扶单位从律师、基层法律服务工作者或其他法律专业人士中聘请 1 名法律顾问，从法律层面为贫困村产业发展、项目建设保驾护航。对于法律服务需求量较小的贫困村，帮扶单位还可以和贫困村共享法律顾问。"法律顾问"聘请时间直至帮扶的贫困村脱贫摘帽后。法律顾问的配备由过去司法行政部门直接指派，变为帮扶单位帮助贫困村聘用，模式改变的直接效果就是提升了法律顾问工作的积极性，增强了责任感。

2. 法律顾问的基本职责

（1）协助基层普法宣讲。法律顾问每半年至少要举办 1 次法治讲座，通过"以案说法"、以群众身边事讲法说法等方式，重点做好《村民委员会组织法》《农村土地承包法》《城乡规划法》《人民调解法》《法律援助条例》等与生产生活相关的法律法规宣传，增强贫困村干部和群众的法律意识，营造遇事找法、解决问题靠法的浓厚氛围，引导贫困村基层社会治理走向法治化，促进贫困村依法自治。截至 2017 年 6 月，全市累计在贫困村开展法治宣讲 1094 次、提供服务 7202 次。

（2）负责法律文件审查。重点帮助贫困村审查把关法律文书，对集体资产处置、合同订立与涉及贫困村重大利益决策、项目的法律文书进行合法性审查，重点审查法律关系的主体、客体和权利义务是否违反国家强制性规定，审查合同履行的程序、生效条件是否合法，有无侵害贫困村权益问题，对法律风险提出法律意见和建议。负责指导贫困村内的各种产业协会、合作社等新型经济组织建立章程、按章办事、合法经营。名山区永兴镇郑岩村法律顾问帮助郑岩村与农业公司签订藤椒种植合同，有效防范了村民藤椒种植的法律风险。

（3）参与矛盾纠纷调解。围绕土地征用、社会保障、山林土地、邻里边界、婚姻家庭等影响农村社会和谐稳定的突出问题帮助群众厘清法律关系，调解矛盾纠纷。对于不能调解的要引导村（居）民以法治方式和正常途径正确表达利益诉求，对符合法律援助条件的应及时提供法律援助；配合政府机关预防化解群体性、复杂性、易激化的矛盾纠纷，促进社会和谐稳定。

（4）开展社情民情调查。法律顾问在参与矛盾纠纷调解、解答法律咨询、参与法律事务审查等活动中，了解掌握征地拆迁、环境保护、劳动争议、民间借贷等基层社会治理中的风险隐患或基层群众反映强烈的事件，要在第一时间向当地党委政府及相关部门"预警、报警"，供党委政府及相关部门决策参考。芦山县法律顾问在走访贫困村过程中收集上报社情民意28条，被县委县政府及有关部门采纳24条，采纳率达到86%。

3.法律顾问的管理考核

帮扶单位严格督促法律顾问积极履职尽责，认真落实乡村法律顾问"三定一免"工作制度，贫困村确定的法律顾问每月在规定时间、规定地点为贫困村村民免费提供法律咨询服务。各帮扶单位会同贫困村、司法行政部门建立法律顾问工作考核制度，贫困村每季度对法律顾问出具考核意见，确保服务质量。法律顾问建立工作开展情况台账，将服务质量与法律顾问工作经费挂钩，司法行政部门将法律顾问履职情况纳入律师、基层法律服务工作者年度考核。

（二）为每个贫困村培养一批"法律明白人"

贫困村法律明白人的培养是推动贫困村村民自我管理、自我教育、自我服务、自我监督的基础，是妥善处理贫困村各种社会矛盾纠纷，推进贫困村改革发展、脱贫奔康，推动贫困村社会治理走向法治化的重要力量。雅安市在推进法治扶贫工作中，要求各帮扶单位主动与相关部门衔接联系，将培训力量向贫困村倾斜，采取群众喜闻乐见、灵活多样的方式加强贫困村法律明白人培养，着力建立一支学法、尊法、守法、用法的农村法律人才队伍。截至2017年6月，全市已帮助贫困村培养法律明白人4173人。

1. 对象选拔

以村组干部为基础，以"家家有法律明白人"为目标，通过有计划、有重点、有步骤地在普通村民中选拔具有一定文化基础和宣讲能力的村民，经过系统法律培训，使其具有一定的法治观念、法治素养和运用法治思维处理问题的能力，使之成为贫困村村民学法、用法、维权的"法律明白人"。

2. 培训组织

充分发挥乡镇司法所、派出所、法庭及贫困村法律顾问作用，通过建立农村法治夜校、远程普法课堂、农村法治讲堂等，对"法律明白人"开展农村生产生活相关的法律知识专题培训，全年集中培训不少于4次。加强"法律明白人"对《人民调解法》《法律援助条例》等法律法规的学习，引导其参与现有矛盾纠纷化解，通过化解一批现有矛盾纠纷，掌握运用所学法律知识，做到"边学边练见成效"。利用"法律进乡村"活动，编印浅显易懂、适合农村"法律明白人"培养对象学习的教材，做好"法律明白人"素质提升工作。芦山县龙门乡红星村组织法律顾问和派出所、司法所干警，通过农民夜校、法律知识讲座等方式培训12名"法律明白人"，并组织"法律明白人"成功参与化解全村精准扶贫对象确认纠纷。

3. 管理运用

充分发挥贫困村"法律明白人"学法、守法、用法的示范带动作用，使其成为带领村民自觉用法、依法表达利益诉求、依法维护合法权益、依法参与村民自治、依法化解社会矛盾纠纷、依法维护社会和谐稳定的引导者，整体提升贫困村法治水平。发挥"法律明白人"具有一定法律素养优势，将"法律明白人"中的优秀者纳入人民调解队伍、充当法律援助联络员，参与存量矛盾纠纷化解、法律援助宣传联络、社区矫正和安置帮教工作，促使农村社会和谐，群众安居乐业。名山区为发展壮大茶产业，从全区吸收50名"法律明白人"成立名山区蒙顶山茶产业矛盾纠纷人民调解委员会，建立矛盾纠纷调解人才库，从种植—加工—交易—茶旅融合等环节排查化解矛盾纠纷。

（三）为贫困村建立完善村规民约

村规民约在规范村民行为，维护村风民俗和社会公德，构建完善的乡村治理体系中具有重要作用，是实现自我管理、自我教育、自我服务和自我监督的重要形式。雅安市在推行法治扶贫工作中要求各帮扶单位要指导贫困村完善村规民约、组规民约、大院公约，提高贫困村依法自治水平，为脱贫发展创造良好的社会环境。截至 2018 年 6 月底，全市 261 个贫困村全部制定完成符合村情的村规民约。

1. 村规民约的制定注重群众参与

从引导村民自治着力，以"业兴、家和、人富、村美"为目标，引导组织村规民约制定。村规民约在制定过程中要求充分体现基层民主，通过群众广泛参与增强对村规民约的认同。村规民约的制定必须要经过宣传发动、召开村（居）民代表会议民主推选产生起草小组，具体负责收集、整理群众意见建议形成初稿，提交给村（居）两委、村（居）民代表会议讨论并征求村（居）民意见，形成村规民约（居民公约）草案后提交乡司法所审核，最后召开村（居）民会议表决通过，向乡政府送交备案文书，公布组织实施等基本环节。

2. 村规民约的内容注重生产生活实际

以符合村情，突出社会治安联防、公共设施管护、环境卫生保洁、邻里家庭关系等社会公德、传统美德、公民义务内容，简洁明了，易于操作，主要是明确村民的权利义务和可操作落实的条文，按照易记、易懂、易行的原则，尽量减少道德宣言式、口号式、笼统性表述。同时要根据当地经济社会发展情况及时对村规民约进行修订完善。石棉县贫困村马富村结合该村近年黄果柑产业逐步发展、村公益设施逐步完善的现状，及时组织村组干部、群众代表对村规民约进行修订，将产业发展、公益设施保护、环境卫生整治纳入村规民约修订范围，有效提升了基层自治能力。

3. 村规民约的实行注重基层实际运用

将村规民约的尊崇纳入道德模范户、文明户、遵纪守法户、五好家庭户、好媳妇好女婿评选内容，在村民会议、院坝会议、村务公开栏上定期或经常性地通报村规民约履行情况，表彰奖励遵守村规民约的模范行为，批评、谴责违反村规民约的行为。通过长期不懈的实施，促进乡村环境、村风民俗等明显提升，形成一种自觉、自由、善良、和谐的人文氛围。芦山县红星村将村规民约的尊崇纳入道德模范户、文明户、遵纪守法户、五好家庭户、好媳妇好女婿评选内容，累计评选五好文明家庭户、道德模范、孝心敬老等56人。

（四）帮助贫困村群众掌握一套维权方法

帮助贫困村群众掌握一套维权方法，对于引导贫困地区群众遇到问题时能理性维权、助力党和政府的惠民政策"最后一公里"具有重要的现实意义。雅安市在推进法治扶贫过程中，依托贫困村"便民服务代办点"，向贫困户发放"政务监督联系卡""便民法律服务便民牌"等，接受群众咨询、信访、投诉、举报，引导群众依法维权。

1. 做好法律政策宣讲，使群众知晓自己的权利义务

帮扶单位坚持经常性开展"法律进乡村"活动，组织结对帮扶干部进村入户，通过支部会、党员会、群众会、院坝会，通过墙报、标语、显示屏、微信微博等形式，重点宣讲党和政府"三农"、扶贫、社会保障等政策，宣讲农村生产生活中常用法律知识，把相关政策法律和扶贫措施讲清楚、讲明白、讲到位，使贫困村群众知晓自己的权利义务。

2. 加强平台建设，方便群众维权

制作"政务监督联系卡"，包含县区、乡镇涉农部门、社保医保、民政、残联等社会保障部门、纪检监察、信访等监督机关的地址，咨询、信访、投诉、举报电话；"便民法律服务牌"，包含辖区内律师事务所、基层法律服务所、公证机构、鉴定机构、法律援助中心、人民调解委员会、村法律顾问的地址、电话等联系方式；"便捷维权途径牌"，包含妇联、消协、法律援助12348等维权热线的地址、联系方式，及受理条件、办理程序，通过印制小卡片、制作广告牌等广泛告知群众。同时依托"便民服务代办点"

开展受理咨询、信访、投诉、举报工作。芦山县司法局为全县 1000 余名外出农民工发送"致农民工朋友公开信"和维权宣传资料，受理农民工维权案件 21 件，为农民工挽回经济损失 70 余万元。

（五）帮助贫困村化解一批矛盾纠纷

将排查化解矛盾纠纷同群众工作相结合，下大力气解决一批贫困村群众生产生活中久拖未决的矛盾纠纷，是保证精准扶贫政策落地、扶贫项目顺利实施、促进贫困村长治久安的重要措施，是脱贫攻坚必须抓好的重要工作。雅安市针对精准扶贫过程中发生的土地流转、征地拆迁补偿等矛盾纠纷，实施帮扶单位包户干部包案化解责任制，运用法律援助、司法鉴定等，开展法律风险防控和矛盾纠纷调处，确保扶贫政策落地、扶贫项目顺利实施。截至 2017 年 6 月底，全市共帮助贫困村化解矛盾纠纷 7566 件。其主要做法如下。

第一，注重扶贫矛盾纠纷跟踪排查。帮扶单位依托人民调解组织网络和扶贫包户干部，组织机关、乡村干部深入农户家头、田间、地头、村头排查，针对贫困村常见多发的山林土地为主的多权确权、产权抵押借贷、异地扶贫搬迁、邻里边界、劳动用工、婚姻家庭、财产分割、人身伤害等矛盾纠纷，做好教育疏导、协商调解，就地化解矛盾纠纷。汉源县顺河乡万工社区某村民要求将其纳入精准扶贫对象而与村组干部发生纠纷，经调委会和帮扶干部宣传扶贫政策顺利化解矛盾纠纷。

第二，抓好扶贫矛盾纠纷预防化解。针对精准扶贫政策和扶贫项目在贫困村（社区）落地推进过程中发生的村务管理、民主决策、土地使用权流转、征地拆迁补偿、惠农资金和专项资金享受者身份确认及发放等各类矛盾纠纷，按照"事前预防，事中反应，事后研判"的原则，充分运用法律顾问、法律援助、律师、公证、司法鉴定、调解组织、法律明白人等专业资源和社会资源，积极开展法律风险防控和矛盾纠纷分类调处工作，确保扶贫政策和项目落实到位。

第三，落实重大矛盾纠纷包案制度。对发现掌握的倾向性、区域性，久拖未决、疑难复杂，当地群众较为关注的涉众性矛盾纠纷，落实包案化解责任。包案人员耐心倾听社情民意，深入调查研究，综合研判分析，跟踪评估稳定风险，灵活运用政策、法律、经济、行政等手段，将矛盾纠纷隐患消灭在萌芽状态，有效防范因矛盾纠纷隐患处置不到位引发个人极端事件和涉众型重特大事（案）件。

二　雅安开展法治扶贫工作取得的实效

开展法治扶贫"五个一"活动，将法律服务资源引入精准脱贫攻坚第一线，瞄准的是农村法治意识薄弱的关键环节，增强了贫困群众脱贫奔康的法治底气，补齐了脱贫攻坚中的法治"短板"，为打赢脱贫攻坚战提供了坚强的法治保障。

第一，贫困村群众法治意识明显增强。活动开展后，贫困村群众在家门口就能享受到"法律顾问"提供的专业法律服务，进一步树立了"办事依法、遇事找法、解决问题用法、化解矛盾靠法"的法治意识。荥经县依托乡镇法治培训、远程课堂、农民夜校等平台，通过法律讲堂、矛盾纠纷化解案例学习，组织全县366名对象进行培养，大大增强了群众法治意识。

第二，贫困村群众合法权益得到有效维护。贫困村的"政务监督联系卡""便民法律服务牌""便捷维权途径牌"畅通了贫困村群众维权途径，及时解决了一批贫困群众长期反映的突出问题，贫困村群众权益得到有效维护。名山区贫困村观音村村民帅光明因家庭购房产生纠纷后，通过"帮扶联系牌"找到帮扶单位区司法局，最终妥善解决矛盾纠纷。从制度建立至2018年6月底，全市共帮助贫困户依法维权399次。

第三，贫困村社会和谐稳定程度大幅提高。法律顾问、"法律明白人"、帮扶单位等多方联动，积极参与贫困村矛盾纠纷的化解，特别是在征地拆迁补偿、合同纠纷、继承赡养、婚姻家庭等易产生矛盾纠纷的领域，坚持依法调解，法、理、情相结合，协助当地党委政府化解了一大批矛盾纠纷。雨城区姚桥镇81岁的贫困村民王国珍因为与4个子女发生赡养纠纷，通过"便民法律服务牌"找到法律援助中心申请法律援助后，妥善解决了其赡养问题。

第四，贫困村产业发展有了法律保障。法律顾问发挥专业优势，积极参与贫困村重要经济活动，为贫困村产业发展、项目引进、基础建设、土地流转、专合组织建立和生产经营等方面开展"法律体检"，提供法律服务，有效避免了产业发展中的法律风险。芦山县贫困村红星村法律顾问为红星村建立300万只肉鸭养殖场提供法律指导审查，有效防范了法律风险。

第五，贫困村民主法治建设有序推进。法律顾问积极协助村支两委修订完善村规民约，对村里重要管理活动及会议的决定、决策，提出专业的法律意见和建议，规范村支两委决策程序，推进"四民主三公开"。雅安市雨城区推出了"阳光村务"微权清单"五十"条，有效规范了村级权力，确保村级权力在"阳光下"运行，拓展了贫困群众的知情权、决策权、管理权和监督权，提高了村民自治水平，方便了群众办事。

三 雅安开展法治扶贫工作的经验总结

一是市委市政府高度重视，纳入目标考核。精准扶贫是消除绝对贫困、实现全面小康的重要战略举措，雅安开展法治扶贫正是针对扶贫中的精准要求和短板，对症施策。雅安市委市政府多次研究法治扶贫工作，将法治扶贫作为精准扶贫的重要内容，专门要求各县区各单位要将推进扶贫开发攻坚与推进法治扶贫"五个一"活动同规划、同部署、同落实、同考核，主要负责人要定期听取法治扶贫"五个一"工作汇报，研究部署推进措施。各单位要结合部门职能职责，科学谋划、扎实推进，帮助解决法治扶贫活动推进中的困难和问题，督促工作落实到位，与脱贫攻坚工作形成合力。工作开展情况每半年向市依法治市领导小组办公室报告，并纳入对各县区、部门依法治市目标考核。

二是注重统筹安排和责任分工，聚力同向推进。法治扶贫充分整合帮扶单位、第一书记和司法行政资源，离不开各主管部门的工作指导与监督，只有将法治扶贫与各方面扶贫资源充分整合才能形成精准扶贫的强大合力与活力。雅安在推进法治扶贫时要求当地依法治理办、脱贫攻坚办负责此项工作统筹安排，组织专门力量，以法治扶贫工作目标要求、措施落实及效果反馈等为重点，不定期对工作落实情况进行督导考核；要求组织部门、直属工委和司法行政部门加强对帮扶部门工作的督促指导，将法治扶贫活动开展情况作为贫困村"第一书记"和帮扶单位述职评议考核的重要内容。

三是强化法治扶贫工作保障，整合系统支撑。雅安在推进精准扶贫工作中要求帮扶单位在经费保障中设立法治扶贫资金。组织、民政、扶贫移民、司法行政、农业等工作部门要配合帮扶单位开展法治扶贫工作，要细化工作方案、落实具体工作措施，变单兵作战为体系作战、单点支撑为立体支撑，确保贫困村法治扶贫"五个一"活动有序推进。

四 结语

精准扶贫是一项任重而道远的系统工程，需要从政策、资金、产业、分配、保障、法治等方面多措并举、协同落实，雅安组织开展法治扶贫工作是落实"四个全面"战略布局、积极探索把全面建成小康社会与全面依法治国的各项要求在基层落地的初步实践，面对扶贫领域出现的新问题、新情况仍需要持续实践创新，有必要继续推进基层依法治理体系建设，在深入开展法治扶贫"五个一"活动的基础上，进一步整合法律服务资源，在贫困地区加强公共法律服务中心建设，开辟线上法律服务平台，确保各种法律服务资源整合，高效便捷地为推进全面脱贫致富奔小康提供坚强的法律保障。

B.19

都市版"枫桥经验"的探索与实践

——杭州法院推进多元解纷机制建设调研报告

浙江省杭州市中级人民法院课题组*

摘　要： 为贯彻落实十九大精神，推进国家治理体系和治理能力现代化，完善矛盾纠纷治理格局，杭州法院适应新时代要求，传承发展"枫桥经验"，探索建立市场化运作的市场解纷机制，完善行业调解组织化解行业矛盾纠纷的职能，推动"无讼无访社区"等特色社区调解建设，着力推进在线矛盾纠纷化解平台的实践运用，加强都市版"枫桥经验"的机制建设和实践应用，进而形成多元化纠纷解决机制的杭州方案，为都市版"枫桥经验"在杭州的生根开花、打造共建共治共享的社会治理格局提供法律保障。

关键词： 多元化纠纷解决机制　枫桥经验　调解　市场化

"枫桥经验"秉持"发动和依靠群众，坚持矛盾不上交，就地解决"的社会治理理念，取得了"小事不出村，大事不出镇，矛盾不上交，就地化解"的良好社会效果，凝聚着社会化解纷智慧，自诞生以来一直是全国

---

* 课题主持人：斯金锦，浙江省杭州市中级人民法院党组书记、院长；课题组成员：郎长华，浙江省杭州市中级人民法院党组成员、副院长；徐彦，浙江省杭州市中级人民法院立案一庭庭长；余文玲，浙江省杭州市中级人民法院立案二庭庭长；邓兴广，浙江省杭州市中级人民法院研究室副主任；李庆艳，浙江省杭州市中级人民法院立案一庭法官助理。执笔人：李庆艳。

政法综治战线的一面旗帜。改革开放 40 年来，伴随中国市场经济的不断发展，尤其是城市化建设的快速推进，社会结构日趋复杂，利益格局深刻调整，社会矛盾纠纷也呈现数量多、领域广、类型杂、专业性强的特征。而现有的矛盾纠纷解决机制呈现失衡状态①，难以高效便捷地满足人民群众日益多元的矛盾纠纷解决需求，需要对传统"枫桥经验"进行创新发展，借助多元化的社会组织力量，提供更丰富的解纷渠道，提供更高效便捷的解纷服务，形成社会化、多元化、现代化的矛盾纠纷预防化解新格局。

时值"枫桥经验"55 周年、习近平总书记批示"枫桥经验"15 周年之际，中央政法委提出"新时代市域社会治理现代化"的重要概念。坚持群众参与社会治理的理念历久弥新，推进城市社会治理能力现代化的思路愈发明晰，多元解决各类矛盾纠纷的需求更加迫切，为杭州法院坚持探索、实践都市版"枫桥经验"提供了理论依据。都市版"枫桥经验"是杭州两级法院在党委领导、人大推动、政府支持和浙江省高级人民法院的指导下，结合本市经济社会发展实际，传承发展枫桥经验的精髓内涵，初步形成的以"法院引导推动建立的市场化调解、政府培育推动完善的行业调解、平安考核推动发展的特色社区调解以及依托智能服务打造的在线调解"为内容的多元化纠纷解决体系。杭州都市版"枫桥经验"借助多元化的社会组织力量，打造更丰富的解纷渠道，提供更高效便捷的解纷服务，形成社会化、多元化、现代化的矛盾纠纷预防化解新格局，积极推动"枫桥经验"由促进乡村治理体系建设向促进城市治理体系建设延伸，推进杭州城市治理体系和治理能力现代化。

---

① 矛盾纠纷解决机制失衡，是指人民调解在预防和化解城市矛盾纠纷中所发挥的作用与城市矛盾纠纷的复杂性和总量尚不成比例；社会调解中的多数行业调解尚未真正发挥应有作用，市场化解纷机制存在严重短板；大量的案件纠纷涌入法院，诉讼作为社会公平正义的最后一道防线，现已经成为人民群众解决纠纷的第一出口（以杭州为例，2017 年全市法院收案逾 30 万件，较 2016 年增长 3.8 万件，较 2013 年增长近 12 万件，上升 62%。本报告数据均源自法院内部统计系统，下文如无特殊说明，数据来源相同）。

一 实践探索及初步成效

根据最高人民法院《关于人民法院进一步深化多元化纠纷解决机制改革的意见》、浙江省高级人民法院关于大立案、大调解、大服务"三大机制"建设的要求，在党委、人大和政府的领导监督支持下，杭州法院积极开展调研，调整工作着力点，重点推进市场化解纷机制建设，大力发展与行业调解组织的诉调对接，加强与综治组织的联动，引入在线矛盾纠纷化解平台，探索多元化纠纷解决机制杭州方案，努力为建设独特韵味别样精彩的世界名城、全面提升杭州城市国际化水平提供法治保障。

（一）推动培育市场化解纷机制

实行市场化的纠纷解决方式，是市场经济发展比较成熟的国家和地区社会治理的普遍做法[①]。从域外看，市场化解纷机制的发展已经成为国际趋势。杭州法院在借鉴国际社会成功做法的基础上，积极探索推动市场化解纷机制的建立与完善，激发市场解纷主体的潜能。

1. 以律师、公证、仲裁为解纷主体的机制建设

2017 年 6 月 22 日，杭州市中级人民法院与市司法局联合签署《共同推进多元化纠纷解决机制建设的合作框架协议》，全面拓展平台，促进深度合作。该院还分别与杭州市律师协会、市公证协会、市仲裁委员会签署《关于建立律师参与多元化纠纷解决机制的会议纪要》《关于建立公证参与多元

[①] 积极构建市场化纠纷解决机制是国际上经济发达国家和地区近年来的发展趋势。例如，英国约 90% 的案件由调解组织受理、收费调解，这些调解组织吸纳了来自律所、行业协会、仲裁、评估机构等众多的社会调解员（引自蒋丽萍《英国有效争议解决中心的调解机制及借鉴》，《人民法院报》2017 年 9 月 22 日，第 8 版）；瑞典约 95% 的民事纠纷是诉讼外调解或仲裁解决的（引自司法部、最高人民法院赴挪威、瑞典联合考察组《关于挪威瑞典诉讼外调解制度的考察报告》，中国普法网，http：//www. legalinfo. gov. cn/gb/moj/2003 - 03/25/content_ 20889. htm，最后访问日期：2018 年 3 月 1 日）；中国香港地区在司法机关主导、特区政府支持推动和社会各界共同努力下，经过十多年的发展实现了调解的法治化、专业化和社会化。

化纠纷解决机制的会议纪要》《关于仲裁参与多元化纠纷解决机制的会议纪要》，明确杭州律协调解中心、杭州公证协会、杭州仲裁委员会为特邀调解组织，试点设立驻法院律师调解室、公证调解室、公证参与司法辅助工作室、仲裁调解室，鼓励律师、公证、仲裁机构接受法院委托（委派）开展调解、司法辅助等工作。

2017年11月，律师参与案件纠纷调解的"杭州模式"被浙江省高级人民法院、省司法厅在全省试点推广。杭州市多家法院被确定为律师调解、公证参与司法辅助事务和仲裁调解的试点法院，杭州市两级法院均已全面对接和开展委托律师调解工作，更多的公证员入驻法院开展执行查控、刑事财产评估拍卖、执行分配、房屋腾退等司法辅助事务，仲裁调解试点工作也在更多的试点法院推广。随着律师、公证、仲裁调解工作的深入开展，《关于进一步加强律师参与法院调解工作的意见》《关于开展公证参与人民法院司法辅助事务试点工作的会议纪要》以及相关工作流程等配套规范制度进一步细化，解纷机制更加深入全面，解纷主体更加多元规范，解纷模式日趋精细完善，当事人解决纠纷更加方便快捷。

2. 培育党委、人大和政府支持下的市场化运作模式

杭州市委高度重视和大力支持律师调解工作，市委相关领导多次通过会议、批示等方式，要求从深入贯彻党的十九大精神、创新完善多元化社会解纷机制的政治高度去推进律师调解工作。杭州市人大专题开展多元化纠纷解决机制调研，听取工作汇报，市人大代表也积极建言献策。杭州市中级人民法院承办的市人大代表建议提案"关于建立多元争议化解机制的建议"，被评为"2017年最满意的市人大代表建议承办件"。杭州市政府积极为市场解纷机制建设提供资金和政策支持，市财政局同意划拨调解经费百万元，纳入杭州市中级人民法院2018年度财政预算，为律师调解提供劳务补助。市物价局明确，律师调解案件可按法律服务收费标准依法收费。

2018年5月17日，杭州市中级人民法院采取邀请市人大代表和协办单位共同会商的方式，组织召开市人大代表建议会商座谈会，讨论市人大代表在2018年全市两会上提出的"关于进一步发挥多元调解功能，化解社会矛

盾的建议"和"关于加大公证参与司法辅助事务和开展仲裁调解进一步完善多元纠纷化解机制的建议",参会单位市司法局、市财政局、市物价局均表示将继续在制度建设、财政经费、许可收费等方面支持推动市场解纷机制的发展和完善。

上述举措为促进杭州市场化调解组织的发展提供了有力保障,宣传扩大了市场化调解组织的社会影响力,从长远来看,则是推动和培育调解组织最终实现完全市场化运作的基础性工作。

3. 法院主导下的司法保障与监督

市场化解纷机制的作用发挥,归根结底取决于司法保障。杭州市两级法院努力强化司法保障与监督,推动调解组织市场化发展。

司法保障上,首先,杭州市中级人民法院制定《关于开展委托律师调解试点工作细则》,就权利告知、案件筛选、委托调解等具体工作流程作了规定,明确回避和保密要求,规范调解程序;杭州市中级人民法院先后与杭州市律师协会、杭州市公证协会、杭州仲裁委员会以会议纪要方式达成多元化纠纷解决合作框架,就调解能力与调解资源的认证认可、调解效果的评价、调解案件的分配和监督等初步形成协调机制。其次,诉前调解达成协议的案件,可申请法院进行司法确认,赋予强制执行效力,其中法院委托(委派)进行公证、仲裁调解的,当事人还可以自行选择公证、仲裁程序处理纠纷并获得法律效力;诉中调解可申请法院出具调解书(或申请撤诉),法院调解书与判决书具有同等法律效力。再次,杭州法院大力推进基本解决执行难工作,为调解案件的执行、当事人合法权益的实现提供后盾保障。

司法监督上,首先,通过在司法确认或者调解、撤诉环节进行审查的方式,对调解协议内容的合法性进行监督。其次,通过审判监督程序,对生效调解书、司法确认的调解协议进行法律监督。再次,对于具有强制执行效力的调解协议和债权文书,一方当事人申请强制执行后,另一方可以依法提出不予执行申请,启动最后一道法律监督程序。

经过实践探索,律师、公证、仲裁机构参与调解和司法辅助事务全面开展,有机制、有组织、有保障、以市场化为培育目标的解纷机制初具雏形,

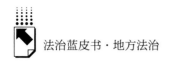

并开始释放活力。据统计，至 2018 年 6 月底，杭州市两级法院共聘任律师调解员 620 名，委托（委派）律师调解案件 6551 件，调解成功 1695 件，调解成功率 25.87%；共聘任公证调解员 7 名，委托（委派）公证员调解案件 794 件，调解成功 265 件，调解成功率 33.38%。

（二）推动发展行业调解机制

近年来，杭州市两级法院分别与司法行政、公安、妇联、人社、工会、卫生、旅委、知识产权局、银行、证券、期货、保险、贸促会、消费者权益保护委员会、工商联等部门、机构和组织建立了纠纷多元化解对接机制，诉调对接进一步深化，诉（庭）前调解的力度进一步加大。杭州市余杭区法院率先建立并由最高人民法院在全国推广的道路交通事故纠纷"网上数据一体化"处理平台，由于有效引入保险行业前置调解机制，受理的道路交通事故案件下降近 50%，被最高人民法院主要领导评价为互联网时代对"枫桥经验"的丰富和发展。另外，杭州市上城区法院 2017 年上线的"金融纠纷一站式化解平台"，也是充分发挥行业调解优势的成功做法。据统计，2017 年杭州市两级法院共委托（委派）行业调解案件 10168 件，调解成功 5935 件，调解成功率 58.37%；2018 年，截至 6 月底，全市法院共委托（委派）行业调解案件 6032 件，调解成功 2957 件，调解成功率 49.02%。

（三）推动建立特色社区调解

杭州市富阳、临安、桐庐等法院积极配合当地综治机构，对"枫桥经验"进行各具特色的创新升级，开展特色社区调解，取得了良好效果。

富阳"最多跑一地"联动机制。自 2016 年 4 月起，富阳区大力推行以当地法庭、乡镇综治、派出所、司法所等部门联合建立的"诉警调联动机制"，整合多方资源优势，构建协同参与的多元化纠纷解决格局，让当事人能够一地解决矛盾纠纷。该机制运行以来，试点法庭富阳法院新登人民法庭收案同比下降 14.63%，纠纷化解效果明显。

临安"周四有约"工作室。2010 年 11 月，临安综治委与临安法院联合启动"法官进综治中心"工作。"综治法官"每周利用固定时间前往镇综治中心进行巡回审判调解、综治联系、排查消除涉诉信访隐患等工作，并逐步形成了法官分片联系各镇的工作模式，因地制宜地探索出了法官"周四有约"工作室制度。近年来，临安法院所属三个基层人民法庭的收案量均有不同程度下降，取得良好的法律效果和社会效果。

桐庐"无讼无访村（社区）"。在桐庐法院大力推动下，桐庐县综治委牵头开展"无讼无访村（社区）"创建活动，构建了由基层调解组织、司法局、法院、公安、信访等部门组成的衔接通畅、分工明确的矛盾纠纷化解机制。根据调解需要，邀请行政调解、行业调解、特约调解员和村（社区）联系法官介入，形成有机结合的网状调解模式。同时将"万人成讼率""辖区执行案件数"等指标纳入乡镇（街道）平安考核，形成倒逼机制。2017年以来，该县矛盾纠纷调处成功率为99.82%，村（社区）调处占全县调解量的99.2%，桐庐法院民事（不含商事）案件收案量同比下降10.1%。

（四）多元解纷机制融入在线平台

以互联网、大数据、云计算和人工智能为代表的信息科技发展成果，正以迅雷不及掩耳之势改变社会生活的方方面面，并为多元化纠纷解决机制的构建带来新的变革，多元化纠纷解决机制必须顺应现代科技发展趋势，才能发挥更大的作用。

2017年，杭州法院全面启用由西湖法院开发的在线矛盾纠纷多元化解平台，该平台集合了咨询、评估、调解、仲裁和诉讼五大纠纷解决功能，汇集了各行各业的调解资源，为当事人提供多元、及时、便捷的解纷服务，被最高人民法院主要领导誉为"枫桥经验"在互联网时代的新继承和新发展。该平台将进一步把律师、公证、仲裁调解以及行业调解、特色调解纳入在线矛盾纠纷化解，凭借杭州共享经济资源优势，打造集群式共享调解资源。

杭州互联网法院依托"互联网＋"优势，与互联网相关调解委员会合作共建多元化纠纷解决机制，设立驻院调解中心，委托专职调解员开展线上和线下的涉网案件调解工作。截至2018年7月17日，杭州地区在线矛盾纠纷多元化解平台注册用户 12609 人，注册调解员 5662 人，各类调解组织 616 个，人工咨询 1521 件，仲裁案件数 128 件，申请调解案件 13222 件，调解成功 8008 件，调解成功率 60.57%。

二　都市版"枫桥经验"的发展方向

十九大报告提出，要提升社会治理体系和治理能力建设，提高社会治理社会化、法治化、智能化、专业化水平。都市版"枫桥经验"在杭州的探索发展尚处于起步阶段，虽已初具雏形，但仍存在行业调解组织不活跃、市场调解机制不完善、各条线融合不深入、对接机制不通畅等问题，不同调解组织的作用发挥差距明显，解纷职能有待进一步规范和引导。保持杭州经济的高速发展，杭州城市发展战略目标的实现，需要构建和完善与之相适应的社会化、法治化、多元化、专业化解纷机制，多渠道治理市场经济运行和城市化发展中产生的各种矛盾纠纷，及时修复受损的经济和社会关系。

（一）培育专业调解市场化

"市场的问题由市场解决"，专业调解市场化发展是都市版"枫桥经验"的核心。通过社会机制解决经济发展中的矛盾纠纷，由多主体的社会机构参与和主持矛盾纠纷化解，实现矛盾纠纷的源头治理，是"枫桥经验"的题中应有之义。社会治理格局中纠纷解决机制发展的理想状态，应是实现调解等解纷组织的社会自治化，支持和鼓励律师、公证、仲裁等解纷组织社会化运作，构建竞争有序、诚信自律、自我管理的社会解纷体系，促使解纷组织在社会化运作中提升自身发展能力[①]。实现社会化解纷机制的长效发展，有必要实行市场化和有偿性运作，当事人或承担解纷职能的机构从市场上购买解纷服务，市场解纷主体通过提升解纷服务的专业化水平来获得竞争优势和

---

① 龙飞：《深化多元化纠纷解决机制改革的几个问题》，《法制日报》2018 年 2 月 28 日，第 11 版。

市场认可，双向促进社会化解纷机制的发展。

1. 重点推动建立市场化运作的"律师调解工作室"制度

杭州律师调解的运行模式，主要是律师接受律协设立的调解中心的委托（委派），到法院开展驻院调解，律师调解不向当事人收取费用，律师调解员按照调解案件量等标准享受一定的劳务补贴。现行的律师调解以公益性为主，对营造社会调解文化、宣传律师调解有积极意义。但从长远来看，这种运行模式并不能激励律师调解员长期开展公益性调解，市场化的长效机制，才是律师调解发展的原动力，才能促进律师调解发挥应有的作用。

杭州市两级法院只有 822 名员额法官，而全市有律师事务所 487 家，注册律师 7231 人，律师团队人数多、专业性强，参与调解大有潜力。律师调解实行市场化运作，更贴近律师现有的有偿服务模式，对律师参与社会矛盾纠纷化解有很强的激励作用。因此，在推进完善现有律师调解制度的基础上，允许符合条件的律师事务所成立"律师调解工作室"，推动实行律师调解市场化运作，将是律师调解的发展方向。

杭州法院将确定 15 家律师事务所，作为第一批律师调解工作室在全市试点运行，由律协推荐、司法局准入、法院确认，对符合条件的律师调解工作室，发放证书、牌匾，对经过该律师调解工作室的律师调解员签署的调解协议，当事人可以申请法院司法确认、申请强制执行。在试点的基础上全面推开，让律师、公证、仲裁调解真正走向市场化，充分调动市场解纷主体的积极性。

2. 充分挖掘公证在预防矛盾纠纷方面的潜力

现行法律明确赋予公证债权文书强制执行效力，这为公证参与社会矛盾纠纷预防化解提供了广阔空间。可以通过政府引导，对金融借款、物业服务、房屋买卖、房屋租赁、担保等民商事活动，在订立合同时办理公证，支持当事人对达成的债权债务合同以及具有给付内容的调解协议办理债权文书公证等方式，引导交易主体树立纠纷防范意识，充分发挥公证预防性司法证明制度的优势；同时，当债务人不履行或者履行不适当时，债权人可以依法向有管辖权的人民法院申请执行，从源头上减少法院诉讼。据统计，2017

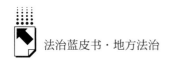

年杭州市公证机关赋予强制执行效力的债权文书共计 29348 件，实际进入司法强制执行的案件仅 5 件。

公证除了具有前端预防功能外，在送达、取证、保全、执行和调解等司法辅助方面也有不少尚待继续挖掘的潜力。

3. 积极发挥仲裁在处理商事纠纷中的职能作用

仲裁是国际通行的解纷手段，在市场解纷机制中具有重要地位，涉外仲裁的完善成熟，更是城市国际化的标志，有利于服务国际贸易。近年来，杭州仲裁平均每年办理案件 1.2 万件，仲裁程序处理的案件数量仅占法院诉讼案件量的 3% 左右，通过仲裁解决纠纷尚有巨大空间。试点推行仲裁调解，建立仲裁调解、仲裁与诉讼的衔接机制，引导当事人自主选择仲裁解决矛盾纠纷，可以增加当事人对解纷渠道的选择空间，有效提升仲裁的社会影响力，又可以发挥仲裁自身专业、规范、高效的优势，促进仲裁与其他市场调解组织形成功能互补、协同发展的"大市场"调解格局，畅通社会矛盾纠纷分流疏导渠道。

（二）探索行业调解多元化

"专业的问题由专业人士处理"，行业调解多元化发展是都市版"枫桥经验"的重要一环，行业调解组织对于化解行业纠纷发挥着重要作用。同时，行业调解与专业调解的有机结合将极大地推动专业调解的市场化发展。加强行业调解组织建设，纠纷易发多发的重点行业都应有行业协会或者行政主管机关建立的调解组织，第一时间调处行业内相关纠纷。

杭州市除了道路交通、医疗和消费等领域已经建立调解组织外，金融、证监、知识产权、建筑、房屋买卖租赁、物业管理等行业尚亟须建立或激活相应的调解组织，针对量大面广的类型化纠纷，试行由行业调解组织前置调解，发挥行业调解组织过滤作用。同时，探索行业调解组织业务外包给律师、公证、仲裁等市场调解组织的工作模式，促进两种调解主体的共同发展。

（三）推广特色调解全域化

"基层产生的矛盾由基层解决"，社区调解全面化铺开是都市版"枫桥经验"的基础。借鉴桐庐、富阳、临安等地的有效做法，由综治组织牵头，法院、信访、公安、司法行政等部门积极对接，推动"无讼无访社区"等特色社区创建，明确创建责任，落实辖区内社会矛盾纠纷的源头化解，健全自治、法治、德治相结合的城市基层社会治理体系，提升城市基层社会治理能力。同时，加强调查研究，以平安综治考核为抓手，以各街道（乡镇）为考核对象，将普通民商事案件"万人成讼率"纳入平安综治考核体系，创新考核标准，加大考核分值，整合多方资源，实现联动联调和综合治理。

杭州市委政法委已下发《杭州市区、县（市）平安考核工作万人成讼率考核办法》，并定期对各区、县（市）的万人成讼率情况进行通报。

（四）引导在线调解社会化

"线下的问题线上解决"，智能化的矛盾纠纷在线化解平台，是"互联网＋"应用于社会治理领域的体现，也是都市版"枫桥经验"的发展方向。意大利著名法学家莫诺·卡佩莱蒂曾指出："一种真正现代的司法裁判制度的特征之一必须是，司法能有效地为所有人接近，而不仅仅是在理论上对于所有人可以接近。"[1] 当今，以互联网、大数据和人工智能为代表的现代信息科技深度介入人们生活的方方面面，社会矛盾纠纷解决机制必须顺应现代科技发展趋势，才能为所有人接近，发挥更大的作用。"枫桥经验"与互联网的深度融合，必将极大推动纠纷解决方式的突破性发展，也将极大促进多元解纷组织间的开放、合作与共享，跨越时间与地域的鸿沟，将"最多跑一次"改革推向"一次都不用跑"的改革巅峰，为民众带来诸多改革红利。

---

[1] 〔意〕莫诺·卡佩莱蒂等：《当事人基本程序保障权与未来的民事诉讼》，许昕译，法律出版社，2000，第40页。

从杭州前期的推进情况来看，平台的建设关键要有一支活跃的调解组织，并有主管部门负责调解组织的管理考核。鉴于司法行政部门一直承担着人民调解组织的管理考核职责，可以由司法行政部门负责在传统的线下调解的基础上，将线下调解组织搬到线上，促进线上线下资源整合，并通过线上平台统一资源展现、统一对接机制、统一培训考核、统一数据管理。

此外，依托互联网时代先进的科学技术手段，鼓励律师、公证、仲裁等市场化调解组织，积极利用在线矛盾纠纷化解平台，采取"开网店"式提供调解服务的方式，由有需求的当事人在网上"下单"采购调解服务，实现线上线下调解资源的全面对接，提升社会治理的智能化水平。

杭州市委政法委已下发《杭州市在线矛盾纠纷多元化解平台全面推进实施方案》《杭州市在线矛盾纠纷多元化解平台平安考核细则》，杭州市法院定期对各区、县（市）的在线平台申请调解数及调解成功率、在线平台上线调解资源及响应情况进行通报。

（五）推动市场解纷国际化

市场解纷机制国际化发展是都市版"枫桥经验"服务杭州城市国际化建设的重要手段。在经济全球化、政治多极化和文化多元化的背景下，和平共赢的交流成为人类社会的共同主题，发挥协商性纠纷解决机制在国际社会各个领域中的作用，实现多元文化和市场经济下的和谐共处与发展显得尤其重要①。随着"一带一路"建设步入快车道，越来越多的投资和基础设施建设项目在沿线国家落地。这些项目的可持续发展不仅靠政策支撑，还需要有法律保障，因此，服务"一带一路"，建立一个便捷高效、多元协作、共享共赢的多元化纠纷解决机制至关重要。

中央全面深化改革领导小组于 2018 年初审议通过的《关于建立"一带一路"争端解决机制和机构的意见》指出，要坚持纠纷解决方式多元化原则，积极培育并完善诉讼、仲裁、调解有机衔接的争端解决服务保障机制，

---

① 范愉：《多元化纠纷解决机制的国际化发展趋势》，《人民法院报》2016 年 7 月 6 日，第 2 版。

切实满足中外当事人多元化纠纷解决需求；同时该意见还指出，要支持具备条件、在国际上享有良好声誉的国内调解组织开展涉"一带一路"国际商事调解。国内服务"一带一路"发展的城市要利用这一契机，充分利用律师、公证、仲裁等"无国界"法律服务特征，利用在线平台优势，加强与国际调解组织的交流合作，建立以律师调解、公证、仲裁等为服务核心的跨境争议调解组织，为"一带一路"商事纠纷的解决提供便捷高效的争议解决方式，推动市场调解迈向国际化。

三　相关机制保障

实现都市版"枫桥经验"在杭州的生根开花，打造共建共治共享的社会治理格局，需要社会各界共同努力，调动各种社会资源参与，特别要依靠党委政府对多元化纠纷解决机制建设的领导、支持与培育，充分发挥司法的引领、推动和保障作用。

（一）党委领导

建议成立由市（区、县）委领导挂帅、各相关单位组成的多元化纠纷解决机制工作小组，构建党委领导、人大监督、政府主导、法院引领、社会协同、公众参与的工作格局，明确相关职能部门的职责、解纷资源配置和工作程序设置，通过综合性顶层规划设计，形成共商共建共享的纠纷预防化解和社会治理格局。杭州市委政法委已经原则上同意推进成立跨界别多元化纠纷解决机制工作小组工作，将会同相关部门协调跟进。

（二）政府主导

一是加强政策引导。加强市场准入制度、收费制度、资格评审制度等政策引导，在相关行政主管部门提供的行业性示范合同纠纷解决条款中增加"纠纷发生后自行协商不成时，各方一致同意交由行业调解组织/市场调解组织调解，调解不成再按照约定进行仲裁或者诉讼"的内容，或鼓励当事

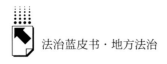

人对达成的债权债务合同以及具有给付内容的调解协议办理债权文书公证，引导矛盾纠纷分流而治。

二是强化行业责任。贯彻落实中央政法委提出的"管领域管业务，也必须管稳定"理念，强化部门主管责任，按照谁主管谁负责的原则，将行业矛盾纠纷化解工作纳入政府各相关管理部门行政机关负责人的履职内容，督促行政负责人全面履职，统筹指导推动主管行业领域做好行业矛盾纠纷化解工作；将行业矛盾纠纷化解率纳入平安综治考核，调动各种社会资源协力化解矛盾纠纷；鼓励行业调解组织将矛盾纠纷化解业务外包给律师、公证、仲裁等市场解纷组织，实现优势互补。

三是提供财力支持。在市场调解组织发展培育的前期，建议政府通过提供财政专项经费的方式，鼓励律师、公证、仲裁机构进驻法院开展公益性调解，逐步培育完善市场化调解运行模式，扩大市场解纷机制的社会认可度。待机制成熟、社会认可度较高之后，建立相应的调解工作室，经物价部门核准开展收费调解服务，最终实现调解组织完全市场化运作。

（三）法院引领

树立科学政绩观。改变单纯以年审判案件数量、人均办案数居高为荣的传统观念，建立以引调案件数、委托调解数以及司法确认案件数、申请出具调解书、申请撤诉案件数和受理诉讼案件数与上一年同比下降作为优先考核因素的工作机制，促进更多案件分流至诉讼外解纷渠道。

强化司法保障。加强多元解纷机制建设和调解工作指导，依法保障调解的效力；鼓励退休法官或"五老"人员①加入法院特邀调解组织或其他调解组织，增强调解的专业性与权威性；大力推进解决执行难，为司法确认书、调解书、仲裁裁决书、公证文书的执行等提供有力保障。

转变工作职能。科学配置法院内设机构，办案力量向诉讼服务、执行部门倾斜，畅通调解案件进出口；加强诉讼服务中心的立案分流、繁简分流功

---

① 五老人员是指老党员、老干部、老教师、老知识分子、老政法干警。

能;指导律师、公证、仲裁、行业协会等建立完善市场化解纷机制的运作流程。

(四)社会协同

党政宣传部门、司法机关及各调解组织要充分利用新媒体时代的多种宣传途径,加强对诉讼外调解、在线调解的功能特点及优势特长的宣传,扩大其社会影响,提升公众信任度,营造"调解为先"的良好社会文化,努力让诉讼外解纷机制成为群众的首选。

B.20
中国少年司法专业化发展新探索

——以深圳市福田区检察院"涉罪少年帮教+"模式为样本

王雪梅　龚　江*

摘　要： 2012 年《刑事诉讼法》修改之后，附条件不起诉成为未成年人检察工作的一项重要内容。帮助附条件不起诉少年顺利回归社会加快了少年司法专业化发展的脚步，各地未成年人检察部门积极探索，福田区检察院"涉罪少年帮教+"模式颇具特色，在精准帮教、社会化专业力量介入、以帮扶对象回归社会需求为导向等方面进行了有益尝试。同时，也在一些方面暴露出不足，包括专业化不够、帮教范围的局限以及社会专业力量纳入不足等。推进中国少年司法专业化发展，需要特别关注少年司法独特理念的确立，专业化、立体化社会支持体系的建构，以及将儿童福利保障作为少年司法发展的基础。

关键词： 附条件不起诉　少年司法理念　帮教模式　社工

自 1984 年上海长宁区成立第一个少年法庭以及 1986 年上海长宁区检察院组建未成年人案件办理组伊始，中国少年刑事司法走上了独立发展的道路。30 多年来，少年司法的发展并不顺利，甚至还经历过少年法庭、少年

---

* 王雪梅，中国社会科学院法学研究所编审；龚江，广东省深圳市福田区人民检察院检察员。

检察机构纷纷撤并的时期。2012 年，《刑事诉讼法》修订增加了"未成年人刑事案件诉讼程序"专章，将其他法律中与少年司法有关的一些内容以及司法经验中比较成熟的做法纳入其中。毫无疑问，《刑事诉讼法》的规定为中国少年司法的发展提供了助力，但这一专章规定仍然比较概括，需要进一步细化。另外，在普通刑事诉讼程序的框架内少年司法怎样进一步发展，尚需实践的检验。除了《刑事诉讼法》的修改，最高人民法院和最高人民检察院就少年司法问题也先后出台了一些司法解释性文件，如最高人民检察院《关于进一步加强未成年人刑事检察工作的决定》《检察机关加强未成年人司法保护八项措施》《未成年人刑事检察工作指引（试行）》等。据此，各地方未成年人审判和检察部门进一步探索少年司法专业化发展新模式，除了基本机制设施、相关制度的建构完善之外，其中比较突出的是涉罪少年帮教模式的探索。

在中国少年司法独立发展初期，涉罪少年的帮教主要由法官、检察官承担，但做涉罪少年工作不仅需要法学知识，还涉及心理学、社会学、教育学等相关知识，因此，这样的帮教模式缺乏系统性、专业性。2009 年有些地方的少年刑事司法引入社会工作者开展帮教工作①，中国涉罪少年帮教进一步发展，但社工水平参差不齐，帮教工作的规范性、专业化等根本性问题仍然没有得到很好解决。2012 年附条件不起诉纳入《刑事诉讼法》之后，各地检察院积极探索涉罪少年附条件不起诉之后的帮教问题。比如，北京市海淀区未成年人检察（以下简称"未检"）部门早在 2010 年成立的"4 + 1 + N"工作模式，走在了少年司法专业化发展的前列②；还有上海市多方参与共建的观护基地、天津市检察院为实现"临界预防"建构的"3 + 1"工作

---

① 比如，深圳市宝安区人民法院少年综合审判庭、北京市海淀区人民检察院。
② "4"是指整合批捕、起诉、监督、预防四项检察职能，实行"捕诉监防"一体化；"1"是依托一支司法社工队伍，开展对未成年人的社会调查和专业帮教；N 是联合政府社会多方力量，共同保护未成年人。此外，海淀区未检部门近两年也进行了创新改革。2016 年与海淀区彩虹之家青少年服务中心合作开展"临界预防群体"早期干预机制建设。针对严重不良行为、轻微违法、未达刑事责任年龄三类未成年人开展观护帮教。2017 年将三类未成年人纳入不捕、不诉训诫，在训诫制度中增加"介绍后续帮教工作及签订文书"环节。

模式①、杭州余杭向执行环节延伸的帮教模式、甘肃检察部门构建的立体帮教②、广州番禺区和深圳福田区对涉罪少年的帮教、昆明市检察院的重罪帮教、成都锦江的亲职教育帮教模式，等等。其中，深圳福田区检察院"涉罪少年帮教+"模式运行近五年，形成了相对成熟的帮教模式。

一 福田"涉罪少年帮教+"模式的基本特点

深圳"大爱福田"涉罪未成年人帮教工程2013年8月正式启动，由福田检察院和共青团福田委员会联合发起，由深圳市福田区启航公益服务中心承接帮教业务。根据刑事流程，将涉罪少年中决定相对不起诉和附条件不起诉的均纳入帮教机制。通过深圳市福田检察院实地了解，2015年受理案件的涉罪未成年人72人，相对不起诉和附条件不起诉适用率为16.67%。2016年全年受理案件中涉罪未成年人91人，不起诉适用率为24.18%。2017年涉罪未成年人52人，纳入帮教的转处分流率提高为61.54%。

同期全国不起诉的基本情况：根据最高人民检察院成立未成年人检察办公室公布的数据③，2016年前11个月，全国检察机关不起诉4774人，不起诉率10.65%；2017年前11个月，未成年犯罪嫌疑人提起不起诉0.88万人，比例为18.4%；附条件不起诉4798人，适用率为10.03%。其余地方

---

① 天津静海区检察院对于不足刑事责任年龄的犯罪未成年人采取的帮教措施，即组织开展"帮教计划签订""帮教座谈会议""思想汇报撰写"活动，与不定期跟踪回访相结合，打造综合帮教体系，教育、挽救涉案未成年人。

② 2012年3月甘肃省检察院未检处成立，这也是全国第三家成立专门未检机构的省级检察院。在不断探索中稳步推行"捕、诉、监、防"一体化办案模式，即由同一承办人负责同一案件的批捕、起诉、诉讼监督和预防帮教等工作，实现对未成年人全程、全面、有效的司法保护。甘肃省共建立涉罪未成年人观护教育基地43个，不诉率从2012年的2.61%上升到2017年的36.20%。

③ 2015年底最高人民检察院未成年人检察办公室成立，只有2016年和2017年的数据。http://www.spp.gov.cn/zdgz/201702/t20170228_182490.shtml；http://www.spp.gov.cn/spp/zdgz/201803/t20180304_368707.shtml。最后访问时间：2018年6月29日。

检察院不起诉（包括相对不起诉和附条件不起诉）情况，比例较高的包括上海、北京、天津、广东等。根据上海市人民检察院的数据，上海检察机关2013年至2014年涉罪未成年人不起诉率由12.5%提升至29.4%，2015年不起诉率达到34.0%，2016年为37.4%，2017年为46%[①]。据北京市人民检察院提供的数据，北京市检察机关附条件不起诉的比例2015年为12.4%，2016年为16.8%，2017年如果加上相对不起诉比例达到43.6%。根据天津市人民检察院提供的数据，2015年附条件不起诉和相对不起诉相加比例为34.14%，2016年比例为30.61%，2017年据不完全统计比例为28.72%。根据广东省人民检察院公开的白皮书，2015年广东省三级检察机关审查起诉涉罪未成年人的不起诉率为4.49%，2016年为7.43%，2017年为13.13%[②]（见表1）。

表1　2015～2017年未成年人刑事案件不起诉情况比较

单位：%

	全国	深圳福田区	上海市	北京市	天津市	广东省
2015年	—	16.67	34	12.4	34.14	4.49
2016年	10.65	24.18	37.4	16.8	30.61	7.43
2017年	18.4	61.54	46	43.6	28.72	13.13

说明：这是一个不完全的统计，有的数据还不全面。比如，天津2017年的数据中仅包括附条件不起诉的数据，北京2015年、2016年数据也同样，因此，表中的数据仅反映一个大概情况。

2016年12月，福田区检察院在前期探索的基础上，以帮扶对象回归社会和发展的需求为导向，探索精准帮教模式，对所有帮扶对象逐步实现社会调查全覆盖、心理测评全覆盖、系统帮教全覆盖，将特殊程序和特殊保护引入每一个涉罪未成年人的帮教和被侵害未成年人的帮扶工作，工作重心由刑事流程处理转为引导帮扶对象回归社会，对涉罪未成年人

① 《上海涉案未成年人不捕率近三成　帮教挽救大批少年》，http://news.163.com/16/0512/19/BMT1JCDJ00014AEE.html. 最后访问时间：2018年6月29日。
② http://www.nwccw.gov.cn/2017-06/06/content_160735.htm，最后访问时间：2018年6月30日。http://www.gzszfw.gov.cn/Item/10545.aspx，最后访问时间：2018年7月1日。

和被侵害未成年人全面综合保护，少年司法由刑事司法模式逐步向福利＋刑事模式转变。据实地调查了解，截至 2018 年 5 月，共系统帮教159 人，再犯率低于 3%。

（一）福田"精准诊疗"帮教模式

1. "精准诊疗"前期准备阶段的工作

一是提早介入建立链接。在刑事拘留阶段，根据犯罪事实、情节、原因、动机等情况进行初步帮教筛选。筛选依据：①犯罪情节显著轻微，有可能适用《刑事诉讼法》规定相对不起诉处理的；②犯罪情节轻微，有可能判处 1 年以下有期徒刑，有悔罪表现的；③可能判处 5 年以下有期徒刑，但有明显悔罪表现，帮教可能性大的。初步筛选之后即安排社工介入。在提请逮捕阶段则对所有涉罪未成年人全面安排社工介入。帮教基础是建立信任关系链接，同步开展社会调查工作。当关系链接达到 8 分（10 分满分）后，利用 4~6 周时间继续进行社会调查，并进行心理测评、亲情会见等，在检察官指导下开展和解复合工作，对涉罪未成年人进行全面了解和综合分析。

二是精准匹配社工。社工在帮教介入前期，根据面谈印象等，结合帮教对象、检察官、帮教专家多方分析社工与帮教对象之间的匹配度，对于匹配度低于 6 分（满分 10 分）的，由检察官、帮教专家、社工机构共同确定合适的介入社工。

三是分析"病因"确定针对性矫治措施。结合涉罪未成年人的犯罪事实和前期诊断情况，查找出未成年人的犯罪原因和帮教"诊疗点"，进一步明确针对性心理干预和矫治措施。

四是定准目标。在前期诊断和评估的基础上，分层级制定帮教目标：不再犯同类罪行的最低目标和具备自食其力能力的中级目标。

五是制订个性化帮教方案。针对每一个涉罪未成年人的不同情况，量身定制个性化帮教方案，落实职责任务，明确社工、检察人员和帮教专家每周每阶段的工作目标和任务，实现帮教目标、对策以及效果的精准化（见图 1）。

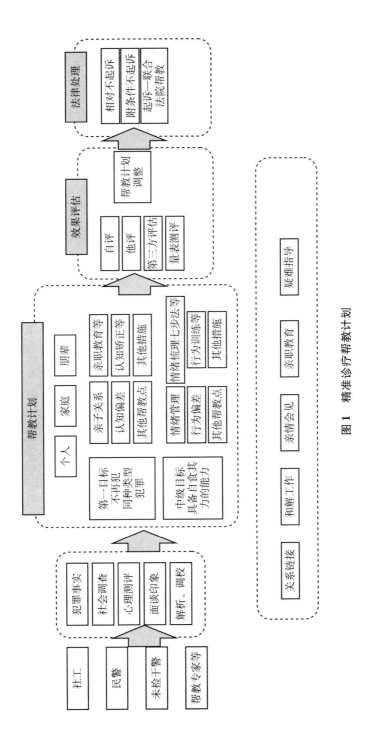

图 1 精准诊疗帮教计划

2. 落实"诊断—干预—评估"流程及开展繁简分流分级矫治

根据诊断出问题的轻重缓急程度，利用 2～6 个月的时间，运用心理学、社会学、行为学等专业知识和技能开展有针对性的"分级心理干预"。通过自评、他评、第三方评估和量表测评等科学方法，对干预矫治的效果进行测评。每个具体的帮教点至少安排三次评估，围绕帮扶对象回归社会的需要配置资源，对于达到预期帮教要求的，依法进行不起诉转处分流（见表2）。

表2　精准帮教"诊断—干预—评估"细化量表

1	未成年人认知偏差	认知矫正	未成年人自评/他评（社工、父母等）
	对自我认识偏差	认知矫正、定期汇报思想动态、核对、生存技能培训	自尊量表、自我关怀量表
	对外在世界和他人认识偏差	认知矫正、公益劳动、自我总结与反思、写致歉信、不公开听证会、宣布教育、训诫	未成年人应对方式问卷
2	未成年人心理创伤	延长暴露法（PE）、静观自我关怀（MSC）、部分心理学（IFS）	PSD、BDI、心理危机干预量表
3	未成年人情绪管理	情绪梳理7步法、定期运动、自我总结与反思	创伤后压力量表（PSD）、贝克抑郁量表（BDI）、焦虑量表（BAI）、心理危机干预量表
4	未成年人行为偏差	认知矫正、心理创伤处理、行为训练（包括定期运动、为社区提供服务）、不公开听证、训诫	青少年攻击行为量表、青少年毒品复吸可能性评估（毒品认知程度量表、复吸危机量表及吸毒高危情境应对量表）、青春期性心理健康量表（①暴力攻击；②赌博；③吸毒；④性冲动）
5	人际关系	亲子关系修复、亲职教育、亲子沟通模式调整	社会支持系统量表/家庭教养方式量表/未成年人生活质量量表/自评与他评
		调整朋辈关系/团体心理辅导/公益劳动	青少年依恋量表

3. 精准帮教后续的评估巩固阶段

在前期帮教的基础上，一是对帮教难度较大的帮教对象，经评估取得一定的帮教成效，在短期内有可能达到帮教目标的，在附条件不起诉考察期（6～12个月）内，持续跟进帮教，并经效果评估后决定最终起诉与否；二是对于穷尽帮教资源后，在短期内仍无法达到回归社会帮教目标的帮教对象，则依法提起公诉并协助法院继续开展精准帮教。

（二）创新"精准协同帮教"工作模式

1. 实行"帮教＋团队合作"协同模式

为克服国内帮教社工机构专业性不足和社会支持系统不够完善等困难，最大程度提升帮教实效，改变以往由检察官和社工各负其责的平行工作模式，组建司法人员（检察官、民警和法官）、社工和帮教专家三方一体的帮教团队，充分运用微信群和信息管理平台实时开展帮教工作，及时跟进帮教动态、讨论帮教问题以及监督工作开展，努力实现帮教管理的规模化、智能化和高效化，最大限度发挥帮教合力。

福田模式的协同合作工作模式通过智能化信息工作平台，为帮教"提档加速"，形成公、检、法、司联动格局，同时，组织社工和帮教专家开展联合帮教。智能化信息平台在全省率先研发运行"智慧未检帮教云服务"信息管理系统，该系统运用大数据管理等技术手段，实现未检工作全流程电子化和智能化操作，通过电脑和手机微信功能实时指引帮教工作的开展。

（1）福田检察院除了通过网络平台实现公、检、法、司的协同帮教之外，还通过联合多部门召开区政法联席会议和专题工作会议的方式，探索构建少年司法保护和犯罪预防体系，努力以少年检察助推少年司法体系建设，实现少年警务、少年检察和少年审判协调联动的工作格局。一是推动少年警务建设。将未成年人保护工作向侦查前段延伸，推动形成专人负责办理未成年人案件工作机制，将办案民警纳入帮教信息管理系统。二是深化与少年审判的衔接和配合。将未成年人保护工作向审判后端延伸，加强审查起诉阶段与法院审判阶段的"无缝对接"，确保帮教等工作不脱节、不断档，同时将社会调查和帮教进度等资料随案移送法院，为共同开展法庭教育工作和后续帮教工作奠定基础。三是助推少年辩护和专业法律援助队伍建设。与福田区司法局开展合作，共同开展未成年被害人的指定法律援助和少年辩护工作，组织熟悉未成年人心理、具备较强专业知识和热衷未成年人帮教工作的律师形成少年辩护专业队伍，并探索辩护律师参与未成年人回归社会的帮教工作和犯罪"精准"预防模式。

（2）团队协作帮教还体现在社会支持系统的纳入。其中社会工作者逐渐成长为涉罪少年帮教的主要力量。充分利用本地区社工优势资源，2007年深圳市开始筹建专职社工队伍，同年3月深圳市宝安区人民法院成立了深圳法院系统首个独立的少年综合审判庭，2009年启用专职社工对涉罪少年进行帮教。2013年初，深圳市福田区人民检察院成立深圳检察系统首个专门的未成年人刑事案件办案组，同年8月联合福田区团委和当地华富街道青少年服务中心正式开展"大爱福田"涉罪未成年人帮教项目，2014年7月升级为深圳市福田区启航公益服务中心，配备专职社工10人，2016年6月深圳两级检察院均成立未检部门后，深圳市院未检、南山未检、罗湖未检也将帮教工作转介给深圳市福田区启航公益服务中心。2017年6月深圳市检察院牵头组建深圳市点亮心光社会工作服务中心，并于2018年2月开展福田帮教工作。

2. 注重"帮教+共同成长"的协同发展

在与帮教对象及其家属保持8分以上（满分10分）情感链接的基础上，充分利用帮教对象成长环境中有利于回归的优势条件和资源，调动帮教对象及其父母、亲友、同学等多方的积极性，共同参与到帮教工作中来，通过亲情会见与和解会谈等方式，参与帮教方案的制订和亲子关系的修复，纠正父母自身教育方式的偏差，由此促进帮教对象及其家庭成员共同成长。随着帮教工作的深入和帮教规模的扩大，未检干警和社工的综合能力也得到提升。福田区人民检察院在区委政法委的支持下，联合团区委推动深圳市福田区启航公益服务中心开展帮教基地的建设和社工技能的培训工作，并专门引入"禁毒"服务社工对涉毒未成年人开展帮教及犯罪预防工作。

3. 实现"帮教+法律处遇"相互关联

在依法审查案件的同时，结合帮教工作的进展和成效，从最有利于涉罪未成年人回归社会的角度出发，综合确定强制措施和法律处遇，最大限度地调动涉罪未成年人改过自新和自觉自愿回归社会的积极性。经过自评、他评、第三方评估以及量表测评，对涉罪未成年人是否具备回归社会的条件进行打分，设定总分为 10 分。如果达到 8 分以上的，建议作相对不起诉，进行帮教并结案；如果达到 6 分以上，预期可以达到 8 分的，建议作附条件不起诉，继续进行帮教；如果达不到 6 分的，则建议起诉，转入法院审判阶段进行联合帮教。

（三）社会支持系统为帮教"注入动能"

为提升帮教实效建构社会化资助平台。以恢复性司法为基本理念，在对涉罪少年帮教当中，有必要让其深刻认识到危害行为给社会及他人造成的危害后果，努力减轻被害人特别是未成年被害人因此遭受的身心伤害和财产损失，尽量恢复被破坏的社会关系，并协助家境困难的涉罪未成年人尽早社会化，福田区人民检察院探索引入社会捐赠资金支持帮教工作，联合团区委、福田公安分局、法院、司法局作为发起人，在救助儿童会专业指导下，成立大爱福田"扬帆梦想"专项基金，由深圳市青少年发展基金会进行专门管理。该项基金主要用于司法救助无法覆盖的涉罪涉法未成年人和未成年被害人，表彰优秀社工，并为实施戒除"网瘾""毒瘾"和"赌瘾"等救助项目提供资助。

二 福田"涉罪少年帮教＋"模式的经验和不足

在儿童特别保护和"教育、感化、挽救"方针的指导下，福田检察院就少年犯罪预防和涉罪少年帮教进行了探索，取得了一定的成功经验，表现在如下方面。

（1）认识到少年司法的发展不应局限于少年刑事司法的改革，少年犯罪预防应当成为少年司法综合性政策必不可少的内容。少年犯罪预防不仅在于对涉罪少年的个别化矫治帮教，促进其早日回归社会，还在于切断少年犯罪的源头。据论者研究，在违法犯罪的未成年人中，曾经有流浪、流动和留守经历的儿童达到70%以上。另外，未成年人已经成为刑事犯罪侵害、利用的最弱势群体，预防少年犯罪、救助被侵害儿童已经成为社会稳定的源头性问题①。福田模式关注到这一源头性问题，将被害儿童救助作为一个重要平台，还与司法行政、团组织等部门联动协作，并从公安部门开始第一时间介入涉罪少年的帮教工作。

（2）立体化的帮教机制初步建立。检察部门具有前承警务公安部门、后启少年审判的连接作用，同时对涉及未成年人的民事、刑事、行政案件还具有监督功能。福田未检部门利用自身优势，创新办案机制：一是组建具有儿童特别保护理念和专业能力强的未检队伍，形成特别的讯问、调查、评估制度，引入专业性的社会力量；二是整合社会资源，形成科学化、立体化的帮教体系，形成"社会机构承接、专业社工为主、社会各方参与"的帮教模式。对帮教对象考察期结束，符合法律规定条件的，联合公安、法院、司法行政部门等封存其犯罪记录，为其顺利回归社会创造条件。

（3）个性化帮教和矫治的工作机制。针对每一个帮教对象，设计个性化的帮教方案。个性化帮教的根据是每个孩子都有自身特点，只有针对不同个性特点采取措施才能使帮教发挥作用。个性化帮教的出发点是帮助每个受教对象顺利再社会化。然而，触法少年社会化不足、社会化缺陷以及再社会化是少年司法始终面临的主要问题，此问题亦是全世界少年司法的难题，关系少年司法理念能否为人们所接受。而"大爱福田"实际上正在"啃这块硬骨头"，切中了少年司法的要害②。回归社会既是每个受教对象的需求，也是少年司法的追求目标。少年司法原本就是要根据每个孩子的历史、现状和未来发展提供生存和发展机会，以主体特征和需求为依据进行个性化帮教。

（4）专业化发展。专业化是少年司法持续发展和变革的活水源头，专

---

① 参见宋英辉《序一 加强未成年人保护和犯罪预防的新探索》，载张宏城主编《未成年人检察工作3.0版新模式》，法律出版社，2018，第1页。
② 参见张寒玉《序二 提升司法保护能力 推动未成年人检察工作专业化建设》，载张宏城主编《未成年人检察工作3.0版新模式》，法律出版社，2018，第3页。

业化就意味着赋予"帮教"以更多的科学性和专业性，而不是简单的谈心和监管。福田帮教模式的创新正是基于对少年司法专业化重要性的认识，引入了具有社会学、教育学、心理学等学科知识的司法社工成为帮教的主要力量。引入多学科交叉形成的工作法，对司法社工和未检干警进行长期培训，提升专业水平和帮教能力。社会调查、心理矫正、法律援助等一系列制度的建立也是专业化要求的具体体现。注重少年的心理状态、生态环境等，对帮教对象及其家庭成员心理疏导同步进行，涉罪少年和儿童被害人双向保护。

但是，福田检察院"涉罪少年帮教＋"模式当下要取得进一步发展，形成长效机制，建构少年司法科学格局，尚存在不足，表现在以下方面。

第一，专业化不足导致的一系列问题。就全国附条件不起诉的情况看，转处分流的具体标准尚不十分明确，使得各地方未检部门转处分流多少带有随意性，或者因怕担责任而干脆尽量不转少转，而把资源更多地放在程序的温情展示，反而疏忽了对帮教对象的实质性帮助和支持。这大概是附条件不起诉制度进入立法后适用比例低的原因之一。就福田涉罪少年帮教模式来看，专业化不足带来的最突出问题是帮教主力——司法社工的专业化和职业化问题。这个问题涉及司法社工队伍的稳定性，没有稳定的社工队伍，少年司法中的帮教或观护制度将难以为继。司法社工的专业化发展涉及社工个体应当具备社会学、心理学、法学、教育学等多学科知识以及相关的矫治说服技能，与治病救人相比，越轨未成年人心理和行为矫正更加复杂、难度更大。司法社工的职业化发展与一般职业规划一样，同样需要考虑职业发展前景、待遇、整体行业的社会地位等方面，但由于中国社工起步较晚，其社会效果尚未被人们所认识，加上社工人员水平参差不齐、社工行业标准缺失、职业评价体系尚未建立等因素，职业前景堪忧，造成社工流失严重。福田区禁毒办承接禁毒预防工作的社工流失率就达到60%以上。

第二，福田帮教模式仅限于未检转出分流的涉罪少年，但如果从少年司法体系发展角度看，还应当往前延伸，将严重不良行为和违法行为纳入，推动独立少年警务的建立和发展，并给予专业化的指导和监督；往后将专业力量跟进到少年审判和执行阶段。

第三，缺乏统一的协调机构。不管是犯罪预防还是帮教矫正，不仅需要专业的优质资源的介入，还需要调动社会各界力量共同完成，而对于分散在民政、政法委、司法局、团委、教育部门等的资源并没有得到充分有效利用，而正是它们对于虞犯少年犯罪预防的介入具有部门优势，但是，这些资源的整合绝非未检部门所能胜任，需要一个有力的协调整合机构来实现。

三　少年司法专业化发展展望

福田涉罪少年帮教模式作为少年司法专业化发展的尝试和探索，其成功的经验尚需历史的检验，也对其他未检部门的专业化发展具有借鉴和参考价值；其在制度保障、适用范围、帮教主体及监督机制方面的局限和不足，为少年司法专业化发展进一步完善提供警示，从另一个方面推动少年司法的不断变革。有鉴于此，中国少年司法若要进一步发展，以下几点需要着重考虑。

首先，理念的转变是一切制度安排和具体司法实践的基础。少年司法的特殊理念在于对深陷司法过程的儿童以特别保护，在于国家需承担被害儿童以及陷入各种困境儿童的最后监护责任。因为少年司法面对的主体是未成年人，而他们所具有的不成熟、可塑性，特别是青春期所具有的特点决定了少年司法的目的并非仅仅是惩罚，而是挽救、帮助违法犯罪少年尽早回归社会正常生活，决定了少年司法的一系列制度安排要围绕这一特需运作，其与普通刑事司法在“底色”上就不同，不是简单地惩罚了事或在定罪量刑上“小儿酌减”。因此，从源头上，可以看到少年司法 19 世纪末诞生之初的“福利底色”延续至今。刑罚犹豫制度在少年司法当中的兴起和适用，对少年的惩罚需要犹豫再犹豫，从少年警务开始，对虞犯少年的犹豫观护开始，到起诉阶段转处分流的再犹豫，再到审理之后的缓宣告以及之后的缓执行措施，无不体现少年司法的特别保护理念。从世界范围内少年司法的变革以及联合国在确立一项综合性少年司法政策对特别保护和犯罪预防的强调中，可以看到少年司法与普通刑事司法的根本性差异。中国少年司法改革中，提出对涉罪少年"教育、感化、挽救"的方针，采取了社会调查、合适成年人、附条件不起诉等制度，但少年司法实践从 1984 年诞生后发展得并不顺利，其根本原因是实际上并没有真正确立特别保护的理念，仍然是用普通刑事司法的思维模式考虑少年司法的建构。因此，中国少年司法若要进一步发展，必须彻底转变观念，摆脱普通刑事司法的思维定式。

其次，提高少年司法的专业性。专业化是少年司法进一步发展的助推器，没有专业化的方向，还在普通刑事司法当中盘桓，少年司法将不会走得太远。没有专业化、科学化的注入，中国少年司法"司法办案一条龙"和"社会帮教一条龙"帮教和保护工作机制也只能是一个空架子。少年司法专业化首先体现在人的专业化，有了专业的人，制度建构、采取措施、工作机制和方法等就自然会朝向专业化的方向发展。少年司法专业化队伍建设涉及三个方面。

一是公检法司国家公职人员的专业化。也就是要有专门的警察、检察官、法官、律师以及司法行政人员负责涉及少年违法犯罪的案件处理。这些人员除了掌握法学知识外，还需适当掌握社会学、心理学、教育学等学科知识及相应的技能。这也是少年司法不同于普通刑事司法的特殊要求，正如 2016 年《关于加强未成年人检察工作专业化建设的意见》所指出，未检工作在职责任务、内在规律、司法理念、评价标准等方面与普通刑事司法都有特殊性，少年司法以少年人正常社会化为需求导向。既然是做人的工作，如果缺乏专业性和科学性，那种简单粗暴的说教根本无法实现帮助少年正常社会化的目的。具体到福田帮教模式，没有专业化的支持，根本无法判定哪些人适合进行附条件不起诉，司法机关帮教转处的"水龙头"如果没有把好，后面的帮教根本无从谈起。

二是帮教主体——司法社工的专业化问题。没有社会支持机制的专业化，司法专业化也成了无源之水。帮教工作不专业，就无法引导帮教对象回归社会，涉罪未成年人无法得到真正的帮助，无法回归社会正轨。

三是其他专业力量的支持。这涉及专业评价机制的建立、各种测评量表的规范化和内容设计的科学性等。比如，对社工帮教效果的评估，社工做了多少次社会调查等量化考查固然是一个方面，但是否根据帮教对象的需求使其正常社会化，心理和行为是否得到矫正，是否转变了心性和恶习等，这些重要的考量指标需要特定领域人员的专业判断。可见，这三组专业化群体的互相促进砥砺发展，在少年司法推进出现问题的转折关口显得尤为重要。

再次，建构立体化的社会支持体系。少年司法的专业化发展必然将其触角向前延伸到违法犯罪行为的预防，向后延伸到执行阶段的犯罪矫正，因为任何一个单独阶段（如起诉阶段或者审判阶段）的专业化水平不管有多高，都无法整体上实现少年司法的目的。捕诉监防一体化也要求各相关部门建立联系，形成立体化的少年司法机制。立体化社会支持体系的建构意味着需要一个统合机构，如类似美国儿童局的机构，整合资源、规范标准、协调运作程序。比如，将公安部门、教育局、社区等各自掌握的虞犯未成年"情报"统一转介给专业的矫治力量，实现预防的精准化。

最后，以儿童福利保障制度为基础。对困境儿童以及犯罪的受害儿童提供经济、心理和精神上的帮助和救助，也是犯罪预防的题中应有之义，这不仅是因为绝大多数违法犯罪少年早前都是受害者，而是因为任何人都有过正常生活的权利，陷入困境、受到伤害不是他们的错，是成人社会没有保护好他们。具体到少年刑事诉讼阶段，其"福利"手段不仅体现在对涉罪未成年人的挽救和帮教措施，也包括对罪行受害儿童的保护和救助。对罪行受害儿童的保护包括对他们的心理安抚和听取他们的意见表达，包括自己或者通过其代理人发表对附条件不起诉的处理意见。附条件不起诉中听取被害人意见在2012年《刑事诉讼法》修改中有明确规定，2014年通过的《关于〈中华人民共和国刑事诉讼法〉第271条第2款的解释》增加规定了检察机关在附条件不起诉考验期满作出不起诉决定以前应当听取被害人意见的内容。从中可以看出"尊重儿童意见"原则以及"恢复性司法"理念的影响，同时，附条件不起诉中听取被害人特别是儿童被害人的意见，了解被害人诉求，易于创伤和精神痛苦的愈合和缓解，在原本对抗的双方或多方之间形成良性互动关系，也有助于涉罪少年反思悔改、重新做人。

B.21
需求导向下构建家事纠纷多元化
解决机制的广州模式

广东省广州市中级人民法院项目组 *

摘　要： 探索构建家事纠纷多元化解决机制，既是最高人民法院关于深化家事审判方式和工作机制改革的要求，也是人民群众对解决家庭纠纷、修复家庭危机的期待。本文梳理了家事纠纷多元化解决机制的状况与困境，立足需求导向开展调研，提炼出构建灵活多元的专业化家事调解体系、开展专业化家事心理疏导和干预的需求。在此基础上，广州中院出台"一规程三指引"，并以此为依托构建统一家事案件审理机制、统一"三员"队伍建设机制、启动"智慧家事"建设的"广州模式"。

关键词： 家事纠纷　多元化解决　心理疏导　调解

家庭的和谐稳定是国家发展、社会进步、民族繁荣的基石。党和国家历来重视家庭建设。习近平总书记深刻指出，家庭是社会的细胞，家庭和睦则社会安定，家庭幸福则社会祥和，家庭文明则社会文明，家庭的前途命运与

---

* 项目组组长：王勇，广东省广州市中级人民法院党组书记、院长；项目组副组长：吴筱萍，广东省广州市中级人民法院党组成员、副院长。项目组成员：陈海仪，广东省广州市中级人民法院少年家事审判庭庭长；都龙元，广东省广州市中级人民法院办公室副主任；张卫勇，广东省广州市中级人民法院少年家事审判庭副庭长；周冠宇，广东省广州市中级人民法院办公室综合科科长；刘燕槟，广东省广州市中级人民法院少年家事审判庭法官助理。执笔人：刘燕槟。

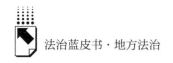

国家和民族的前途命运紧密相连。他强调，国家富强，民族复兴，人民幸福，不是抽象的，最终要体现在千千万万个家庭都幸福上，为此要重视家庭文明建设，努力使千千万万个家庭成为国家发展、民族进步、社会和谐的重要基点，成为人们梦想起航的地方。

根据最高人民法院统一部署，全国118个中基层法院自2016年6月1日起开展为期两年的家事审判方式和工作机制改革试点工作。最高人民法院、广东省高级人民法院高度重视，以文件、会议、培训等形式对推进此项工作进行了具体的部署和指导。广东省广州市中级人民法院（以下简称"广州中院"）根据《最高人民法院关于开展家事审判方式和工作机制改革试点工作的意见》、最高人民法院2017年7月牵头中央综治办等15个单位组建的家事审判方式和工作机制改革联席会议、最高人民法院2017年7月19日组织召开的深化家事审判方式和工作机制改革工作会议以及广东省高级人民法院多次就调解工作、心理介入及家事调查员提出的要求，以构建两级法院同步推进家事审判方式和工作机制改革一体化格局为立足点，以"广州万事兴妇女儿童权益诉讼保护与研究基地"为依托，开展了家事纠纷多元化解决机制专项课题研究。

一 广州地区家事纠纷多元化解决机制状况与困境

（一）家事纠纷多元化解决机制状况

广州市两级法院少年家事审判部门自2016年受理家事纠纷案件以来，先后启动家事审判机制改革，并取得一定成效。

第一，根据各自特点探索多元化家事纠纷调解机制。海珠区法院与海珠区社工委、妇联合作创办"心·晴·暖万家"家事案件调解中心，培养一批基层调解员。花都区法院建立"亮姐工作室"，设立"幸福观护员"平台，聘请公道正派、富有爱心、社会责任感强的人士担任"幸福观护员"，与法官共同调和婚姻、继承、抚养等家事纠纷。白云区法院引入公证部门参与调解，引导当事人以非诉讼方式解决离婚继承案件中的财产事宜。从化区法院将当事人的家属、朋友以及村（居）委会干部充实到特邀调解员队伍中，通过诉讼前走访调解开展针对性教育感化。南沙区法院设立婚姻家事纠纷审判调解工作室，由审判经验丰富、善于做调解工作的年长法官主持调解工作。广州两级法院先后建立了143个诉前联调工作室、工作站，促进民事纠纷非诉渠道化解。

第二，部分法院已经探索引入家事纠纷心理介入机制。多家法院引入第三方进行心理疏导与测评，帮助涉案妇女儿童疏导心理压力和不良情绪，为处理离婚及子女抚养问题提供支持。广州中院在审理某涉未成年人抚养权问题家事案件中，委托心理咨询机构对夫妻及未成年人进行心理干预、测评与疏导，有效缓解当事人间的紧张关系，帮助法官了解双方矛盾成因，出具的心理评估报告有助于案件和解和准确裁判。南沙区法院与南沙区妇联合作，联合心理学专业的社工多次疏导一起离婚案中患有产后抑郁的当事人。黄埔区法院主动对因家庭矛盾产生狂躁、抑郁等心理疾病的家事案件当事人及其未成年子女进行心理干预和疏导。

第三，试点法院探索制定家事案件审理规程。作为广东省法院首批家事审判试点单位，黄埔区法院于2016年6月制定《广州市黄埔区人民法院家事案件审判工作规程（试行）》《广州市黄埔区人民法院家事案件庭外联调工作规程（试行）》和《广州市黄埔区家事调查工作办法（试行）》等规范性文件，实施以"全程调解"为主线，贯穿庭外、庭前、庭中、庭后全过程和融合全区调解力量的家事调解新格局，创设"联动调解、联动调查、联动干预、联动审理、联动帮扶"的五联审理模式。

（二）家事纠纷多元化解决机制构建的局限性

广州两级法院虽然在构建家事纠纷多元化解决机制上进行了有益的尝试，但仍存在局限性。

第一，发展不充分不平衡问题显著。一是未形成固定的调解规范和合作模式。两级法院往往是在个案审理过程中由妇联、团委等相关部门派员临时介入进行调解，普遍缺乏系统发展的体制机制构建，局限于一地一区、自下而上的探索，不具备系统性。二是地区发展差异明显。不同的法院对家事纠纷多元构建的理解以及开展力度不同，有的区法院制定了相关规定但没有专业场所和专业队伍，有的区法院就案办案调解走过场没有实效，存在各干各的、发展不平衡、地区差异明显、各法院间联动借鉴不足的问题。三是队伍专业性不足亟待解决。两级法院仅根据个案临时聘请调解员、调查员、心理疏导员，未对相关人员进行系统培训，导致相关人员在参与纠纷处理时存在能力不足、流程不规范等问题以及泄露当事人隐私的风险。

第二，未形成综治合力，导致效果欠缺。一是缺乏与综治部门的系统沟通和协作。法院尤其是少年法庭与综治部门沟通建立家事纠纷调解机制的主动性欠缺，大部分综治部门不了解法院家事纠纷的调解需求。由于参与构建调解队伍的综治部门不多，调解员比较单一，大多是各个法院聘任各自使用，覆盖面小，针对性、专业性不够，没有根据案情进行统筹适用，故调解的效果不突出、不明显，不能产生示范及辐射效应。二是社会认可度不高，亟待提升。由于未能在两级法院推出统一适用的家事案件审理规程，导致宣传面不广、当事人感受不深。个别当事人对于法院有开展调解、心理疏导和干预完全不知情，有部分当事人在二审阶段称如果一审法院能进行多元调解效果会更好，可以避免当事人花费大量时间解决纠纷、矛盾却更加激化的情况发生。

第三，人员与经费紧张问题凸显。一方面，大量的家事案件当事人有家事调解的要求，但两级法院普遍存在法官以及法官助理人手不足的困难，少年法庭法官无法应付日益增长的家事纠纷案件，对调解工作的开展无意识无想法，游离于可做可不做、各做各的原始状态，疲于应付结案，对于案件调解效果也就没有过多地关注。另一方面，由于调解人员经费未得到统筹保障，也影响了该项工作的有力推进。尤其是在心理疏导和干预领域，由于该工作专业性强、涉及的费用不低，故广州市只有个别法院在审理家事案件时引入心理机构或专业人员参与，大部分法院完全没有涉及。

二 人民群众对家事纠纷多元化解决机制的需求调研

2017 年 11 月 30 日至 2018 年 1 月 31 日，广州中院联合市妇联、团市委、市民政局、市法援处等相关单位，通过微信公众号推送等方式，广泛开展家事纠纷多元化解决机制问卷调查。受访群众涵盖不同性别、年龄、文化程度、职业、户籍的人群，共收集有效问卷 376 份。在受访群众中，有 76.33% 表示其本人或者近亲属经历过家庭纠纷，有 7.98% 表示其曾因家庭纠纷在法院参加过诉讼。调查数据能够真实、客观地反映人民群众对构建家事纠纷多元化解决机制的诉求，将作为制定家事案件审理规程及家事调解、家事调查、家事心理疏导和干预工作指引的依据。

（一）心理疏导和调解需求调研

1. 受访群众对是否在家事纠纷中引入心理疏导的看法

（1）进入诉讼阶段前

调查数据显示，共计有 53.99% 的受访群众曾经想过甚至向具备心理知识的人员寻求过情绪疏导帮助（见图 1）。以 10 分为满分计算，受访群众对在诉讼前引入心理疏导的平均支持程度为 8.64 分。评分在 5 分以上，即认为可以尝试，对处理纠纷的效果如何持观望态度的受访群众占 96.0%（见图 2）。

（2）进入诉讼阶段后

调查数据显示，以 10 分为满分计算，受访群众对在家事纠纷诉讼程序中引入心理疏导的支持程度为 8.39 分。评分在 5 分以上，即认为可以尝试，对处理纠纷的效果如何持观望态度的受访群众占 96.0%（见图 3）。

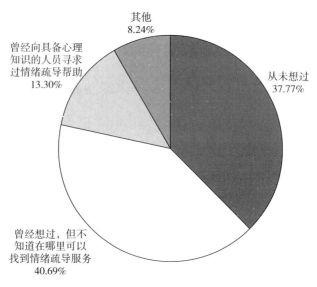

图1　遇到家庭纠纷时寻求情绪疏导帮助的意愿

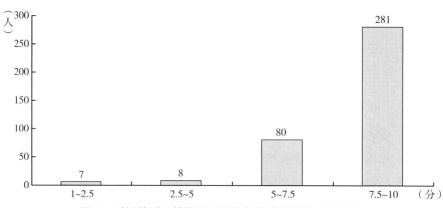

图2　对诉前引入情绪疏导和调解服务建议的支持程度

2. 受访群众对是否在家事纠纷中引入调解的看法

调查数据显示，受访群众认为在多种类型的家事纠纷中，均可以引入调解员开展调解工作。但是，在遭受家庭暴力的情形下引入调解员调解的支持度最低，仅为44.95%，反映了家庭暴力会对人的身心健康造成较大不良影响（见图4）。

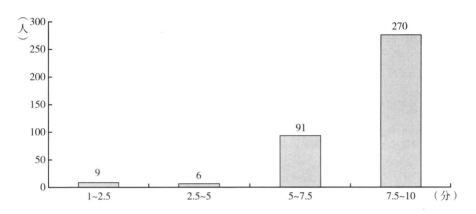

图3 对诉中引入情绪疏导和调解服务建议的支持程度

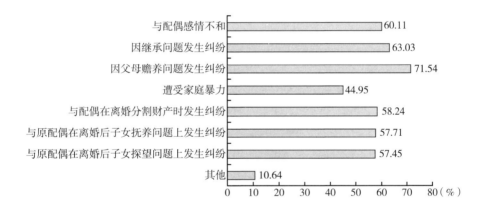

图4 适合调解员调解的情形

（二）如何引入心理疏导和调解的需求调研

1.受访群众对如何在家事纠纷中引入心理疏导的看法

（1）引入阶段

调查数据显示，受访群众认为，在法院立案前、法院组织开庭前进行心理疏导的效果更好，分别为70.48%、72.34%。紧随其后的是法院组织开庭后、宣布裁判结果前（40.43%），法院宣布裁判结果后（30.59%），最后为法院组织开庭时（26.06%）（见图5）。

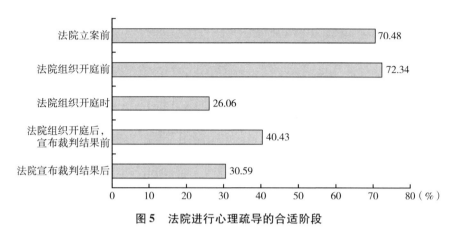

图5　法院进行心理疏导的合适阶段

（2）次数选择

调查数据显示，77.13%的受访群众认为法院组织2~3次心理疏导更为合适。选择1次的受访群众则占14.89%，选择4次以上的占7.98%（见图6）。

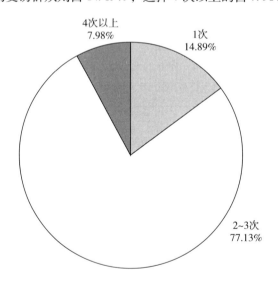

图6　法院组织心理疏导的合适次数

2.受访群众对如何在家事纠纷中引入调解的看法

（1）引入阶段

调查数据显示，受访群众认为，在法院立案前、法院组织开庭前进行调解效果更好。法院组织开庭时和法院组织开庭后、宣布裁判结果前的支持率亦较高，反映了受访群众普遍还是希望通过调解的方式解决家事纠纷。法院宣布裁判结果后进行调解的支持率（19.15%）相比进行心理疏导（30.59%）的支持率更低。可见，受访群众认为宣判后诉讼结果已经出现，由具备心理疏导专业知识的人员参与疏导服务，会让判决时败诉一方更理性一些（见图7）。

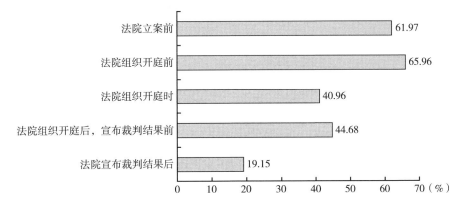

图7　法院进行调解的合适阶段

（2）次数选择

调查数据显示，75%的受访群众认为法院组织2~3次调解更为合适。选择1次的受访群众占17.55%，选择4次以上的占7.45%（见图8）。可见，组织2~3次调解能够涵盖绝大多数家事案件中当事人的需求。

（3）一方当事人不愿意调解时的处理原则

调查数据显示，法院在审理家事纠纷时，即使是诉讼一方当事人不愿意调解，仍有67.29%的受访群众认为还需要组织调解。其中42.02%的受访群众认为调解次数可由法院视情况而定，25.27%的受访群众认为调解次数1次足够（见图9）。考虑到处于家事诉讼中的当事人情绪对抗较激烈，部分当事人不能理智、客观地处理纠纷，即便一方当事人表示不愿意调解，也不能完全排除调解的可能性。

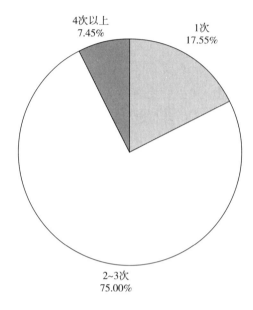

图 8　法院进行调解的合适次数

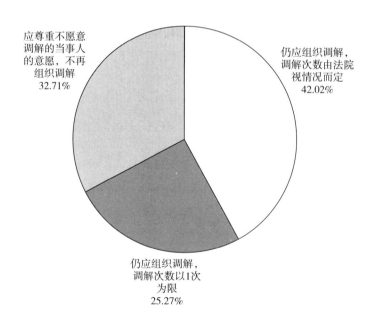

图 9　一方不愿调解时对组织调解的态度

（4）人民群众对调解员的需求调研

调查数据显示，关于调解员的来源，79.79%的受访群众选择了法官、律师等法律从业人员，75.80%的受访群众选择了心理学专家，57.71%的受访群众选择了退休法官等离退休公职人员。除此之外，也有不少受访群众选择来源于妇联（55.59%），社工（48.67%），公证员（39.89%），居委会、街道办、村委的干部（39.89%），来穗人员管理局公职人员（16.22%）的调解员（见表1）。在户口所在地位于广州市外的受访群众中，有17.86%的人希望调解员的职业为来穗人员管理局公职人员，可见外地户籍人员对调解员的针对性来源也相当关注。关于调解员的性别，75%的受访群众认为，调解员是男性或女性均可。22.34%的受访群众则选择了女性调解员，仅有2.66%的受访群众选择了男性调解员。关于调解员的年龄，选择40（含）~50岁的调解员人数最多，占72.61%。其次为30（含）~40岁，占57.71%。紧随其后的是50（含）~60岁，占38.56%。关于调解的文化程度，有91.22%的受访群众选择了文化程度为本科的调解员，紧随其后的是研究生（55.05%）、大专（42.29%）、博士生（34.84%）。关于调解员的婚姻状况，有96.81%的受访群众选择了已婚的调解员，远远高于选择其他婚姻状况的调解员。关于调解员有无子女的状况，57.45%的受访群众选择了有子女的调解员，41.22%的受访群众选择了"无所谓"。

表1 调解员的需求调研

如果允许您对调解员进行选择，您希望调解员是何职业？

法官、律师等法律专业人员	公证员	退休法官等离退休公职人员	社工	妇联	心理学专家	居委会、街道办、村委的干部	来穗人员管理局公职人员	其他
79.79%	39.89%	57.71%	48.67%	55.59%	75.80%	39.89%	16.22%	3.99%

如果允许您对调解员进行选择，您希望调解员是何性别？

男	女	无所谓
2.66%	22.34%	75.00%

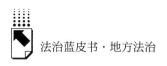

续表

如果允许您对调解员进行选择,您希望调解员的年龄是?

20 岁以下	20(含)~ 30 岁	30(含)~ 40 岁	40(含)~ 50 岁	50(含)~ 60 岁	60(含)~ 70 岁	70 岁(含) 以上
2.39%	13.56%	57.71%	72.61%	38.56%	9.31%	3.99%

如果允许您对调解员进行选择,您希望调解员的文化程度是?

初中及以下	中专	高中	大专	本科	研究生	博士生
3.99%	7.71%	15.16%	42.29%	91.22%	55.05%	34.84%

如果允许您对调解员进行选择,您希望调解员的婚姻状况是?

未婚	已婚	离异	丧偶	再婚
22.87%	96.81%	30.59%	24.20%	29.26%

如果允许您对调解员进行选择,您会选择有无子女的调解员?

有子女	无子女	无所谓
57.45%	1.33%	41.22%

3. 受访群众对选择调解场所的看法

调查数据显示,73.40%的受访群众选择在各方与调解员自行协商的场所进行调解 (见图 10)。因此,在开展家事调解工作时,可以扩大调解场所的选择,不局限于在法院调解室内或者其他特定场所。

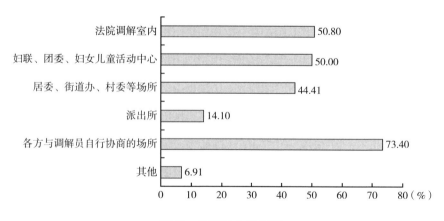

图 10 调解的合适场所

三 人民群众对家事纠纷多元化解决机制的需求分析

中国多年以来离婚率逐年攀升，对和谐稳定的家庭建设和传统的家事审判方式提出了新的挑战。广州法院审理的婚姻家庭、继承纠纷等家事案件数量也一直在高位运行。2017年全市法院新收一审家事案件8904件，同比上升1.98%；其中离婚纠纷案件5974件，占所有家事案件的67.09%。本次调查结果显示，在发生家庭纠纷后，53.72%的受访群众选择寻求法院的帮助，紧随其后的是妇联、团委等社会团体（46.54%）、法律援助机构（36.87%）、民政部门婚姻登记服务场所（19.68%）、自己解决或者家人帮忙解决（3.80%）、公证处（1.27%）、律师（1.01%）、派出所（0.75%）。可见，人民群众对通过法院、妇联等单位有效解决家庭纠纷、避免家庭危机有深切的期待，对实现家事纠纷多元化解决机制功能作用的优化有日益迫切的需求。

（一）构建灵活多元专业化家事调解体系的需求

第一，调解类型、时间、次数多元化的需求。调查结果显示，从家事案件类型来说，人民群众普遍认同在大部分家事纠纷中均可引入家事调解，认为调解有助于积极化解夫妻之间、父母子女之间、兄弟姐妹之间的冲突，发挥诊断、治疗、修复家庭危机的作用。对于在诉讼的不同阶段进行调解支持度都较高，反映了人民群众普遍希望通过调解的方式解决家事纠纷，尤其希望在法院立案前、法院组织开庭前进行调解，从而有效避免法庭对峙激化当事人之间的矛盾。即使在法院宣布裁判结果后，人民群众还是支持可以继续调解并认为调解可偏重心理疏导罢访息诉，可见调解的时间维度需求多元。此外，对于调解的次数，不同当事人也有不同的要求，组织2~3次调解能够涵盖绝大多数家事案件中当事人的需求，因而除了婚姻效力、身份关系确认等不适宜调解的案件及适用特别程序审理的案件以外，审理家事案件应当都可以开展调解，未经调解不得进行裁判原则可以满足人民群众对调解的多元需求。

第二，调解场所灵活化的需求。调查结果显示，在开展家事调解工作时，人民群众更倾向于可以灵活协商确定调解场所以及方式，甚至可以通过电话、微信视频等多种信息化方式进行调解。因此，人民法院在组建调解员队伍时，可尽量聘任有日常工作场所或与人民群众生活居住地比较贴近的妇联工作人员、公证员以及居委会、街道办、村委会的干部等，既可实现由第三方在法院内的调解场所直接对诉讼当事人进行调解，也能以更便利的方式在涉诉当事人所在社区、村（居）委会就近实现调解，提供灵活多样的选择，最大限度扩大多元化解决纠纷方案的选择范围。

第三，调解人员专业化的需求。要组建一支符合人民群众期待的队伍，关键在于了解人民群众对调解员来源的诉求，从而按照科学的人员构成组建家事调解员队伍。根据调查结果，其一，人民群众更倾向于选择具备法律专业知识或者心理学专业知识、具有丰富的处理纠纷经验的人员参与调解。除此之外，也有不少受访群众选择来源于妇联、社工、公证员、居委会、街道办、村委的干部、来穗人员管理局公职人员等作为调解员。故法院在组建家事调解员队伍时，应优先选定具备一定的法律或心理学知识的调解人员，拓宽通过司法、民政、工会、团委、妇联、公证机构等单位及企事业单位、基层群众组织推荐的渠道。其二，人民群众对调解员的年龄要求集中在中年层次，反映了人民群众对调解员年龄层次、社会阅历的诉求。故法院在组建家事调解员队伍时，应着重聘任身心健康、具有丰富的社会阅历的调解员。其三，人民群众认为调解员应具备一定的文化水平，故法院在组建家事调解员队伍时，应优先聘任具有大专以上文化水平，有良好的表达、沟通、调解、说服能力的调解员。其四，人民群众对家事调解员的婚姻状况具有较为一致的要求，故法院在组建家事调解员队伍时，应优先选定已婚家事调解员。此外，根据对家事纠纷有效化解的需求，家事调解员还应符合品行端正、责任感强、时间充裕、热爱家事调解工作等条件。

（二）开展专业化家事心理疏导和干预的需求

第一，心理疏导的亲民化需求。过去，一些人认为，心理咨询服务适用于发生严重心理问题甚至精神疾病的情形。司法实践中发现，部分家事案件当事人对接受心理疏导和干预的说法较为抗拒，认为自己没有心理问题和精神疾病，不需要接受此类服务。考虑到这一情况，本次调研专门设置了两道题，了解人民群众对家事纠纷尚未进入诉讼程序、已经进入诉讼程序两个阶段引入情绪疏导和调解服务的看法。调查结果显示，如果法院或者其他机构向当事人释明心理疏导和干预是一种"情绪疏导和调解服务"，目的是使各方"平复情绪、调整心态、更好地面对家庭纠纷"，心理疏导和干预工作则能在人民群众中获得较高的接纳度。实际上，人民群众在陷入家事纠纷时，亦希望借助外力达到平复情绪、避免心理危机的效果。因此，在发生家事纠纷，当事人情绪波动较大，有必要开展心理疏导和干预工作时，法院或者其他机构应该向当事人讲解该项工作的内容与目的，以打消当事人的疑虑。

第二，引入阶段的多维度需求。调查结果显示，受访群众对在尚未进入诉讼程序、已经进入诉讼程序两个阶段引入心理疏导和调解的接纳度都较高。如果家事纠纷已经进入诉讼程序，其矛盾冲突比尚未进入诉讼阶段时甚至可能更为激烈，因此同样有必要引入心理疏导和干预，以促进诉讼中的各方当事人平复情绪、缓和关系，以平和的心态处理家庭纠纷。此外，人民群众对在法院立案前、法院组织开庭前进行心理疏导的效果的认可度更高，因为开庭前的心理疏导有助于缓和当事人间的关系，避免法庭上的对峙使当事人矛盾激化。组织2～3次心理疏导能够涵盖绝大多数家事案件中当事人的需求。

第三，引入类型的多样化需求。在审理家事案件时，法院可以根据实际情况建议当事人及其近亲属接受心理疏导和干预，当事人也可以主动申请心理疏导和干预，如离婚纠纷中，双方当事人对夫妻感情是否确已破裂分歧较大，或者当事人情绪波动较大的；离婚纠纷中，父母离婚对未成年子女的心理、成长造成较大不良影响的；家事案件中，家庭暴力持续时间较长，对当

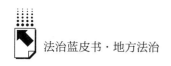

事人的身心造成较大不良影响的等情形。此外，如果在宣判时，当事人情绪波动较大，或诉讼争议较激烈的，亦可引入心理疏导和干预。

四 构建家事纠纷多元化解决机制"广州模式"的探索与实践

为破解广州地区家事纠纷多元化解决机制存在的困境，打造两级法院同步推进家事审判方式和工作机制改革一体化格局，广州中院坚持以问题为导向，在向兄弟法院调研、区法院先行试点、问卷掌握群众需求的基础上，经广州中院审判委员会讨论通过并颁布《广州市中级人民法院家事案件审理规程（试行）》《广州市中级人民法院家事调解工作指引（试行）》《广州市中级人民法院家事调查工作指引（试行）》和《广州市中级人民法院家事心理疏导和干预工作指引（试行）》（简称"一规程三指引"），随后召开全市法院家事审判方式和工作机制改革推进会进行部署实施，成为全省唯一适用统一家事案件审理规范、统一多元化纠纷解决队伍、构建上下联动同步推进家事案件审判方式和工作机制改革的法院。

（一）出台"一规程"，统一家事案件审理机制

《广州市中级人民法院家事案件审理规程（试行）》立足于人民群众对构建灵活多元化家事调解、开展专业化家事心理疏导的需求，以专章的形式对家事调解、家事心理疏导和干预等内容作出专门规定。

一是明确家事审判"调解为先，贯彻全程"原则。要求发挥审判对家事的诊断、治疗、修复作用，实现家事审判司法保障功能与社会治理功能有机结合，规范了家事案件调解程序。明确审理家事案件，应当进行调解，未经调解不得进行裁判。婚姻效力、身份关系确认等不适宜调解的案件及适用特别程序审理的案件除外。家事案件原则上应当在立案前、庭前、庭中、庭后、宣判时和宣判后进行全程调解。一审判决宣判时，对于双方争议较为激烈、意见难以统一的当事人，可由法官与具有心理疏导专业知识的家事调解员共同进行判后调解。

二是明确审理家事案件引入心理疏导和干预机制。规定了心理疏导和干预的介入形式，即可以根据实际情况建议当事人及其近亲属接受心理疏导和干预，当事人也可以主动申请心理疏导和干预。明确了具体介入情形：离婚纠纷中，双方当事人对夫妻感情是否确已破裂分歧较大，或者当事人情绪波动较大的；离婚纠纷中，父母离婚对未成年子女的心理、成长造成较大不良影响的；抚养纠纷、探望权纠纷中，未成年人及其父母之间的关系较为紧张，可能对未成年子女的心理、成长造成较大不良影响的；家事案件中，家庭暴力持续时间较长，对当事人的身心造成较大不良影响的；宣判时，当事人情绪波动较大，或诉讼争议较激烈的；等等。定位了报告的形式和使用原则，明确报告应于接受委托之日起一个月内完成，报告可以作为人民法院审理家事案件的参考。

（二）出台"三指引"，统一"三员"队伍建设机制

加强家事调解员、家事调查员、家事心理疏导员"三员"队伍的专业化和工作规范化建设，构建两级法院一体化格局，既是人民群众对于化解家庭纠纷、修复家庭危机的深切期待，也是深化家事审判方式和工作机制改革的必然要求。

一是统一"三员"队伍建设机制。《广州市中级人民法院家事案件审理规程（试行）》对家事纠纷多元化解决机制作了两级法院一体化制度安排，配套的"三指引"对家事调解、家事调查、家事心理疏导三大方面工作作出专门规定，明确家事调解员、家事调查员可由司法、民政、工会、妇联、公证机构等单位及企事业单位、基层群众组织推荐，家事心理疏导员可由妇联、心理学会、心理学教育研究机构或者心理咨询服务机构推荐，并规定"三员"的聘任条件、工作规程、奖惩措施等，为全面系统构建家事案件多元化纠纷解决机制进行统一规范，有效避免过去各法院单打独斗，综治部门发动参与不足，家事调解、家事调查、家事心理疏导人员选任渠道不通畅、管理不规范、责权利不明确、考核不统一的乱象。

二是组建符合人民群众需求的"三员"队伍。截至2018年7月15日，广州两级法院已组建起"三员"队伍共计557人。其中，家事调解员占

53.32%，家事心理疏导员占 7.90%。"三员"队伍体现出以下特点：在职业方面，家事调解员队伍中律师（15.15%）、退休人员（13.13%）、街村镇工作人员（11.11%）比例较高，同时，公证处工作人员（8.75%）、学校教师（8.75%）、社工（7.40%）、妇联工作人员（5.05%）、司法部门工作人员（4.71%）也是家事调解员队伍的重要力量；家事心理疏导员队伍呈现专业化趋势，包括心理医生（29.55%）、社工（22.73%）、心理机构人员（20.45%）、家庭服务中心工作人员（6.82%）、心理咨询师（4.55%）、妇联工作人员（2.27%）、退休干部（2.27%）以及其他行业的人员。在心理咨询资质方面，有 40.90% 的家事心理疏导员为国家二级咨询师，15.90% 为临床心理师，11.36% 为心理医生，4.55% 为国家三级咨询师，2.27% 为初级心理咨询师，2.27% 为高级沙盘游戏咨询师，2.70% 为中级沙盘咨询师。在性别方面，"三员"队伍兼顾男性与女性，以女性为主。其中，男性占 25.31%，女性占 74.69%。在年龄方面，家事调解员的年龄集中在 30（含）~60 岁，占 80.80%；家事心理疏导员呈年轻化趋势，20（含）~40 岁的占 59.08%。在文化程度方面，家事调解员的学历集中在本科和大专，占 82.83%；家事心理疏导员最高学历均为大专及以上，硕士研究生比例较家事调解员而言大幅度提升，整体呈现高学历趋势。两级法院"三员"队伍仍在持续扩充中。

（三）依据"一规程三指引"，启动"智慧家事"建设

传统的家事案件审理方式已经不能满足人民群众对构建灵活多元化家事调解体系、开展专业化家事心理疏导和干预工作的需求，不能适应不断扩充的"三员"队伍以及全面铺开的家事调解、家事心理疏导和干预带来的管理上的挑战。因此，《广州市中级人民法院家事案件审理规程（试行）》明确坚持信息化建设与家事审判深度融合的原则，大力推进智慧家事建设，提高家事审判的专业化和智能化水平，积极构建家事诉讼审判管理数据平台。广州中院已启动"智慧家事"建设，正在同步推进家事审判管理系统建设、家事审判大数据平台建设、家事诉调中心等硬件设施建设。

一是以信息化、数据化的方式完成家事调解并入家事审判系统的配套建

设。自 2018 年 5 月 1 日起，广州两级法院已全面升级启用审判管理系统中家事纠纷专门配套程序。家事调解、家事调查、家事心理疏导和干预、案后回访与帮扶工作的信息可以在家事审判系统中全面录入，并入法官绩效统计平台进行数据统计，提供信息化、数据化一体化支撑，大大提升了家事纠纷多元化工作的统筹管理和数据研判水平。

二是多元化解家事纠纷工作人员队伍一体化构建将分三个批次稳步推进。两级法院已经组建起第一批"三员"队伍。"三员"配套管理方式亦在同步构建，"三员"管理微信小程序亦即将投入使用，届时将通过线上方式完成家事调解、家事调查、家事心理疏导与干预的任务委托和名册管理。

三是开展多元化解纠纷的专门场所已经进入规划设计阶段。家事诉调中心的硬件建设已经全面启动，即将建成面积约 370 平方米，配套建设有利于家事案件审理的专门审判庭、家事调解室、亲情沟通室、团体心理辅导室、个别心理辅导室、心理测评室、放松室、宣泄室、沙盘分析室、小孩活动室、多功能法治教育专区的家事诉调中心。

五　家事纠纷多元化解决机制"广州模式"的
完善与展望

依据"一规程三指引"开展家事调解、家事调查、家事心理疏导和干预试行一个月后，项目组发现，两级法院联动的家事纠纷多元化解决机制需进一步完善，家事案件案后回访与帮扶等机制建设尚待进一步探索。

（一）家事纠纷多元化解决机制试行中需要关注的方面

第一，名册管理的规范性。部分区法院在报送"三员"名册时将家事调解员、家事调查员、家事心理疏导员的名录、简历混同，增加了"三员"名册整理的难度；部分区法院不定期报送"三员"名册，导致"三员"名册几乎每天都发生变动，不利于统一管理和分析研判；部分家事心理疏导员在简历上未体现具有心理咨询专业知识并取得相关资质的情况，难以判断是否符合《广州市中级人民法院家事心理疏导和干预工作指引（试行）》关于聘任家事心理疏导员条件的要求。

第二，队伍运作的专业性。一是"三员"队伍的法律知识、心理学知识、纠纷化解技巧、沟通积极性及灵活性亟待加强。部分"三员"不具备法律行业从业背景，对家事案件相关法律法规的掌握程度不够，难以完全应对当事人问及的法律问题，从而影响了当事人对"三员"的信任感，进而影响了调解、心理疏导和干预的效果。部分"三员"纠纷化解技巧不足，如个别家事调解员在致电当事人时未向当事人表明身份，为促成调解向当事人宣称法院会作出某种判决结果，甚至使用"上诉也没有用"等不当用语，导致当事人误以为是诈骗电话，或者激化双方当事人之间的矛盾。部分"三员"开展工作的积极性、灵活性不足，如个别家事调解员因办公电话无法拨打外地电话就将法院委托的案件搁置，耽误了案件审理期限；个别家事调解员认为仅能组织当事人面对面开展调解，对调解场所灵活化的需求理解不到位；大部分"三员"与案件经办人沟通联系不足，没有提前了解案件情况，遇到问题也未能及时与经办人沟通。

二是调解协议签署不规范。个别家事调解员在引导当事人签署调解协议时，因法律知识掌握不到位导致调解协议出现以下问题：主体存在错误，如将抚养费纠纷调解协议的当事人误写为父母双方；生效时间存在错误，如以付款完毕的时间作为调解协议生效时间；忽略对诉讼费承担进行确认，没有明确诉讼费由何方承担，没有写明诉讼费的数额，不清楚以调解方式结案或者当事人申请撤诉的，减半缴纳案件受理费等规定。

三是复函不规范、不翔实、不及时。部分"三员"在复函时没有写明开展工作的诉讼阶段、案号、"三员"姓名、参与当事人姓名、时间、地点，反馈的情况不翔实、不及时，导致案件经办人不能全面、及时地了解家事调解、家事调查、家事心理疏导和干预的开展进度。

第三，专门场所的必要性。部分法院为家事调解、家事心理疏导和干预工作设置了专门的工作室、调解室，但仍有部分法院未设置专门场所，而主要以打电话的方式开展该项工作。单一的调解形式不利于及时开展诉前调解，如需使用法院调解室则要提前预约，不便于灵活安排调解地点，从而影响到家事调解、家事心理疏导和干预工作的开展效果。

（二）家事纠纷多元化解决机制"广州模式"发展展望

第一，建立健全"三员"队伍动态管理和退出机制。在设计家事纠纷多元化解决机制"广州模式"时，"三规程"已明确规定法院应对"三员"进行定期培训、定期考核，并规定了"三员"的解聘条件。因此，下一步应针对"三员"队伍管理中发现的问题，制定"三员"工作守则，定期更新名册、定期培训、定期考核，及时开展续聘、解聘工作，这既是"一规程三指引"的明确规定，也是规范管理"三员"队伍的必然要求。

第二，打造具有广州特色的家事诉调专区，建立健全"三员"队伍驻班制度。两级法院在建设家事诉调专区时，要为"三员"队伍开展工作设置专门工作室、调解室，同时建立健全"三员"队伍驻班制度，保障家事调解、家事心理疏导和干预工作能够及时、就近、灵活开展，从而更好地发挥审判对家事纠纷的诊断、治疗、修复作用。

第三，探索在"三员"以外增设案后回访与帮扶员。《广州市中级人民法院家事案件审理规程（试行）》已明确人民法院可以与检察、公安、教育、民政、司法、卫计委、团委、妇联、社工等单位及社会公益组织、个人建立联动回访与共同帮扶机制。对于存在较大争议、家庭暴力、敏感复杂、调解和好、因未妥善处理子女抚养关系而判决不准离婚等情形的案件，应当进行案后回访。待"三员"聘任与管理、工作开展模式取得成熟经验后，两级法院可参照"三员"的经验探索创设案后回访与帮扶员，通过电话回访、上门访谈等方式开展家事案件案后回访与帮扶工作，从而提升社会综合治理的效果。

今后，广州两级法院将实现实体与程序、线上与线下、软件与硬件共同推进的家事纠纷多元化解决机制"广州模式"，促进机制全面落地与良性运行，营造广州家事审判新格局，为广州实现共建共治共享社会治理格局走在全省乃至全国前列提供有效助力。

附：家事纠纷多元化解决机制问卷调查

问卷编号：＿＿＿＿＿＿＿＿＿＿＿＿＿

家事纠纷多元化解决机制问卷调查

您好：

请根据所在城市的实际情况，回答每一个问题。问卷采取匿名方式，我们将为您严格保密。您的每一个回答都将对广州地区家事纠纷多元化解决机制的构建和完善贡献力量。

衷心感谢您对我们工作的支持！

“广州万事兴妇女儿童权益诉讼保护与研究基地”项目组

一、您的基本情况

1. 您的性别【单选】

　A. 男　　B. 女

2. 您的年龄【单选】

　A. 20 岁以下　　　　　　　B. 20（含）～30 岁

　C. 30（含）～40 岁　　　　D. 40（含）～50 岁

　E. 50（含）～60 岁　　　　F. 60（含）～70 岁

　G. 70 岁（含）以上

3. 您的文化程度【单选】

　A. 初中及以下　B. 中专　　C. 高中　　D. 大专

　E. 本科　　　　F. 研究生　G. 博士生

4. 您的婚姻基本情况【单选】

　A. 未婚　B. 已婚　C. 离异　D. 丧偶　E. 再婚

5. 您的子女基本情况【单选】

A. 有未成年子女

B. 所有子女已成年

C. 没有子女

6. 您的亲兄弟姐妹基本情况【单选】

　　A. 有亲兄弟姐妹　　　B. 没有亲兄弟姐妹

7. 您的父母基本情况【单选】

　　A. 需要赡养父母　　　B. 目前不需要赡养父母

8. 您的职业是【单选】

　　A. 国家机关、党群组织、事业单位工作人员

　　B. 企业工作人员

　　C. 农、林、牧、渔业生产人员及辅助人员

　　D. 军人

　　E. 社会团体工作人员

　　F. 外来务工人员

　　G. 离退休人员

　　H. 其他从业人员（　　　　　　　　）

9. 您的户口所在地【单选】

　　A. 广州市内　　　B. 广州市外

10. 您的实际工作地【单选】

　　A. 广州市内　　　B. 广州市外

11. 您的工资收入水平【单选】

　　A. 年收入 10 万元以下

　　B. 年收入 10 万 ~ 20 万元

　　C. 年收入 20 万 ~ 30 万元

　　D. 年收入 30 万 ~ 50 万元

　　E. 年收入 50 万元以上

二、您对家事纠纷的认识

12. 您认为生活中比较常见的家庭纠纷有哪些【多选】

    A. 与配偶感情不和

    B. 因继承问题发生纠纷

    C. 因父母赡养问题发生纠纷

    D. 遭受家庭暴力

    E. 与配偶在离婚分割财产时发生纠纷

    F. 与原配偶在离婚后子女抚养问题上发生纠纷

    G. 与原配偶在离婚后子女探望问题上发生纠纷

    H. 其他（　　　　　　　　）

13. 您是否经历过家庭纠纷【单选】

    A. 经历过家庭纠纷，且对我的生活影响较深

    B. 经历过家庭纠纷，但对我的生活影响不大

    C. 本人没有，但有近亲属经历过家庭纠纷，对此有一定体会

    D. 基本上没有接触过家庭纠纷

14. 发生家庭纠纷后，您会寻求哪些机构的帮助【多选】

    A. 法院

    B. 妇联、团委等社会团体

    C. 法律援助机构

    D. 民政部门婚姻登记服务场所

    E. 其他（　　　　　　　　）

15. 您是否曾因家庭纠纷在法院参加过诉讼【单选】

    A. 是（此处设置下拉菜单：离婚纠纷、离婚后财产纠纷、同居关系纠纷、抚养纠纷、赡养纠纷、探望权纠纷、分家析产纠纷、继承纠纷、其他（　　　　　　））

    B. 否

三、您对在家事纠纷中引入心理疏导和调解的看法

16. 您在遇到家庭纠纷时，是否曾想过向具备心理知识的人员寻求情绪疏导帮助

A. 从未想过

B. 曾经想过，但不知道在哪里可以找到情绪疏导服务

C. 曾经向具备心理知识的人员寻求过情绪疏导帮助

D. 其他（   ）

17. 如果您了解到政府部门现可邀请专业人员为遇到家庭纠纷、尚未进入诉讼阶段的家庭成员提供情绪疏导和调解服务，以利于各方平复情绪、调整心态、更好地面对家庭纠纷。请您对这个建议的支持程度进行评分

A. 10 分表示十分支持，这正是我所需要的

B. 5 分表示可以尝试，看看对处理纠纷的效果如何

C. 1 分表示非常反对，浪费时间，我只希望家庭内部解决，不需要任何外人的帮助

18. 您认为以下哪种情形更适合交给调解员调解【多选】

A. 与配偶感情不和

B. 因继承问题发生纠纷

C. 因父母赡养问题发生纠纷

D. 遭受家庭暴力

E. 与配偶在离婚分割财产时发生纠纷

F. 与原配偶在离婚后子女抚养问题上发生纠纷

G. 与原配偶在离婚后子女探望问题上发生纠纷

H. 其他（   ）

19. 如果允许您对调解人进行选择，您希望调解人可以满足以下哪些要求

19.1　调解人的职业【多选】

A. 法官、律师等法律从业人员，他们具备法律专业知识

B. 公证员，他们能利用法律知识提供调解服务

C. 退休法官等离退休公职人员，他们热心公益，也有处理纠纷的经验

D. 社工，他们具备提供社会服务的经验

E. 妇联，他们能够维护妇女儿童的利益

F. 心理学专家，他们能够帮助平复情绪、调整心态

G. 居委会、街道办、村委的干部，他们比较了解实际情况

H. 来穗人员管理局公职人员，他们能够维护外来务工人员的利益

I. 其他（　　　　　）

19.2　调解人的性别【单选】

A. 男　　　B. 女　　　C. 无所谓

19.3　调解人的年龄【多选】

A. 20 岁以下　　　　　　B. 20（含）～30 岁

C. 30（含）～40 岁　　　D. 40（含）～50 岁

E. 50（含）～60 岁　　　F. 60（含）～70 岁

G. 70 岁（含）以上

19.4　调解人的文化程度【多选】

A. 初中及以下　B. 中专　C. 高中　D. 大专　E. 本科

F. 研究生　G. 博士生

19.5　调解人的婚姻现状【多选】

A. 未婚　B. 已婚　C. 离异　D. 丧偶　E. 再婚

19.6　调解人的子女情况【单选】

A. 有子女　B. 无子女　C. 无所谓

20. 您认为在哪些场所进行调解更为合适【多选】

A. 法院调解室内

B. 妇联、团委、妇女儿童活动中心

C. 居委、街道办、村委等场所

D. 派出所

E. 各方与调解员自行协商的场所

F. 其他（　　　　　）

四、您对在家事纠纷诉讼程序中引入心理疏导和调解的看法

21. 如果法院在审理家事纠纷时告知您，现可邀请专业人员为案件参与人提供情绪疏导和调解服务，以利于各方平复情绪、调整心态、更好地面对家庭纠纷。请您对这个建议的支持程度进行评分

A. 10 分表示十分支持，这正是我所需要的

B. 5 分表示可以尝试，看看对处理纠纷的效果如何

C. 1 分表示非常反对，浪费时间，我只希望法院早下判决，不需要任何心理方面的帮助

22. 如果家庭纠纷已经进入诉讼程序，您认为法院在哪些阶段进行心理疏导更为合适【多选】

A. 法院立案前

B. 法院组织开庭前

C. 法院组织开庭时

D. 法院组织开庭后，宣布裁判结果前

E. 法院宣布裁判结果后

23. 如果家庭纠纷已经进入诉讼程序，您认为法院在哪些阶段进行调解更为合适【多选】

A. 法院立案前

B. 法院组织开庭前

C. 法院组织开庭时

D. 法院组织开庭后，宣布裁判结果前

E. 法院宣布裁判结果后

24. 如果家庭纠纷已经进入诉讼程序，您认为法院共组织几次心理疏导更为合适【单选】

A. 1 次

B. 2 ~ 3 次

C. 4 次以上

25. 如果家庭纠纷已经进入诉讼程序，您认为法院共组织几次调解更为合适【单选】

A. 1 次

B. 2 ~ 3 次

C. 4 次以上

26. 法院在审理家事纠纷时，如果其中一方当事人不愿意调解，你认为法院
是否仍应组织调解【单选】

A. 仍应组织调解，调解次数由法院视情况而定

B. 仍应组织调解，调解次数以 1 次为限

C. 应尊重不愿意调解的当事人的意愿，不再组织调解

B.22
成都市青白江区中欧班列多式
联运"一单制"探索

四川省成都市青白江区依法治区领导小组办公室课题组 *

摘 要： 十九大报告提出，要赋予自由贸易试验区更大的改革自主权，探索建设自由贸易港。《中国（四川）自由贸易试验区总体方案》提出，推进内陆地区国际多式联运示范建设，探索多式联运"一单制"。本文采用实证分析方法，对成都国际铁路港实施中欧班列货物运输"一次委托""一口报价""一单到底""一票结算"的多式联运"一单制"进行了分析，创新提出基于国际铁路货运的多式联运提单，通过"商业惯例—推动国家立法—沿线国家互认"路径，形成可复制可推广的经验。今后将进一步向国际公铁联运、铁水联运等联运方式拓展，探索建立国际国内认可度高的多式联运贸易新规则，让更多市场主体享受到中欧班列运输服务便利。

关键词： 铁路港 多式联运 一单制

一 成都国际班列基本情况介绍

成都国际铁路港地处"丝绸之路经济带"和"长江经济带"国家战略

---

* 课题组组长：李贞健，中共四川省成都市青白江区委办公室副主任、区依法治区领导小组办公室主任。执笔人：王斌斌，中共四川省成都市青白江区区委办公室法规科科员；职统光，中共四川省成都市青白江区区委办公室法规科科长。

的交汇点，片区规划面积 32.33 平方公里。2016 年 8 月，成都国际铁路港由国务院批复为中国（四川）自由贸易试验区三大片区之一，成为全国唯一以铁路港为特色的片区。

（一）覆盖欧亚的国际物流通道日趋完善

经过多年建设，中欧班列（蓉欧快铁）开行线已经扩展至 15 条。其中 5 条公共班列稳定运行，分别为中欧线——成都至罗兹、纽伦堡、蒂尔堡，中俄线——成都至莫斯科，东盟国际海铁联运通道——成都至钦州港。定制班列 10 条，分别为成都至马拉、伊斯坦布尔、明斯克、斯莫根、阿拉木图、布拉格；托木斯克至成都、塔什干至成都、根特至成都、米兰至成都，全面构建起了成都向西至欧洲腹地和中亚各国，向北至俄罗斯、向南至东盟的"Y"字形国际物流通道。2017 年，国际班列开行 1012 列，占全国 35 个城市开行班列的 1/4，同比增长 86.5%，重载率提升至 7 0%①，是国内年度开行数量最多、开行最稳定、开行时间最短的中欧班列。

（二）首创中欧班列区域合作新模式

在注重拓展国际货运航线及承载量的同时，注重向内地拓展货源腹地，国内"蓉欧＋"通道已拓展至 12 条，构建起成都至深圳、广州、上海、武汉、宁波、厦门、天津、日照、青岛、南宁、昆明、泸州等城市间的集装化、常态化班列通道，覆盖沿海主要港口，衔接内陆江运港口和沿边城市，将货源腹地拓展至长三角、珠三角、环渤海等沿海经济发达区域，进一步辐射日韩和中国港澳台地区，形成国内班列与国际班列紧密衔接、互为支持的网络格局，成为国内唯一有配套稳定的铁路通道支持的中欧班列，"蓉欧枢纽"大通道大枢纽作用不断强化。

---

① 数据来源：成都国际铁路港投资发展有限公司。

（三）国际班列枢纽聚集效应凸显

依托通道建设，凭借港口优势，成都国际铁路港于 2014 年 4 月成功获批国家对外开放口岸，之后陆续建成投运国家多式联运海关监管中心、汽车整车进口口岸、进境肉类指定口岸和保税物流中心（B 型），同时正加快建设粮食口岸，积极申报水果、木材口岸，已经集聚一批国际商品集散转运、国际货代、整车进口、特色金融等口岸服务业和信息服务、会展服务等现代服务产业。2017 年带动成都市实现外贸转移 97 亿元，实现产能转移 125 亿元，带动四川省进口贸易额达 500 亿元[①]，逐步形成物流产业集群。

二 实施多式联运"一单制"的必要性

随着"一带一路"建设的深入推进，对外开放力度不断加大，中欧班列（蓉欧快铁）开行数量和密度将继续加大，对各种产业的集聚效应也不断凸显，同时也对外贸服务特别是单证办理的质量和效率提出了更高的要求。由于国际铁路运输造价高、建设周期长、需要其他运输手段衔接等特点，起步普遍晚于国际海洋运输，至今尚未形成国际上普遍认可的统一运输规则，一定程度上成为中欧班列（蓉欧快铁）进一步发展的制约因素。

（一）运单格式不统一

调整国际铁路货物运输的公约主要有《国际铁路货物联运协定》和《国际铁路货物运输公约》。《国际铁路货物联运协定》约束东欧国家铁路合作组织开展的运输，在损失赔偿、诉讼失效等方面规定与《关于铁

---

① 数据来源：成都国际铁路港官方微信。

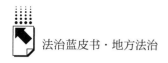

路货物运输的国际公约》不尽相同。中欧班列（蓉欧快铁）西向、北向途经国家多采用两种以上的协定，在实际操作中不同承运人对不同规章的掌握程度也有所差异，在途经以上国家时因为更换提单、审单等流程造成延误。

（二）运单缺乏物权效力

国际铁路货物多式联运运单作为发货人与各承运人之间缔结的运输合同，不具有物权凭证效力，在外贸流程中，不能以单据流转实现货物所有权转移。实务操作中，只要托运人和收货人双方完全履行运输合同权利义务规定，不存在欠缴铁路应收费用的情况，承运人就能正常办理交付手续，买卖双方不能再在交易过程中凭运输单据控制货物，因而也不能在运输过程和交货时对货物起到控制作用，存在较大的交易风险，进而影响到运输需求。

（三）运单无法用于信用证结汇

在国际贸易中，信用证是为解决买卖双方互不信任问题而普遍采用的结算方式。国际多式联运运单虽然是合法的运输单证，但在信用证结汇方面，由于运单缺乏物权效力，开证银行无法凭借运输单证取得货物的实际控制权。在进口商违约的情况下，不能通过扣押运单或处理单据的方式取得货物所有权分担风险，因而开证行不接受铁路运单作为结汇用途的货运单证，其也无法作为国际贸易中信用证结算方式的依据，给国际贸易中的支付结算、抵押贷款等相关金融服务带来不便。

三 成都国际铁路港"一单制"探索

2017年4月1日，四川自贸试验区挂牌，国务院印发的《中国（四川）自由贸易试验区总体方案》提出："试点签发具备物权凭证性质的多式联运提单，探索多式联运'一单制'。"一年多来，成都国际铁路港探索赋予多式联运运单物权效力,将"运单"变为"提单",使其由一纸运输合同变为物权凭证,通过单一的提单就能覆盖物流的整个过程:从揽货开始,到中间不同运输方式的转接,再到跨境的各类手续,全部由路港运营公司"接管",达到"一次委托、一口报价、一单到底、一票结算"的目的,实现货物"门到门"运输,促进了贸易便利化,大大提高货品的进出口速度,为企业减轻了资金周期和时间成本上的压力,在解决铁路运输凭证物权问题上迈出了创新的一步。

(一)操作流程

2017年4月6日,成都国际铁路港片区以一批进口平行车作为商品媒介,开出首单基于国际铁路联运的多式联运提单,参与方是作为多式联运承运人的成都国际陆港运营有限公司(以下简称陆港公司),进口方是成都蓉欧德源供应链管理有限公司,开证行是中国银行锦江支行,出口方是荷兰奥斯特曼公司,议付行是中国银行法兰克福支行。

第一步:开证行开证。收货方到银行开证,并将多式联运承运人出具的多式联运提单作为信用证议付条件。

第二步:签发提单。多式联运承运人与出口方约定欧洲端交货地点,收到货物检查无误后,向出口方签发多式联运提单,明确陆港公司全程运输责任。

第三步:提单议付。出口方收到提单后到开证行境外分支机构申请议付。议付行审核单证后先行支付货款,对进口方提供资金融通服务。

第四步:在途监管。多式联运承运人负责全程物流操作及货物在途监控,并与班列公司合作对货物进行全程监控。

第五步:提单赎单。进口方到中国银行锦江支行(开证行)付清货款赎回多式联运提单及信用证。

第六步:提单提货。收货方凭正本提单到多式联运承运人处申请提货,承运人核实单证一致后放行(见图1)。

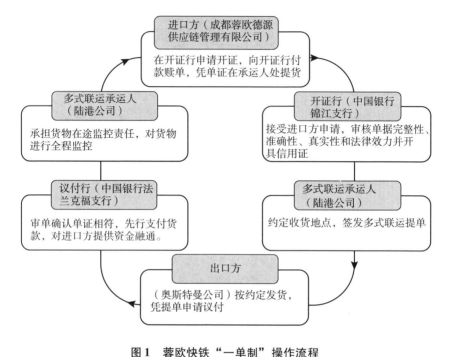

图1 蓉欧快铁"一单制"操作流程

（二）主要做法

1. 坚持问题导向，明确路径

为弥补国际铁路联运运单物权效力的不足，创新提出基于国际铁路货运的多式联运提单，实现"一次委托、一口报价、一单到底、一票结算"。加强与金融机构合作，叠加提单的金融功能，增强中欧班列的竞争力，通过"商业惯例—推动国家立法—沿线国家互认"路径，形成可复制可推广的经验。同时找准贸易痛点，针对企业提出的铁路运单无法作为融资凭证、多式联运单据流转程序复杂等问题，会同各职能部门专题研究解决方案。

2. 坚持理念引领，深化合作

首次引入铁路部门实质性参与地方政府铁路港的建设与运营，与中国铁路成都局集团有限公司合作组建陆港公司，将全国路网资源与铁路港功能无缝衔接。陆港公司作为地方与铁路系统的合作载体，成功申报多式联运承运人，获得海铁联运物流运输组织资质，参与铁路运输系统的调度，具备开展"一单制"试点的主体条件。

3. 坚持企业主导，先行先试

简化多式联运提单运行模式。利用陆港公司多式联运提单作为媒介，减少单证传递手续，提高货物运转效率。突破传统物权限制，依靠自身物流资源，实现对货物的全程监控，解决铁路运输单据物权的关键难题。创新运单融资功能，收货方采用多式联运提单作物权质押的信用证结算方式，大幅减轻企业资金压力。

4. 坚持金融创新，边试边行

创新引入银行担保联合体模式，保险公司基于提单签发人对货物的全程管控能力，向进口商提供债务履约保证保险，银行开具信用证敞口大幅提升。同时引入银行担保联合体模式，以陆港公司签发的提单作为质押，由担保公司委托陆港公司通过提单全程控货，并对银行担保开证方银行敞口部分金额，推动在途"货押"融资。引入开证公司作为贸易代理，为实际进口商开证或提供代付，委托陆港公司签发提单并全程控货，解决进口商资金敞口问题。

5. 坚持多方协同，借力借智

建立政府、企业、研究机构多方联动机制，邀请北京交通大学、四川大学专家就"一单制"法律风险、提单管理办法等进行深入研究，指导企业主体开展试点。同时主动对上争取支持。推动在省、市、区三个层面成立联合工作组，协调推进改革试验成果，争取中欧班列运输协调委员会、铁路总公司等部门支持，推动将"中欧班列提单研究和使用"纳入中欧班列运输协调委员会首批重点协调推进的 10 项工作之一。

（三）多式联运提单功能目标

1. 通过提单明确全程运输责任主体

多式联运承运人在签发多式联运提单时，对承运货物全程负责，达到统一平台、一致对外效果，便于集中受理和处理客户需求。

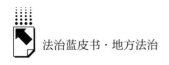

2. 通过提单实现多式联运"一单制"

通过多式联运提单链接中欧班列运单和前后端的收货和送达环节，结合国家多式联运示范工程建设，探索实现中欧班列货物运输"一次委托""一口报价""一单到底""一票结算"。

3. 赋予铁路运输单证物权属性

明确仅限持有多式联运提单的一方有权提取单证载明的货物，即陆港公司向托运人（出口方）出具多式联运提单，托运人（出口方）向议付行申请议付后，议付行将单证流转至开证行。开证行收到单证后通知收货人（进口方）付款赎单。收货人（进口方）付清货款后，凭提单向多式联运经营人办理提货手续，多式联运经营人凭提单放货。

4. 通过提单解决外贸交易便利性问题

通过提单将货物的交易变成单证的交易，利用陆港公司多式联运提单作为媒介，打造成都国际铁路联运外贸提单系统、信用证体系，不仅可以使出口商及时收到货款，加快资金周转，还可以提高自身单证运转效率、减少单证传递手续。

5. 推进提单物权凭证所附加的金融服务

陆港公司依靠自身物流资源实现对货物的全程监控，并通过与金融机构合作，实现多式联运提单的物权质押功能，解决中小外贸企业的融资问题。未来推进多式联运提单作为有价值的证券，可以作为出口商的融资手段进行担保、转让、交易和抵押。

（四）多式联运"一单制"的实施成效

中欧班列多式联运"一单制"突出体现了三个"优势"。一是简化了多式联运提单运行模式。利用陆港公司多式联运提单作为媒介，减少了单证传递手续，提高了运转效率。二是突破了传统物权限制。陆港公司依靠自身物流资源实现了对货物的全程监控，解决了中欧班列在实现铁路运输单据物权上的关键难题。三是创新了运单的融资功能。收货方首次采用多式联运提单作物权质押的信用证结算方式，大幅减轻了企业的资金压力。由此，中欧班列多式联运"一单制"取得了突出成效。

第一,成功签发了21单多式联运提单,参与"一单制"试点的金融机构已扩大到5家,成都银行、金泰保险等更多金融机构参与试点,最高敞口资金可达90%,为企业节约资金成本约500万元[①]。同时实现了外国银行对提单的认可和海外议付,"成都提单"市场认可度不断提高。

第二,陆港公司通过多式联运提单链接中欧班列和前后端的收获和送达环节,已为客户成功组织货物从德国不莱梅通过公路运输到荷兰蒂尔堡站,再通过中欧班列运抵成都国际铁路港的"公铁联运",实现"门到门"运输"一单到底",客户不用多方联系或者接洽承运商,有效提高了外贸交易的便利性。

第三,陆港公司依靠自身物流资源实现对货物的全程监控,联合金融机构不断创新提单金融服务模式,通过引入开证公司为客户提供敞口资金并实现提单议付,敞口资金可达90%。此外,陆续尝试银保联合、银担联合等依托提单为质押的多种融资解决方案,通过提单为中小外贸企业提供融资便利。

第四,创新成果广受关注。多式联运"一单制"入选四川省拟向全国推广的首批案例之一,改革经验被商务部印发,报国务院部际联席会议研究。新华网、中国新闻网、《四川日报》、《香港商报》等20余家媒体持续关注报道了"成都提单"进展,《每日经济新闻》将"中欧班列多式联运'一单式'改革"评为2017年中国自贸实验区十大改革案例。

四 多式联运"一单制"前景展望

(一)下一步工作计划

成都国际贸易铁路港多式联运"一单制"模式创新,拟进一步向国际

[①] 数据来源:成都青白江国际铁路港管理委员会。

公铁联运、铁水联运等联运方式拓展，探索建立国际国内认可度高的多式联运贸易新规则，不断扩展蓉欧快铁覆盖面和辐射范围，同时注重提高服务水平，进一步向更多进出口企业、高端肉类等高附加值货物拓展，让更多市场主体享受中欧班列运输服务便利，做大国际铁路运输贸易量，大力发展国际运输贸易。

1. 加速推广国际贸易新规则

（1）争取到中国铁路总公司、商务部、交通部等国家部委以多式联运提单试点经验为蓝本，研究完善铁路国际联运提单相关作业标准、责任条款等，推动《国际铁路货物联运协定》《关于铁路货物运输的国际公约》两大公约认定统一提单，从而能够得到中欧班列沿途国家的一致认可，最终实现"一次托运、一次收费、一单到底"的办理模式。

（2）四川省自贸办将成立多式联运"一单制"专项改革小组，整合各方资源，推动"一单制"改革走向纵深。在此基础上，进一步研究推进依托中欧班列等陆路国际多式联运方式的贸易结算规则，加快形成可复制可推广的经验，以中国标准引领国际贸易规则。

2. 以班列市场化运营倒逼"一单制"改革

（1）差异化班列产品，提升蓉欧品牌影响力。集中打造国际精品班列，成立产品设计项目组，根据货源对时效和服务品质的不同需求提供分等级分价格的产品方案，其中包括：组织开行快速直达、个性服务、时效精准、价格较高的精品国际班列，以及时效性相对较低、途中班列代码共享、集拼集运、价格优惠的普通国际班列。开行特色班列如成都与莫斯科间的水果、食品等生鲜冷链班列，欧洲至成都的冻肉冷链班列，成都至东盟的全程国际海铁联运班列，根特至成都的汽配定制班列等，进一步提升班列运行密度，为"一单制"改革创造更多机会。

（2）探索适应市场的销售报价体系。港投集团牵头就班列站到站的基本运价、开行列数等进行控制和考核，按标准价、量价挂钩两种模式对外公布销售价格。同时建立市场价格调整机制，加强客户分类管理。例如，根据市场情况设置班列舱位调节附加费，去程对客户自备箱给予更多优价等，逐步建立更具市场灵活性的定价体系，吸引更多客户参与应用多式联运提单。

（3）持续深化城市间合作。在省、市相关部门的支持下，继续加强与沿海等省外城市间合作，建立政府间、企业间两级合作机制，试行集拼集运、代码共享等模式，建立城市间国际班列合作开行、补贴政策共享、班列资源共享的城市间合作共赢机制。在省内建立完善"蓉欧＋"协作委员工作机制，建立与攀枝花、泸州、德阳等市州蓉欧班列协作机制，为全川外贸经济服务，提高本地货源比例。强化与省内其他城市物流园区合作，依托运输组织网络优势，全面开放蓉欧快铁平台，为全川企业运用战略通道提供政策服务和平台支撑，输出铁路港建设相关技术及一单制创新，带动整个四川国际物流网络建设。

3. 提高班列全程服务水平

（1）建立中欧全程追溯系统。组织开发中欧班列全过程追溯系统，通过物联网技术实现境内段与境外段在途信息共享，实时掌握货物在途状态、关检状态，并逐步与企业的 ERP 系统信息共享，解决班列运输全流程追踪问题，逐步实现国际班列开行与企业的原材料采购、库存控制、销售计划、生产安排等紧密衔接，大力提升国际班列竞争力，推动国际班列与贸易、产业的一体化运营。推进中欧 AEO 互认进程，改变传统由各国入境口岸录入各方海关系统的操作模式，达到申报海关一次数据录入，班列全程各方海关都能获取货物信息，从而直接进行通关作业。

（2）加强海外服务网点建设。与奥铁、哈铁、GVT 等海外优质企业通过项目合作或联营等方式，整合海外场站操作、分拨配送、关务等重要业务资源，充分利用合作方欧洲端海外窗口资源、招商和产业资源、双边贸易资源、回程揽货资源，建立海外营销、招商、服务体系，实现回程货源上量。进一步优化转关申报单申报数量，并将关检前移，提高核销放行效率。探索将单证适用范围由多柜一票、一柜一票拓展到一整趟班列，以一张转关申报单的方式，减少数据条目及纸质资料流转，并将班列需在口岸（阿拉山口、马拉等入境口岸）查验的货物调整至目的地进行查验，避免在口岸作业影响通关时效及班列运行时效。

（3）加大班列运行控制，提高全程运行质量。设立班列调度中心，实行24小时倒班，及时协调处理运行异常。设立马拉运行控制分中心，负责欧洲与宽轨段班列的组织衔接、关务衔接，根据宽轨段开大列的组织需要，协调班列在马拉口岸换轨的集并工作。与招商局旗下中国外运长航洽谈合作，拟就共同建设国际多式联运及商贸物流中心、推进国际铁路货运班列发展、拓展国内多式联运、探索推进运贸一体化发展和自贸区金融创新等方面进行全方位深入合作。双方已就国际多式联运及商贸物流中心项目框架协议达成一致意见。

（二）需要进一步探索的问题

中欧班列多式联运"一单制"改革属于全国首创的制度创新案例，创新类型为流程创新和内容创新，实践效果属于规则体系重构级别，属于多部门协同创新，在实践中还有许多问题需要继续探索。

1. 提单合法性问题有待解决

相对于海运提单可在船代协会备案并纳入国际贸易体系相关信用认证，国内和国际都没有机构对内陆提单签发进行审核备案，多式联运"一单制"在国内和国际上认可度较低，实际上签发的提单难以得到银行和贸易双方的认可，需要先行与其沟通协商，在得到多方一致认同后才能应用到实际操作中。因此，青白江管委会正积极向国家交通部、商务部等主管部门主动汇报，建议出台鼓励基于陆上运输的多式联运贸易融资服务创新的政策措施，促进金融服务实体经济，助力陆上贸易规则探索，争取尽快将提单纳入金融机构认定的合法单证范围。

2. 推动内陆提单相关规则制度建立

中欧班列（蓉欧快铁）各国铁路承运人办理跨境铁路运输所共同遵守的国际联运规章只有《国际铁路货物联运协定》和《关于铁路货物运输的国际公约》，且短时间内无法替代。因此，多式联运提单的引入必须遵循现行国际铁路联运的规范，明确提单对托运人和承运人之间涉及货物交付、赔付等权责的划分，形成国际公约。同时铁路国际联运使用提单的相关规范还没有纳入国际贸易体系的相关法规，两者没有关联，一旦发生贸易纠纷，缺乏相关法律法规支撑，因此需要向国家交通部、商务部、法律主管部门主动汇报，推动相关规则制度的建立，支持中欧班列"多式联运提单"推广运行。

3. 铁路国际联运配套规则改变

承运人凭收货人证明文件、委托书或领货凭证等多种方式都可以顺利办结货物交付，需要协调铁路总公司及铁路合作组织，结合铁路货运相关规章及《国际铁路货物联运协定》《关于铁路货物运输的国际公约》的相应规定，对铁路交付环节明确唯一的提货凭证，确保铁路国际联运提单对货权的唯一可控，加强信息化建设，通过大数据优化整合，探索并发展集跨境电商、贸易支付、报关报检、物流运输、金融保险等多功能于一体的信息化服务平台，推动中欧班列"单一窗口"国际化。

4. 金融机构参与创新

陆港公司依靠自身物流资源实现对货物的全程监控，帮助金融机构把控信贷风险，需要联合银行、保险公司或者担保公司，支持提单结汇模式，在相关信用审核及资金融通上给予便利。注重创新金融服务模式，通过引入金融机构为客户提供授信额度及敞口额度，陆续尝试银保联合、银担联合等依托提单为质押的多种融资解决方案，解决初创时期中小企业贸易因无业绩、无担保、无抵押物而导致的授信难、融资难问题，并通过"一单制"实现提单议付，促进自贸区平行进口车等重点进出口贸易发展。

Abstract

Based on the new situation and new tasks of comprehensive rule of law in the new era, *Annual Report on Rule of Law in Local China No. 4 (2018)* summarizes the practices and achievements of rule of law construction in China since 2017 from the aspects of local legislation, law-based government, judicial reform, and law-based society.

The general report of this book systematically combs the progress of the practice of rule of law in different areas. Focusing on the key areas of comprehensive rule of law, this book summarizes the achievements and problems of local practice in the construction of rule of law in China, and looks forward to the prospects for the development of local rule of law in the new era.

This book pounds out a series of third-party evaluation reports, such as Index Report on Legislative Transparency, Third-party Evaluation Report on Execution Normalization of Ningbo Courts. This book makes a deep-seated analysis and discussion on the difficulties, key issues and frontier issues in the promotion of local rule of law, such as local coordinated legislation, normative document filing review, administrative examination and approval system reform, basically address difficulty in judgement execution, resolution of multiple contradictions and disputes, and informatization and intellectualization of the rule of law.

Issues such as openness of government affairs, poverty alleviation under the rule of law, protection of minors and resolution of family disputes are not only related to the satisfaction, well-being and sense of attainment of millions of people, but also the key indicators to measure local governance and the construction of the rule of law. Based on local practice, book summarizes typical areas and typical practices.

Contents

I　General Report

Abstract: The Communist Party of China announced at its Nineteenth National Congress that it would adhere to the strategy of ruling the country by law in a comprehensive way. Against this background, China has made remarkable achievements in the development of local rule of law. Currently, the principal social contradiction in China has become the contradiction between the people's growing demand for a better life and unbalanced and inadequate development in the country. To meet people's growing demand for the rule of law, fairness, justice, security and a clean environment, local governments at various levels have on the one hand implemented in a comprehensive way the arrangements made by the Central Government and on the other hand made active explorations in light of local conditions in such fields as local legislation, construction of law-based government, judicial reform, and building a society under the rule of law. As a result, numerous bright spots have emerged in the construction of the rule of law, with local legislation becoming increasingly elaborated, the law-based government being more and more substantiated, support reforms of the judicial system advancing in an orderly way, a social governance model based on collaboration, participation, and common interests gradually taken shape, and the creation of a law-based business environment and the construction of a talent attraction system advancing by leaps and bounds. Meanwhile, we should also bear in mind that China is still faced with an unprecedentedly complex situation and an arduous task in the construction of local rule of law and needs to make continuous efforts by staying true to the mission.

Keywords: Local Rule of Law; Law-Based Government; Judicial Reform; Law-Based society

Ⅱ   Local Legislation

B. 2   Report on the Index of Legislative Transparency in
   China (2018): From the Perspective of Disclosure of
   Legislative Information on the Websites of Standing
   Committees of People's Congresses

Innovation Project Team on Rule of Law Index, CASS Law Institute / 032

Abstract: In 2018, the Innovation Project Team on Rule of Law Index of CASS Law Institute continued to carry out assessment of the situation of disclosure of information about legislative work, legislative activities, legislative process and legislative optimization on the web portals of the Standing Committee of the National People's Congress and standing committees of people's congresses of 31 provinces, autonomous regions and municipalities directly under the Central Government, and publish the results of the assessment, with a view to tracking and grasping the situation of legislative transparency, promoting legislative openness, improving legislative quality, and realizing the rule of good law in China. The assessment shows that marked progresses have been made by people's congresses at various levels in legislative openness, which are manifested in the continuous increase in the openness of legislative work, the relatively satisfactory situation of disclosure of information about legislative procedures and legislative plans, and the slight improvement in the disclosure of information about drafts of legislation.

Meanwhile, the assessment also reveals some problems in legislative openness, including unbalanced development and the insufficient disclosure of information about public opinions and suggestions on legislative issues and responses by standing committees of people's congresses to such opinions and suggestions, and puts forward some targeted and operable proposals on strengthening the disclosure of information about legislative plans, legislative assessment, and the legislative filing and review system.

Keywords: People's Congresses; Legislation; Openness; Websites of Standing Committees of People's Congresses

B. 3　Coordinated Legislation of Beijing-Tianjin-Hebei Region: Retrospect and Prospect

Zhou Ying, *Chai Lifei* / 052

Abstract: To promote the coordinated development of Beijing-Tianjin-Hebei Region, it is necessary to continuously strengthen the construction of the rule of law and to establish a coordinated legislative mechanism characterized by mutual adaptation, mutual support and mutual promotion among the legislative organs in Beijing, Tianjin and Hebei Province. In the past four years, the people's congresses of Beijing, Tianjin and Hebei Province and their standing committees have achieved historical breakthroughs in coordinated legislation by realizing the transformation from loose coordination to close coordination and from coordination in institution-building to coordination in concrete legislative projects. Meanwhile, we must be clearly aware that, due to historical and regional factors and differences in economic structure and level of social development, many practical problems remain to be solved in the current mechanism for coordinated legislation, including gaps in the national-level legislation, weak institutional building, insufficient negotiation on key projects, and lack of theoretical support, which must be dealt with by such measures as raising political position, winning state support,

establishing the linkages between Party committees, and strengthening the construction of coordinating organs.

Keywords: Coordinated Legislation; State Strategy; Coordination Mechanism

Ⅲ   Law-Based Government

B. 4   Exploration by Yunnan Province of Supervision over the Adoption, Review and Recordation of Administrative Regulatory Documents

Zhang Sheng / 064

Abstract: In the process of advancing the construction of a law-based government, the Legislative Affairs Office of the Government of Yunnan Province has gradually established a complete system of supervision over the formulation, review and recordation of administrative regulatory documents in the province. The promulgation of Provisions of Yunnan Province on the Recordation of Administrative Regulatory Documents in 1990 indicated the initial formation of this system; the promulgation of the Measures of Yunnan Province for the Recordation of Normative Documents of Administrative Organs in 2004 marked the further improvement of the system; and the promulgation of the Technical Standards of Yunnan Province on the Adoption of Normative Documents by Administration Organs in 2016 symbolized the basic completion of the system. After a systematic revision in 2017, a complete institutional system of administrative regulatory documents, with the Measures for the Recordation of Normative Documents of Administrative Organs and the Technical Standards on the Adoption of Normative Documents by Administration Organs as its main body, was finally established. This system clearly provides for various issues relating to the whole process of formulation, adoption, recordation and review of normative documents, thereby effectively guaranteeing the legality and standardization of normative documents, promoting the construction of a law-based government, and upholding unity of the legal system in the province.

Keywords: Normative Documents; Institutional System; Recordation of Institution; Technical Standard

B. 5   Reform of Local Administrative Approval System:
The Practice of Yinchuan City, Ningxia Hui
Autonomous Region

Pan Lingsheng / 080

Abstract: Against the general background of reform of administrative approval system in the whole country, the Government of Yinchuan City, Ningxia Hui Autonomous Region, by taking the relative concentration of administrative approval power as the breakthrough point and implementing the "one stamp for approval" system, has realized the organic combination of concentration of approval with concentration of service, optimization of process with reduction of approval procedure, physical concentration with chemical integration, "Internet plus government service" with none-face-to-face approval, and transformation of management mode with optimization of services, thereby achieving marked results in transforming government functions, raising efficiency of work, and optimizing business environment.

Keywords: Local Governments; Administrative Approval; Yinchuan

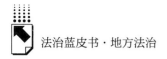

B. 6　Exploration and Practice of the Government of Putuo District of Shanghai Municipality in Promoting the Openness of Government Affairs through Standardization

Project Team on the Standardization of Openness of Government

Affairs of the Government of Putuo District of Shanghai Municipality / 090

Abstract：The Government of Putuo District of Shanghai Municipality, as a unit implementing the pilot program on the standardization of openness of government affairs at grassroots level, has established a whole set of relevant systems, thereby opening up a feasible path to the standardization of openness of government affairs. The practice can be summarized as the followings: laying a sound foundation with the idea of "refinement" and carrying out comprehensive review of items of openness; establishing norms by standardized method and constructing a standardized institutional system; promoting implementation by taking "practical effect" as the objective and actively responding to public concerns; and raising quality of work by means of "informatization" and diversifying the mode of the openness of government affairs. Through these measures, the district government has established a set of standardization systems of the openness of government affairs under the framework of GB/T 24421 Guideline for the Standardization of Work of Organizations in the Service Industry, thereby raising the quality, efficiency as well as the operability of the work of openness of government affairs in the district.

Keywords：Openness of Government Affairs; Standardization; Transformation of Government Function

B. 7   Investigation Report on the Reform of the Medical and

Health System through Disclosure of Information in

Xicheng District of Beijing Municipality

Tian Pengfei, Song Qing / 103

Abstract: With the deepening of the medical reform, more and more difficulties and problems have emerged in the reform. Against this background, the disclosure of government information has become an important means of promoting medical reform. In the past years, the Government of Xicheng District of Beijing Municipality has mobilized various social forces to carry out the work of disclosure of government information, raise public awareness of medical reform, win extensive public and social support, create various channels for information feedback, and ensure the smooth implementation of various medical reforms. As the next step, the district government should transform governance ideas and methods, raise the level of disclosure of government information, innovate the mode of disclosure, explore new practices of and new approaches to the disclosure of government information in the medical and health field, so as to deepen the medical reform and raise the health level of the broad masses of people in the district.

Keywords: Disclosure of Information; Reform of the Medical and Health System; Xicheng District of Beijing Municipality

B. 8   Pilot Practice of Standardizing the Openness of Grassroots

Government Affairs in Jiangbei District of Ningbo City

Project Team on Standardizing the Openness of Grassroots

Government Affairs in Jiangbei District of Ningbo City / 114

Abstract: The standardization of openness of government affairs is of great significance to deepening the openness of government affairs, raising administrative efficiency, and speeding up the construction of law-based government at the grassroots level. Since Jiangbei District of Ningbo City was selected as one of the units for the implementation of the pilot program on the standardization of openness of government affairs at the grassroots level, it has closely integrated the pilot work with the practice of openness of government affairs in recent years, adhered to the demand- and goal-orientation, implemented the reform measure of "completing the procedure in one visit at most" adopted by the Provincial Government, provided standardized openness of government affairs from the perspective of the public, and realized deep integration of the openness of government affairs with provision of government services. In the pilot work, the district government has reviewed the items of disclosure, established the standard of disclosure, standardized the procedure of disclosure, expanded the carriers of disclosure, created a service system for the openness of government affairs at the grassroots level, and promoted the construction of a service-oriented government that is able to satisfy the people's demand.

Keywords: Openness of Government Affairs; Government Service; Institutional Building

Ⅳ Judicial Reform

B. 9 Reform of the Judge's Assistant System in Jiangsu Province:
Practice and Prospect

Project Team of the Intermediate People's Court of

Xuzhou City, Jiangsu Province / 126

Abstract: The imperfection of the management, safeguarding and development mechanism has led to serious shortage of judge's assistants, and impeded the separation of auxiliary court work from the judge's trial work. In recent years, people's courts in Jiangsu Province, in order to promote the steady growth of the team of judge's assistants and the improvement of their capacity, have, in light of the domestic and foreign experiences and in accordance with the thinking of "institutionalized recruitment, precise positioning, hierarchical authentication and professionalized safeguards", expanded the source of judge's assistants, broken the organizational structural barriers and industrial restrictions at the legislative level, implemented the overall institutional arrangement at and above the provincial level, improved the linkage between internal and external systems, and constructed a typified and differentiated judge's assistant system with professional judge's assistants as the main body non-professional judge's assistants as the supplement.

Keywords: Judge Assistants; Judicial Reform; Typified

B. 10   Analysis Report on the Administrative Cases Tried by Courts in Henan Province

Project Team on the Study of Administrative Cases Tried by

Courts in Henan Province / 145

Abstract: The case guidance system is an important part of the socialist judicial system with Chinese characteristics. With the implementation of this system, the role played by precedents in summarizing adjudicative experience, guiding trial practice, and upholding judicial fairness has become more and more prominent. In the beginning of 2018, courts in Henan Province established a project team consisted of the backbones of their investigation personnel to carry out investigation and research on the case guidance system in the province and to prepare a report on the results of the investigation. The investigation report reviews and analyzes the characteristics and problems of administrative cases dealt with by courts in Henan Province, establishes typical cases, unifies judgment criteria, and puts forward concrete suggestions and proposals on the solution of relevant problems, with a view to providing references for trial practice and theoretical research.

Keywords: Administrative Cases; Case Guidance; Typical Cases

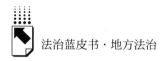

B. 11   Investigation Report on "Unified Grid Court Documents
        Service System" in Quanzhou City of Fujian Province

Project Team of the Higher People's Court of Fujian Province / 158

Abstract: In order to further solve the problem of "difficulties in the service of court documents" and on the basis of construction of a "small grid system" within the court system and the formation of a cross-regional cooperative platform for the service of court documents by entrustment, which is characterized by "intensification of team, informatization of process, integration of management, and institutionalization of constraints", some courts in Quanzhou City, Fujian Province have made vigorous efforts in using the grid service management system to support the service of court documents and realize the upgrading of the court documents service system from a system of "unified all-for-one service platform" to a "unified grid service system", thereby providing rich experience and institutional sample for the basic solution of the problem of difficulties in the service of court documents.

Keywords: Grid; Service of Judicial Documents; Experience of Quanzhou City, Fujian Province

B. 12   The Handling of Intellectual Property Criminal Cases by
        Procuratorial Organs in Shanghai: Current Situation and
        Prospect (2016 −2017)

Joint Project Team of the Procuratorate of Shanghai
Municipality and Third Branch of the Procuratorate of
Shanghai Municipality / 170

Abstract: This report systematically analyzes the criminal cases of infringement of intellectual property in Shanghai Municipality between 2016 and 2017, summarizes the characteristics and trend of development of crimes against intellectual property as well as existing problems in the criminal law protection of intellectual property, such as difficulties in the application of the crime of counterfeiting other's patent in judicial practice and obstacles to the recovery of losses by holders of intellectual property rights in Shanghai Municipality, puts forward targeted suggestions on the criminal judicial protection of intellectual property rights from such perspectives as the improvement of legislation, the linkage between new types intellectual property and mechanisms for their criminal law protection, strengthening comprehensive social governance and safeguarding the litigation rights of right holders.

Keywords: Crimes against Intellectual Property; Empirical Analysis; Measures for Criminal Judicial Protection

B. 13   Creating "Procuratorate at the People's Doorstep" through
         Intelligent Procuratorial Work in Yingshan County,
         Sichuan Province

Wang Xiaoyin, Wang Zicheng, Wu Bo and Zhang Mingjiang / 184

Abstract: In recent years, the People's Procuratorate of Yingshan County, Sichuan Province has earnestly implemented the spirit of relevant instructions by Party Secretary-General Xi Jinping and the CPC Central Committee and, under the leadership of the Provincial Party Committee and the guidance of the Procuratorate of Nanchong City, built the service brand of "Procuratorate at the People's Doorstep", carried out intelligent procuratorial work, and followed the "online mass line", thereby promoting the formation of the rule of good law, eliminating the pernicious influence of the "vote-buying case" in Nanchong City, advancing the "reconstruction of political ecology after the disaster" and the construction of the rule of law, and creating a brand of the rule of law service characterized by trusting the people, relying on the people and servicing the people in the context of the Internet.

Keywords: Intelligent Procuratorial Work; Good Order under the Rule of Law; Mass Line

V　Judicial Execution

B. 14　Promoting the Enforcement of Court Judgments with

Informatization: The Practice of Ningxia Hui

Autonomous Region

Zhang Bingjun, *Sha Guoqiang*, *Xie Yanan and Sa Shihu* / 195

Abstract: Against the background of the solemn pledge made by the Supreme People's Court to "basically solve the problem of difficulties in enforcement within two to three years", the Higher People's Court of Ningxia Hui Autonomous Region has accelerated the process of informatization to solve the problem of difficulties in enforcement. With the completion and beginning of operation of the enforcement process information management system, the enforcement command and management platform, and the enforcement command and emergency dispatch service platform, an informatized court enforcement management and command mechanism has already been established and the enforcement work of the Court is becoming more and more standardized, open and efficient.

Keywords: Informatization; Judicial Administration; Difficulties in the Enforcement of Court Judgments

B. 15   Investigation Report on the Reform of the Enforcement

System in Tangshan City of Hebei Province

Innovation Project Team on Rule of Law Index, CASS Law Institute / 210

Abstract: In the implementation of the national pilot reform of the enforcement system, the Intermediate People's Court of Tangshan City, Hebei Province has broken the limitation of traditional administrative division, and formed a new vertical enforcement management model characterized by "centralization at higher levels and decentralization at lower levels, separation of enforcement from adjudication, and unified management of personnel, finance, property, and cases". The investigation shows that the Intermediate People's Court of Tangshan City has achieved marked results in the reform of the enforcement system, not only basically establishing a framework of comprehensive enforcement, but also standardizing the enforcement, and enhancing through informatization its capacity for tracing persons or assets subject to enforcement and the capacity for compulsory enforcement. The flat and vertical enforcement management mode developed by the court in the reform of enforcement system is both scientific and cost-effective: by enabling the court system to retain the enforcement power, it strengthened both the linkage between enforcement and trial and the independence of enforcement work. Meanwhile, the vertical and horizontal management mode also increases the efficiency of enforcement. In the future, the Intermediate People's Court of Tangshan City will continue to implement the reform of the enforcement system and strengthen the personnel and financial safeguard of the Enforcement Division of the Court, so as to give full play to the values and functions, and share the dividend brought about by, the continuous reform and improvement of the enforcement system.

Keywords: Reform of the Enforcement System; Flat; Informatization; Difficulties in the Enforcement of Judgments

B. 16　Third-Party Assessment Report on the Standardization of
　　　Enforcement by Courts in Ningbo City, Zhejiang
　　　Province (2017)

　　　Innovation Project Team on Rule of Law Index, CASS Law Institute / 231

Abstract: The Supreme People's Court has made a commitment to
"basically solve the problem of difficulties in enforcement within two to three
years". The standardization of enforcement is an important measure for improving
the quality of enforcement and judicial credibility and for basically solving the
problem of difficulties in enforcement. The assessment shows that the overall level
of standardization of enforcement in courts in Ningbo City was relatively high in
2017, which was mainly embodied in the standardized and complete on-site
recording of enforcement, high importance attached to the declaration of assets
subject to enforcement, strict management of the money subject to enforcement,
the effective coordination by enforcement command center and the improvement
of the mechanism for property preservation. In the future, courts in Ningbo City
will still be faced with many challenges in the standardization of enforcement,
including heavy case load and shortage of staff, low-level of concentration of
enforcement service, and lack of informatized auxiliary means of enforcement.

Keywords: Difficulties in the Enforcement of Judgment; Standardization of
Enforcement; Third-party Assessment

B. 17　Exploration of the Standardization of Enforcement by the
　　　People's Court of Suzhou Industrial Park

　　　Project Team on the Standardization of Enforcement of the
　　　People's Court of Suzhou Industrial Park / 249

Abstract: This report is a systematic summarization and review of the
exploration made by the People's Court of Suzhou Industrial Park of the

"industrial-park approach" to the basic solution of the problem of difficulties in the enforcement of judgments since 2016. Faced with such problems as heavy caseload and shortage of staff and the low efficiency of the existing case-handling mode and based on the belief that standardization of enforcement is the necessary approach to the establishment of a long-term mechanism for the basic solution of the problem of difficulties in enforcement, the Court has carried out systematic reform through innovation and the application of new technologies, thereby creating a standardized enforcement system and an enforcement pattern characterized by social synergy, respect for the law, and good faith. The report analyzes the existing problems in the enforcement standardization system, explores the ways of further improving the system, and puts forward the bold suggestion of development of standardization of enforcement process from the standardization in a single court to regional standardization and ultimately to global standardization.

Keywords: Basic Solution of the Problem of Difficulties in Enforcement; Standardization of Enforcement; Reform of the Enforcement System

VI Law-Based Society

B. 18 Report on the Practice of Bring the Poverty Relief Work under the Rule of Law in Ya'an City, Sichuan Province

Project Team of the Judicial Bureau of Ya'an City,

Sichuan Province / 264

Abstract: To implement the arrangements for the poverty alleviation work made by the CPC Central Committee and the Provincial Party Committee and develop "a public legal service system covering urban and rural residents", the Government of Ya'an City has carried out rule-of-law poverty relief activities in 261 poor villages with a view to bringing the poverty relief work under the rule of law, giving full play to the important role of the rule of law in precision poverty alleviation and in strengthening and expanding the results of poverty alleviation, and

法治蓝皮书·地方法治

making up for the shortboards of the policy of "alleviation of poverty in accordance with law". As a result, the social governance system in poor villages has been gradually improved, the rule-of-law level of grassroots social governance steadily raised, and endogenous development power of poor villages greatly strengthened.

Keywords: Poor Villages; Law-Based Poverty Relief; Grassroots Governance

B. 19   Exploration and Practice of the Urban Version of the "Fengqiao
         Experience": Investigation Report on Construction of a
         Diversified Dispute Resolution Mechanism by Courts in
         Hangzhou City

Project Team of the Intermediate People's Court of
Hangzhou City, Zhejiang Province / 275

Abstract: To implement the spirit of the Nineteenth Party Congress, modernize the state governance system and capacity, and improve the dispute resolution mechanism, courts in Hangzhou City have endeavored to adapt to the demands of the new era, carry forward the "Fengqiao Experience", explore the marketized operation of market dispute resolution mechanism, improve the dispute resolution function of industrial mediation organizations, promote the construction of "litigation- and petition-free communities" and other community mediation mechanisms with local characteristics, advance the practical application of on-line dispute resolution platform, and strengthen institutional building and practical application of the urban version of the "Fengqiao Experience", thereby developing a Hangzhou Scheme for the establishment of a diversified dispute resolution mechanism, and providing legal safeguards for the application of the urban version of "Fengqiao Experience" in Hangzhou City and for the creation of a social governance pattern characterized by joint building, joint governing, and sharing.

Keywords: Diversified Dispute Resolution Mechanism; Fengqiao Experience; Mediation; Marketization

Abstract: Since the revision of the Chinese Criminal Procedure Law in 2012, conditioned non-prosecution has become an important part of juvenile procuratorial work in China. Juvenile procuratorial organs in different areas have made active explorations in helping juvenile delinquents subjected to conditioned non-prosecution to return to society, which have accelerated the process of specialization of juvenile justice. Through the adoption of the "Juvenile Delinquent Assistance and Education Plus" Mode, the Procuratorate of Futian District of Shenzhen City has made some promising attempts in carrying out precision assistance and education, introducing intervention by socialized professional forces, and satisfying the need of juvenile delinquents to return to society. Meanwhile, some problems remain to be solved in the current juvenile justice work of the Procuratorate of Futian District, including low degree of professionalization, limited scope of assistance and education, and insufficient incorporation of specialized social forces. In order to promote the professionalized development of juvenile justice in China, special attention should be paid to such bases of development of juvenile justice as the establishment of the unique idea of juvenile justice, the construction of professionalized and three-dimensional social support system, and child-welfare guarantees.

Keywords: Conditioned Non-prosecution; Idea of Juvenile Justice; Specialization of Administration of Justice; Mode of Assistance and Education; Social Workers

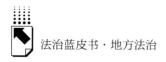

B. 21　Constructing a Guangzhou Mode of Diversified Demand-
　　　Oriented Family Dispute Resolution Mechanism

Project Team of the Intermediate People's Court of

Guangzhou City, Guangdong Province / 305

Abstract: The construction of a diversified family dispute resolution mechanism is a demand made by the Supreme People's Court in the Opinions on Further Deepening the Reform of Manners and Working Mechanisms for Family Trials, as well as an expectation of the people for the resolution of family disputes and management of family crises. To construct such a system, the Intermediate People's Court of Guangzhou City has carried out a review of the current situation of and the dilemma faced by the diversified family dispute resolution mechanism and conducted demand-oriented research on the need for a flexible, diversified and specialized family mediation system and specialized psychological counseling on and intervention in family disputes. Based on the results of the above review and research, the Court has established "One Procedure and Three Guidelines", a unified mechanism for the trial of family dispute cases, a unified team construction mechanism and a "Guangzhou Model" of intelligent family dispute resolution mechanism.

Keywords: Family Dispute; Diversified Dispute Resolution Mechanism; Psychological Counseling; Mediation

B. 22　Exploration by the Government of Qingbaijiang District of
　　　Chengdu City in the Multimodal Transport "Single Bill
　　　System" of CHINA RAILWAY Express

Project Team of the Office of Leading Group on Rule of Lawof

Qingbaijiang District, Chengdu City / 333

Abstract: The Report to the Nineteenth Party Congress declares that China will grant more powers to pilot free trade zones to conduct reform, and explore the opening of free trade ports and the Framework Plan for China (Sichuan) Pilot Free Trade Zone declares that China will build demonstration zones of international multimodal transport in inland regions and explore the multimodal transport "single bill system". This report is an empirical analysis of the implementation by Chengdu International Railway Port of the multimodal transport "single bill system" of CHINA RAILWAY Express, including such systems as "one entrustment for the whole transportation process", "one quotation for the whole transportation process", "one bill to the end" and "one bill settlement". It innovatively puts forward the idea of international rail freight-based multimodal transport bill of lading and the approach of developing replicable and generalizable experience through the process of "commercial practice—national legislation—mutual recognition by countries along the railway". In the future, Chengdu International Railway Port will continue to develop towards such multimodal transport modes as combined international highway-railway transport and combined railway and waterway transport, and explore the establishment of new trade rules on multimodal transport that have high degree of domestic and international acceptance, so as to enable more market players to enjoy the convenience of the transportation service provided by CHINA RAILWAY Express.

Keywords: Railway Port; Multimodal Transport; One-bill System

权威报告·一手数据·特色资源

皮书数据库
ANNUAL REPORT(YEARBOOK) DATABASE

当代中国经济与社会发展高端智库平台

所获荣誉

- 2016年，入选"'十三五'国家重点电子出版物出版规划骨干工程"
- 2015年，荣获"搜索中国正能量 点赞2015""创新中国科技创新奖"
- 2013年，荣获"中国出版政府奖·网络出版物奖"提名奖
- 连续多年荣获中国数字出版博览会"数字出版·优秀品牌"奖

成为会员

通过网址www.pishu.com.cn访问皮书数据库网站或下载皮书数据库APP，进行手机号码验证或邮箱验证即可成为皮书数据库会员。

会员福利

- 使用手机号码首次注册的会员，账号自动充值100元体验金，可直接购买和查看数据库内容（仅限PC端）。
- 已注册用户购书后可免费获赠100元皮书数据库充值卡。刮开充值卡涂层获取充值密码，登录并进入"会员中心"—"在线充值"—"充值卡充值"，充值成功后即可购买和查看数据库内容（仅限PC端）。
- 会员福利最终解释权归社会科学文献出版社所有。

社会科学文献出版社 皮书系列
SOCIAL SCIENCES ACADEMIC PRESS (CHINA)
卡号：575268183462
密码：

数据库服务热线：400-008-6695
数据库服务QQ：2475522410
数据库服务邮箱：database@ssap.cn
图书销售热线：010-59367070/7028
图书服务QQ：1265056568
图书服务邮箱：duzhe@ssap.cn

S 基本子库
SUB DATABASE

中国社会发展数据库（下设 12 个子库）

全面整合国内外中国社会发展研究成果，汇聚独家统计数据、深度分析报告，涉及社会、人口、政治、教育、法律等 12 个领域，为了解中国社会发展动态、跟踪社会核心热点、分析社会发展趋势提供一站式资源搜索和数据分析与挖掘服务。

中国经济发展数据库（下设 12 个子库）

基于"皮书系列"中涉及中国经济发展的研究资料构建，内容涵盖宏观经济、农业经济、工业经济、产业经济等 12 个重点经济领域，为实时掌控经济运行态势、把握经济发展规律、洞察经济形势、进行经济决策提供参考和依据。

中国行业发展数据库（下设 17 个子库）

以中国国民经济行业分类为依据，覆盖金融业、旅游、医疗卫生、交通运输、能源矿产等 100 多个行业，跟踪分析国民经济相关行业市场运行状况和政策导向，汇集行业发展前沿资讯，为投资、从业及各种经济决策提供理论基础和实践指导。

中国区域发展数据库（下设 6 个子库）

对中国特定区域内的经济、社会、文化等领域现状与发展情况进行深度分析和预测，研究层级至县及县以下行政区，涉及地区、区域经济体、城市、农村等不同维度。为地方经济社会宏观态势研究、发展经验研究、案例分析提供数据服务。

中国文化传媒数据库（下设 18 个子库）

汇聚文化传媒领域专家观点、热点资讯，梳理国内外中国文化发展相关学术研究成果、一手统计数据，涵盖文化产业、新闻传播、电影娱乐、文学艺术、群众文化等 18 个重点研究领域。为文化传媒研究提供相关数据、研究报告和综合分析服务。

世界经济与国际关系数据库（下设 6 个子库）

立足"皮书系列"世界经济、国际关系相关学术资源，整合世界经济、国际政治、世界文化与科技、全球性问题、国际组织与国际法、区域研究 6 大领域研究成果，为世界经济与国际关系研究提供全方位数据分析，为决策和形势研判提供参考。

法律声明

　　"皮书系列"（含蓝皮书、绿皮书、黄皮书）之品牌由社会科学文献出版社最早使用并持续至今，现已被中国图书市场所熟知。"皮书系列"的相关商标已在中华人民共和国国家工商行政管理总局商标局注册，如 LOGO（ ）、皮书、Pishu、经济蓝皮书、社会蓝皮书等。"皮书系列"图书的注册商标专用权及封面设计、版式设计的著作权均为社会科学文献出版社所有。未经社会科学文献出版社书面授权许可，任何使用与"皮书系列"图书注册商标、封面设计、版式设计相同或者近似的文字、图形或其组合的行为均系侵权行为。

　　经作者授权，本书的专有出版权及信息网络传播权等为社会科学文献出版社享有。未经社会科学文献出版社书面授权许可，任何就本书内容的复制、发行或以数字形式进行网络传播的行为均系侵权行为。

　　社会科学文献出版社将通过法律途径追究上述侵权行为的法律责任，维护自身合法权益。

　　欢迎社会各界人士对侵犯社会科学文献出版社上述权利的侵权行为进行举报。电话：010-59367121，电子邮箱：fawubu@ssap.cn。

社会科学文献出版社